Sucesso em Paradas de Manutenção

LUIZ ALBERTO VERRI

Sucesso em Paradas de Manutenção

LUIZ ALBERTO VERRI

2ª Edição
Revista e Atualizada

Copyright© 2015 by Luiz Alberto Verri

Todos os direitos desta edição reservados à Qualitymark Editora Ltda. É proibida a duplicação ou reprodução deste volume, ou parte do mesmo, sob qualquer meio, sem autorização expressa da Editora.

Direção Editorial	Produção Editorial
SAIDUL RAHMAN MAHOMED editor@qualitymark.com.br	**EQUIPE QUALITYMARK**

Capa	Editoração Eletrônica
CRIATIVOS DESIGN João Victor Cavaco	**CRIATIVOS DESIGN** Carlos Eduardo Oliveira (Designer Responsável)

1ª Edição: 2008
1ª Reimpressão: 2012
2ª Edição: 2015

CIP-Brasil. Catalogação-na-fonte
Sindicato Nacional dos Editores de Livros, RJ

V637s
    Verri, Luiz Alberto

    Sucesso em paradas de manutenção / Luiz Alberto Verri. – 2. ed. – Rio de Janeiro : Qualitymark Editora, 2015.
    272 p. : 23 cm

    Inclui bibliografia
    ISBN 978-85-414-0191-3

    1. Fábricas - Manutenção. 2. Administração de projetos. I. Título.

08-3457
    CDD: 658.202
    CDU: 658.2.005.4

2015
IMPRESSO NO BRASIL

Qualitymark Editora Ltda.
Rua Teixeira Júnior, 441 – São Cristóvão
20921-405 – Rio de Janeiro – RJ
Tel.: (21) 3295-9800

QualityPhone: 0800-0263311
www.qualitymark.com.br
E-mail: quality@qualitymark.com.br
Fax: (21) 3295-9824

Dedicatória

Dedico este trabalho às minhas queridas filhas, Daniela e Carolina, amigas de jornada, companheiras de sempre.

Agradecimentos

Agradeço à fantástica equipe do Seplam da REPLAN, composta por Alan, Alexandre, Aylton, Eder, Fugiwara, Honda, Jania, Mardem, e Soitiro, que me ensinaram muito do que sei a respeito de Paradas de Manutenção.

Prefácio da Edição de 2015

No ano de 2008, a primeira edição deste livro foi lançada. Neste mesmo ano, já aposentado da Petrobras, ministrei meus primeiros cursos "in company" através da minha empresa de consultoria, a Verri Veritatis consultoria.

Hoje (abril/2015), percebo, em trabalhos apresentados em Seminários e Congressos, através de "feedbacks" diretos, trabalhos de conclusão de cursos de pós-graduação a mim submetidos e até mesmo através das próprias consultorias realizadas no Brasil e em países da América Latina em empresas onde alternativamente ministramos "cursos in company", ou cujos gerentes assistiram a cursos abertos ministrados por mim, *que o futuro profetizado na primeira edição do livro já chegou para muitas empresas.*

É com satisfação imensa que vemos que empresas como a Votorantim, a Vale Fertilizantes, a Braskem Unidade do terceiro polo petroquímico, a Samarco Mineração de Umbú, a Soboce (maior empresa privada da Bolívia), a Cerâmica Porto Bello, entre outras, estão com sistemas robustos de Paradas de Plantas, aumentando a Rentabilidade, a Segurança e o Moral das equipes de Manutenção e Produção. Em todas essas empresas plantamos sementes que germinaram, através de treinamento massivo de seus empregados e/ou através de consultorias específicas. Na maioria dos casos, os alunos ultrapassaram o professor, o que é altamente desejável.

Vimos também, em muitos casos de trocas de informações, que a simples leitura da primeira edição deste livro por gerentes e técnicos já trouxe melhoras aos sistemas das empresas.

A maior das satisfações, porém, foi verificar que o Refino da Petrobras apresenta, hoje, padrões e resultados de Paradas de Manutenção que se alinham com os melhores do mundo. Em recente Seminário de Confiabilidade e Grandes Paradas tivemos a satisfação de presidir a mesa da apresentação do trabalho do Coordenador de Parada do corporativo da Petrobras, com o sugestivo nome "Princípios para uma Parada de Sucesso", assumidamente inspirado no título deste livro e dito como sendo continuidade do trabalho que desenvolvi como empregado da maior empresa brasileira, orgulho dos patriotas de qualquer matiz ideológico.

Ao longo dos capítulos desta edição adicionaremos as práticas de vanguarda que essas e outras empresas passaram a praticar, fechando o círculo virtuoso: os alunos aprenderam, ultrapassaram o professor e, agora, ensinam a este último. Cabe a mim retransmitir, além daquilo que já sabia, o que aprendi com eles.

Nesta edição há ainda um capítulo inteiramente novo. Trata-se do Capítulo 10, nomeado como Gerenciamento dos *"Stakeholders"*. É extremamente necessário pelo fato de o PMBOK, na edição 2013, apresentar mais essa área do conhecimento.

Prefácio da Edição Original (2008)

O pretensioso título desta obra tem como principal objetivo desafiar a nós, brasileiros.

Alcançar o sucesso em grandes Paradas de Manutenção, em todos os seus aspectos (Segurança, Prazo, Qualidade, Meio Ambiente e Custo), não é uma tarefa fácil, em todo o mundo. Na realidade, o índice de sucesso não chega a 5%. No entanto, eu acredito em nossa capacidade. Se aliarmos a nossa garra, a nossa facilidade de construir relacionamentos, a nossa iniciativa e capacidade de trabalho à *disciplina*, além do *pensamento de longo prazo,* não há quem nos segure. Está aí a Petrobras, a Embraer, a Gerdau, a Vale do Rio Doce, a Aracruz e tantas outras empresas brasileiras líderes mundiais demonstrando isso.

Assim, os pontos de maior ênfase no livro são os que justamente mais dependem da disciplina e da visão de longo prazo: o Gerenciamento do Escopo, a Contratação, a Qualificação da mão de obra e o Gerenciamento dos Riscos.

O livro trafega também por todas as outras áreas de conhecimento do PMBOK, já que uma Parada ("Turnaround") é um empreendimento ("Project"). Mesmo quem não está habituado com grandes Paradas poderá absorver conhecimentos através de explicações detalhadas dos gerenciamentos do Prazo, de Custos, da Qualidade (esta, junto ao assunto Recursos Humanos, em uma interessante abordagem) e do Suprimento.

Capítulo sobre Gerenciamento da Comunicação, dá um passo a mais nesta importantíssima ferramenta, muitas vezes negligenciada nas Paradas em todo o mundo.

Fecha a publicação um capítulo dedicado à "Segurança em Paradas", que aborda os aspectos teóricos e práticos da questão, de forma que o leitor possa aproveitar todas as trilhas por nós já percorridas.

Boa Sorte!

Sumário

Dedicatória V
Agradecimentos VII
Prefácio da Edição de 2014 IX
Prefácio da Edição Original (2008) XI

Capítulo 1 | Paradas de Sucesso 1
  Sucesso em Paradas no Passado 1
  Sucesso em Paradas no Presente 4
    Dados Gerais do IPA (*) 4
    Tendências de Paradas na Europa (**) 5
    Resultados de Paradas 5
  Sucesso em Paradas no Futuro 6

Capítulo 2 | Conceitos do IPA e do PMI 9
  Grau de Definição do IPA 10
  Outros Pontos Importantes Recomendados pelo IPA 17
  A Parada como um "Project" (PMI) 18
    Processos da Parada 18
    Áreas de Conhecimento do PMI 20
  1 – Escopo 20
  2 - Tempo (Prazo) 20
  3 – Custo 20
  4 - Riscos 21
  5 – Qualidade 21
  6 – Comunicação 21
  7 – Suprimentos e Contratação 21
  8 – Recursos Humanos 22
  9 – *Stakeholders* (Partes Interessadas) 22
  10 – Integração 22

Capítulo 3 | Gerenciamento do Escopo & Integração............. 23
　Introdução.. 23
　Desafio do Escopo.. 28
　　Porte da Parada.. *29*
　　Sensibilização das Alta e Média Gerência..................... *30*
　Grupos de Campanha... 33
　Disciplina... 34
　"Pilot Company" 39
　Controle de Mudanças no Escopo 40

Capítulo 4 | Gerenciamento do Tempo (Prazo)..................... 45
　PERT – CPM 46
　Aprendendo o PERT-CPM.. 49
　　Quadro de Dependência... *50*
　　Diagramação... *50*
　　Programação – Exemplo Prático................................. *53*
　　Data mais Cedo *54*
　　Data mais Tarde *54*
　　Folga dos Eventos *55*
　　Caminho Crítico... *55*
　　Histograma ou Tabela de Recursos............................ *58*
　　Cronograma de Barras.. *59*
　Refinando as Técnicas 61
　　Estimativas e Contingências *61*
　　Softwares de Planejamento *64*
　　Análise e Diminuição ("Estressamento") de Prazos......... *66*
　　Controle do Prazo – Curva "S" *67*
　　Calculo das Realizações *69*
　　Marcos Comemorativos ou "Milestones" *72*
　　Prazos Diferenciados *73*

Capítulo 5 | Gerenciamento de Custos................................ 75
　Definições Básicas - Custos.. 76
　Estimativas de Custo... 77
　Revisão de Estimativas 79
　Fase de Planejamento.. 79
　Sobras de Paradas 81
　"Earned Value" – Valor Agregado 82
　Fases de Execução 87
　　Controle de Horas Extras (Pessoal Próprio).................. *87*
　　Medida de Produtividade... *89*
　　Algumas Recomendações Imprescindíveis: *90*

Verificação de Presença – "Chequinho" 92
"Lições Aprendidas" em Custos 92

Capítulo 6 | Gerenciamento dos Riscos 95
   Análise Qualitativa dos Riscos 96
      Forma "Artesanal" 96
      Análise Formal de Riscos 98
   Não Cumprimento dos Prazos Materiais 102
      Procedimentos preventivos 102
      Procedimentos Mitigadores 103
   Análise Quantitativa dos Riscos 104
      Distribuição Triangular 106
      Caso Real 118
      Distribuição Beta– Análise de Monte Carlo 123

Capítulo 7 | Gerenciamento da Qualidade & Recursos
Humanos 127
   Pessoal Próprio 130
      Planejamento Organizacional e Montagem da Equipe 131
      Outras Práticas de Vanguarda 136
      Desenvolvimento da Equipe (Próprios) 137
      Definição de Atribuições 141
      Apoio à Partida 143
   Pessoal Contratado 146
      Gerenciamento dentro das Contratadas 147
      Qualificação da Mão de Obra 149
   Outros Processos de Qualidade 154
      Rastreabilidade de Materiais 154
      Calibração de Equipamentos e Instrumentos 154
      Verificação de Documentos 154
      Testes Hidrostáticos 155
   Plano de Qualidade 155
   Conclusão deste Capítulo 156

Capítulo 8 | Gerenciamento do Suprimento & Contratação 157
   Suprimento de Bens 158
      Qualificação de Fornecedores: 158
      Fornecimento de Protótipos: 159
      Inspeções Periódicas: 159
      Sobre-especificações: 160
      Controle de Materiais: 160
      Suprimento de Serviços 161

  Tipos de Contrato - Riscos..*163*
  Contrato por Administração Ou Custo Reembolsável.....*164*
  Contrato por Preço Unitário....................................*165*
  Contrato por Preço Global......................................*165*
  Ordem de Compra...*166*
  Contratação por Item (Serviço)...............................*166*
  Contratação na Prática..*167*
  Sugestões para Esta Forma de Contratação...............*173*
 Plano de Contratação 183
 Encerramento de Contratos ("Close-out").......................183
 Suprimentos & Burocracia & Poder 184
  Acordo de Serviços: *185*
  Órgãos Locais de Suprimentos:................................*185*
  Uma Última Palavra sobre o Problema *186*

Capítulo 9 | Gerenciamento da Comunicação......................187
 Formas de Comunicação 187
  Comunicação Verbal x Escrita x Telefônica..................*187*
  Comunicação Formal x Informal...............................*192*
 Reuniões 193
 Excesso de Informações 195
 Plano de Comunicação..196
 Boas Práticas de Comunicação em Paradas.....................199
 Para a Força de Trabalho (Equipe) – *Próprios* +
 Contratados. *200*
  Alta Administração e Gerentes Funcionais..................*201*
  Clientes e Acionistas..*202*
  Comunidade..*203*

Capítulo 10 | Gerenciamento dos *Stakeholders*.....................205
 Stakeholders Externos...206
  Clientes *206*
  Comunidade..*206*
  Fornecedores *206*
  Órgãos Governamentais...*207*
  Acionistas *207*
 Stakeholders Internos 207
  *Gerentes Funcionais, incluindo o Gerente do Coordenador da
  Parada* *208*
  Equipe do Projeto de Parada....................................*208*
  Formadores de Opinião..*208*
  Executantes das Contratadas...................................*209*

    Suprimento, Segurança, Infraestrutura 209
    Conclusão 209

Capítulo 11 | Gerenciamento da Segurança 211
    Práticas Seguras (Barreiras) 214
        Responsabilidade da Linha 214
        Auditorias Comportamentais 215
        "Pit Stops" 218
        Análise e Investigação de Acidentes 218
        Análise Preliminar de Risco (APR) 222
    Equipamentos e Ferramentas 223
        Ferramentas 224
        Liberação de Energia 225
        Reuniões de Segurança 226
    Itens Práticos de Segurança 227
        Livreto de Orientações Gerais 227
        Tenda ou "Palanque" para DDS Geral 227
        Concurso de Frases de Segurança 229
        Desenvolvimento de Mantas contra Fagulhas 229
        Cabo Guarda-Vida e Cinto de Talabarte Duplo 230
        Identificação de Vias de Acesso 232
        Trabalhos Sobrepostos em dois Níveis de Altura 232
        "Lojinha" de EPI's 233
    Plano de Segurança e Meio Ambiente 234
        Plano "Macro" 235
        Questões Ambientais 235
        Questões de Segurança 236
        Exemplo de Plano de Segurança 237
    Conclusão do Livro 242

Bibliografia 243

Currículo Resumido do Autor 247
        Formação Acadêmica 247
        Experiência Profissional 247

Capítulo 1

Paradas de Sucesso

SUCESSO EM PARADAS NO PASSADO

A Parada (ou "turnover", em inglês) é um evento especialmente importante em plantas de processamento contínuo, que operam 24 horas por dia, sete dias por semana. Após um período determinado de operação (que chamamos de "campanha"), a planta toda para e é submetida a uma grande Manutenção, que colocará os equipamentos e sistemas aptos para trabalhar durante mais uma campanha.

Minha experiência prática, "mão na massa", é na Indústria do Petróleo e na Petroquímica. Na segunda metade da década de 90, como Chefe do Setor de Planejamento da Manutenção de uma grande refinaria da Petrobras, coordenei o Planejamento e o Controle da execução de paradas de grandes Unidades de Produção, todas com sucesso. Naquela época, "sucesso" significava cumprir ou reduzir o prazo que prometemos para a Alta Direção, não ter nenhum acidente grave e ficar dentro de um custo razoável.

Os quadros que seguem mostram os prazos previstos e realizados para as quatro grandes Unidades cujas paradas coordenei, bem como a redução de custos que se conseguiu ao longo do tempo, em percentual dos valores previstos.

UNIDADE	Prazo total	
	PREVISTO	REALIZADO
Craqueamento 1	43	42,2
Destilação (*)	51	48,4

Craqueamento 2	47	45,5
Destilação 2 (*)	46	45,8

Tabela 1.1 – Prazos previstos x realizados – experiência do autor

* As destilações, além de sofrerem Manutenção, foram objetos de "REVAMP's", reformas de porte que visaram o aumento de capacidade das Unidades, na ordem de 15%, daí os prazos mais dilatados.

Os prazos conseguidos, embora dentro da média mundial à época, foram considerados de grande sucesso, pois já fazia vários anos que o sistema de gerenciamento de parada da Refinaria não conseguia cumprir os prazos de parada acordados, resultando em grandes perdas financeiras e de imagem. Quando se promete e não se cumpre um prazo, os prejuízos, por questões de Logística e compromissos com os clientes, são bem maiores do que quando os cumprimos, mesmo que os números absolutos de prazo de realização sejam idênticos.

Já naquela época foi adotado, para as "paradas de sucesso", o conceito de prazo "oil-to-oil", ou seja, desde o momento em que se parou de produzir até a volta à produção, abolindo-se o comprometimento apenas com o Prazo de Manutenção. Com efeito, o que interessa para a Empresa é o tempo total de perda de produção, e como veremos nos próximos capítulos, um prazo único é um bom começo para a integração tão necessária entre Operação e Manutenção.

	Custo Relativo
Última grande Parada	= 100 %
Craqueamento 1 (fev./96)	= 89,6%
Destilação 1 (mar./97)	= 87,0%
Craqueamento 2 (jan./97)	= 78,2%
Destilação 2 (mar./99)	= 77,7%

Tabela 1.2 – Comparação de custos entre Paradas – experiência do autor

Como vemos na Tabela 1.2, houve uma redução relativa de custos. A minha experiência até os dias de hoje mostra que, se cumprimos os prazos da Parada, a chance de gastarmos menos é muito grande. Ao contrário, atrasos tanto em Paradas como em qualquer tipo de Empreendimento levam a aumento dos custos em relação ao planejamento. Isso porque, na maioria das vezes, não há como deixar de ressarcir os custos indiretos e diretos das empresas contratadas e de pagar as horas extras dos funcionários próprios, o que faz com que os atrasos aumentem.

Outro ponto muito importante que caracterizou as Paradas anteriormente descritas foi a qualidade dos serviços, refletindo nas campanhas mais longas conseguidas após as paradas.

Os tipos de Parada a que estou me referindo têm prazos próximos a um mês, e campanha das Unidades ao redor de 48 meses – quatro anos. O número de pessoas envolvidas na Parada é entre 1000 a 2.000 pessoas. No entanto, as ideias e os conceitos que serão colocados neste livro têm aplicação também em Paradas de menor duração, tanto nos prazos da Parada como nas "campanhas". Consequentemente, o número de pessoas diminuirá, nesses casos.

Embora vários dos conceitos, práticas e atitudes que apliquei nessas paradas continuem válidos, ao longo do tempo angariei vários outros conhecimentos, ocupando posições de níveis hierárquicos superiores na própria Petrobras através de relatos de experiências positivas de alunos do curso "Planejamento e Controle de Paradas", o qual ministro todos os anos na ABRAMAN – Associação Brasileira de Manutenção; também através das participações próprias e de colegas em Seminários, Congressos e estágios práticos no exterior; e ainda assistindo alguns eventos no próprio país.

Na condição de "Project Manager" do empreendimento de projeto, construção e colocação em marcha de duas grandes Unidades Industriais, tive contato com as técnicas do PMI (Project Management Institute) e do IPA (Independent Project Analisys) e aprendi que a Parada também é um "Project", ou Empreendimento, pois, diferentemente de um Processo, cada Parada é um evento único; tem começo, meio e fim; com um objetivo definido.

Os conceitos aprendidos e as metodologias dessas instituições internacionais e sua grande aplicação prática serão desenvolvidos ao longo deste livro.

SUCESSO EM PARADAS NO PRESENTE

Os resultados mencionados no item anterior foram muito bons para a época; ainda hoje são prazos considerados bons; e a qualidade buscada ainda é a mesma. No entanto, é necessário melhorar. As Paradas consideradas "modelos" estão entre a pequena porcentagem daquelas em que se consegue bons resultados em todos os quesitos: Prazo, Custo, Segurança, Qualidade e hoje, Meio Ambiente. Não é fácil; um percentual muito pequeno de Paradas consegue isso, como descrito no Capítulo 2 mais adiante. É aí, portanto, que precisamos mirar. Temos que ser ambiciosos.

Vamos descrever alguns dados e fatos de Paradas realizadas nos Estados Unidos e na Europa e um caso de Parada considerada modelo no Brasil. Esses dados são da edição original do livro, portanto, de 2008.

DADOS GERAIS DO IPA (*)

(*) Os detalhes sobre o IPA serão fornecidos no capítulo seguinte. No momento, o que interessa são os resultados e as boas práticas de Parada. O estudo do IPA compreende Paradas no mundo inteiro, com ênfase para o continente americano.

- Em 96% das paradas analisadas com bons resultados de segurança, o Plano de Segurança foi implementado pelo menos seis semanas antes da Parada.

- 85% das Paradas que tiveram alguma alteração nas datas previstas inicialmente tiveram problemas relacionados a prazo e custo. Quando as Paradas eram antecipadas, os problemas tornavam-se ainda piores.

- Existem empresas especializadas em planejar e executar somente o caminho crítico, com extrema ênfase na diminuição do prazo.

- Paradas com contratação tardia apresentam duração em média 20% maiores e custos 10% maiores.

- Os salários dos executantes são bem maiores do que os praticados no Brasil.

- Por causa do aquecimento global da economia, os custos de Paradas vêm subindo significativamente desde 2002.

TENDÊNCIAS DE PARADAS NA EUROPA (**)

(**) Os dados foram coletados com colegas que visitaram Paradas realizadas na Europa (Alemanha, França e Noruega, basicamente)

- Utilizam uma empresa denominada "*Pilot Company*", responsável pelo planejamento, preparação técnica para licitações, gerenciamento e controle das contratadas, gerenciamento da qualidade e da segurança.
- Primeiro congelamento do escopo ocorre 10 meses antes do início da Parada.
- Escopo totalmente congelado dois meses antes do início da Parada.
- Número muito menor de pessoas; o que melhora o custo, o controle e a segurança.
- Contratos do tipo "custo reembolsável" com bônus por desempenho em prazo, custo, segurança e qualidade.
- De fato, a folga no domingo é respeitada. Em alguns casos, não há serviço nenhum nesse dia.
- O salário do pessoal executante é bem maior do que o praticado no Brasil. Em um dos relatos, o salário mínimo mensal foi de € 1.140,00 (um mil cento e quarenta euros)!
- Há prioridade para troca completa de equipamentos em vez de reparo.
- Cumprir o planejamento diário é condição de emprego para as pessoas e de novos contratos para as empresas.

RESULTADOS DE PARADAS

- França – 2002: Prazo de Parada de Craqueamento similar aos do capítulo 1 deste livro = 42 dias, com o máximo de 49 horas semanais por empregado e cerca de 400 pessoas envolvidas na Parada.

- Noruega – 2005: Prazo de Parada de Unidade de porte maior do que os relatados no capítulo 1 deste livro = 43 dias contra uma meta de 49 dias utilizando em média apenas 280 pessoas, com um acidente e consequente afastamento.
- EUA – 2005: Média de prazo de Parada para estudo com Unidades do mesmo porte das de Craqueamento citadas no capítulo 1 deste livro = 43 dias. As empresas vanguardeiras fazem a mesma parada em 35 dias a um custo aproximado de apenas 80% da média da indústria.
- EUA – Dados de um estudo recente do IPA
    - ✓ Os resultados de prazo de Parada das empresas sul-americanas são aproximadamente 20% maiores (pior) do que a média do estudo, e cerca de 35% maiores do que o resultado da melhor empresa.
    - ✓ A Taxa de Frequência de Acidentes com Afastamento em Paradas das empresas sul-americanas é da ordem de 3,6 contra 1,0 (melhor) da média das empresas dos Estados Unidos (já considerado o mesmo parâmetro de H x h de risco).
    - ✓ O custo médio de uma Parada na América do Sul é compatível com o custo médio de uma Parada nos Estados Unidos, apesar de praticarmos salários de executantes na ordem de três vezes menores.
- Brasil – 2007: Empresa na área de alimentos consegue prazo de Parada anual de máquina de frascos PET metade que a média dos anos anteriores utilizando técnicas da Mentalidade Enxuta e passa a ser referência mundial para o fabricante internacional da máquina.

SUCESSO EM PARADAS NO FUTURO

Como escrevi no prefácio desta edição, em muitos casos esse futuro já chegou com resultados excelentes, muitos dos quais tendo como "base de lançamento" este livro e/ou a participação em meus cursos ou ainda, através de Consultorias.

Temos o caso do próprio Refino da Petrobras, que conseguiu trazer as médias dos prazos de Paradas de suas Unidades de Craqueamento para 32,8 dias (42,3 dias, no passado, era algo considerado "bom") e de suas Unidades de Destilação para 28,1 dias (contra 38,6 dias em um passado recente).

Tome-se também o caso da Votorantim, que através da implementação de um agressivo plano de treinamento de sua liderança de manutenção e de um competente procedimento geral, implantou uma nova mentalidade na condução de Paradas na empresa

Outro caso emblemático é o da Samarco Mineração – Unidade de Umbu – Anchieta – ES: colocou toda a sua liderança de Manutenção em um curso "in company" de Gerenciamento de Paradas, em setembro de 2009. Em dezembro de 2013, o Gerente de Manutenção daquela Unidade Industrial nos procurou em um evento de Confiabilidade e Grandes Paradas, no qual exerci a função de "Chairman", e, referindo-se ao curso ministrado há quatro anos nos propôs um trabalho de avaliação do processo de Gestão de Paradas na Unidade. Fomos lá e, com muita alegria, constatei que eles não só haviam implantado muito do que eu tinha ensinado como melhoraram ainda, mais, contratando a sucursal brasileira do IPA (Independent Project Analysis). De todos os lugares onde prestei consultoria, essa planta industrial foi, até o momento em que escrevo, a que melhor dominou os processos de Parada, tendo alcançado sucessivos resultados excelentes, da ordem de 30 a 40% melhores que os anteriores.

Para ficar somente com mais uma, cito a VALEFERTIL, de Minas Gerais. A área corporativa de Planejamento de Paradas comandada por uma das melhores engenheiras que já conheci também treinou maciçamente seu pessoal de manutenção, em 2010. Hoje possui um sistema muito bem estruturado para gerir grandes Paradas de Manutenção.

Poderíamos citar pelo menos mais uma dezena de empresas que praticamente revolucionaram seus respectivos processos de Parada de Manutenção. Outras tanto estão, no momento, no meio desse processo.

Prefiro terminar este capítulo com um desafio: o céu é o limite! Gosto de pensar que a questão da melhoria nos resultados de Parada é como a questão dos recordes na esfera esportiva: quando pensamos que atingimos nosso máximo, verificamos que sempre é possível melhorar. Avante, pois!

Entretanto, ressalto que apesar do êxito descrito, a situação ainda é dramática se compararmos o número de pessoas envolvidas nas Paradas no hemisfério Sul com as Paradas do hemisfério Norte. Isso afeta os controles, a qualidade, a segurança, o custo, e, a meu ver, o próprio resultado de prazo.

Podemos dizer, de qualquer forma, que é perfeitamente possível, no Brasil, conseguir resultados no nível de "melhor do mundo". Eu vejo que as "dicas" estão todas disponíveis, indo desde a qualificação do pessoal até o uso de técnicas da mentalidade enxuta, passando, entre outras práticas, por melhores formas de contratação e principalmente, pela *disciplina* de todos os segmentos da Empresa envolvidos na Parada. É sobre todos esses aspectos que discorrerei nos próximos capítulos deste livro, dando minha contribuição para que as Paradas do futuro tenham cada vez mais SUCESSO.

Capítulo 2

Conceitos do IPA e do PMI

As letras IPA formam as iniciais de "Independent Project Analyses". É uma Empresa, sediada nos Estados Unidos da América, cuja razão de ser é comparar e analisar "Projects"(Empreendimentos) realizados em todo o mundo.

O produto final de seu trabalho costuma ser um relatório comparativo entre os resultados de determinado cliente em métricas como Prazo, Custo, Segurança etc. e os resultados de todos os outros "Projects" (Empreendimentos) que possuem um vasto banco de dados. São tecidos comentários sobre as práticas adotadas por um determinado cliente em comparação com as práticas de todos os outros, em especial por aqueles que têm os melhores resultados (indústrias vanguardeiras ou do primeiro quintil). É uma poderosa ferramenta para a melhoria contínua.

Já as letras PMI são as iniciais de "Project Management Institute", que é uma espécie de O.N.G. (Organização não Governamental) com sede nos Estados Unidos e filiais no mundo, além de ser muito forte na Europa. O principal objetivo do P.M.I. é disseminar as boas práticas na Gestão de "Projects"(Empreendimentos). Para isso elegeu oito (agora, em 2014, nove) "áreas de conhecimento": *Escopo, Prazo, Custo, Qualidade, RH, Comunicação, Riscos, Suprimento & Contratação, e, mais recentemente, Stakeholders.* Além dessas, tem uma área específica para integrar todas as demais áreas do conhecimento: A *Integração*, perfazendo assim um total de nove "áreas de conhecimento". Outro objetivo do PMI é certificar profissionais que gerenciam os mais variados tipos de Projetos, desde desenvolvimento de softwares até obras de grande porte físico. Quem passa no exame internacional de certificação, cujo nível de dificuldade é alto, recebe o título de PMP ("Project Management Professional").

Eu sou PMP certificado desde maio/2003, necessidade requerida pela minha própria atividade profissional na Petrobras S/A.

O PMI tem uma espécie de "bíblia" em que coloca todos os preceitos e conceitos para realizar um "Project" com sucesso: o "PMBOK" – iniciais de "Project Management Body of Knowledge"; em tradução livre seria "Fonte de Conhecimento em Gerenciamento de Projetos".

O interessante é que bem antes de travar conhecimento com esses organismos internacionais eu já utilizava várias das práticas recomendadas tanto pelo P.M.I. como pelo IPA. um pouco com base da intuição, na observação e até mesmo na experimentação. Em outras práticas, porém, tive que aprender e continuo aprendendo. Isso porque o fato de você ter sucesso no presente não significa que o terá no futuro. É preciso estar sempre em processo de melhoria contínua. Como todos sabem (se não sabem, saberão), a única coisa que nunca muda é o fato de que tudo muda o tempo todo.

É importante deixar claro que uma grande Parada de Manutenção, como descrito no capítulo anterior, tem todas as características de um "Project", ou Empreendimento. Pela definição do P.M.I, "Project" é um empreendimento temporário com o objetivo de criar um produto ou serviço único. Ou seja, é temporário, progressivo e único. A Parada se encaixa perfeitamente nessa definição, portanto, é tratada como tal tanto pelo PMI como pelo IPA.

GRAU DE DEFINIÇÃO DO IPA

Observe os gráficos da Figura 2.1 na página seguinte:

Os gráficos foram deixados na língua de origem (inglês) propositadamente, pois apenas o IPA dá este tipo de tratamento ao assunto. No eixo dos "x", tem-se o "Índice FEL", que pode ir de "screening" (sem correspondência em português, mas podemos entender como péssimo) até "BEST" (literalmente traduzido como melhor, ou excelente), passando por "poor" (pobre), "fair" (regular) e "good" (bom).

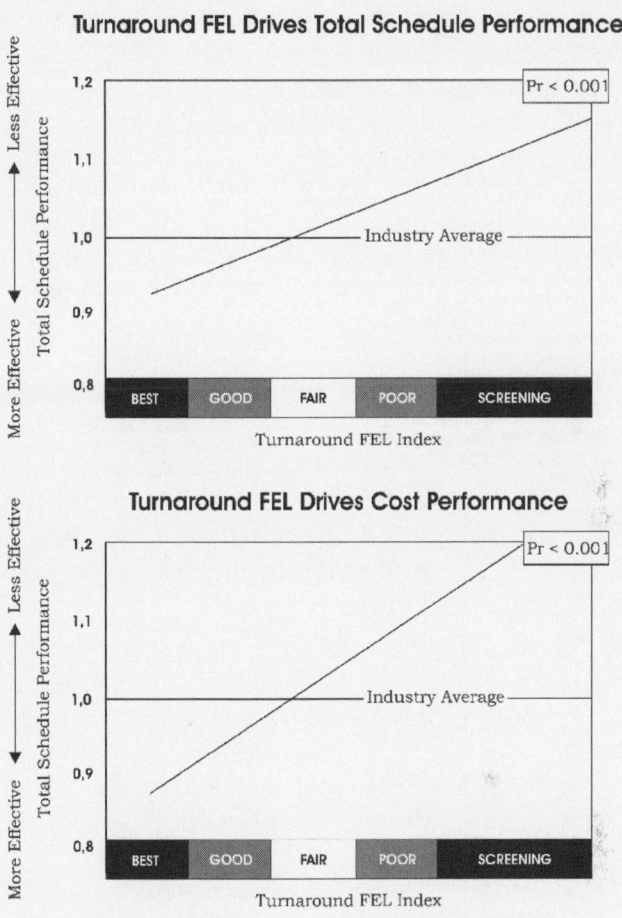

Figura 2.1 - Correlação entre os prazos, custos e "grau de definição"

Antes de passarmos para a análise do eixo dos "y" e para as próprias retas dos gráficos, vamos nos deter em entender o que é o tal "Índice FEL".

"FEL" é o conjunto de iniciais para "Front End Level", que traduzido de forma livre e ao pé da letra, seria Nível ao Final da Frente, que não teria muito sentido para nós. A melhor tradução que conheço para o "FEL Index" é "Grau de Definição". Na verdade, quer dizer muito mais. Significa quantas e quais informações temos e qual a qualidade delas em diversos momentos do planejamento do "Project" (Empreendimento). Em nosso caso, da Parada.

No caso de obras industriais, existem três momentos em que se mede o grau de definição: Na fase conceitual, quando imaginamos de forma preliminar o Empreendimento, temos o "FEL 1". Para um melhor entendimento, digamos que o novo projeto é construir uma casa. Essa primeira fase seria pautada em pensarmos em qual bairro a casa será construída; se será uma casa térrea ou um sobrado, luxuosa ou simples. Terminado o conceito, passamos para o projeto básico, em cuja fase diz-se que se está em "FEL 2". No hipotético exemplo da casa, nessa fase definiríamos o terreno em que a casa será construída, o seu nível do acabamento, a sua metragem aproximada, o seu grau de iluminamento, o nº de vagas na garagem, as automatizações que pretendemos ter (portão, câmeras, cercas com alarme etc.). Terminado o projeto básico, que no exemplo da casa será um memorial descritivo ou um contrato com as linhas gerais de como será a casa, passaríamos para o projeto de detalhamento; a planta baixa e os respectivos "cortes"; o projeto elétrico; o projeto hidráulico e a especificação dos materiais básicos e de acabamento. O termino dessa fase configura o "FEL 3".

O IPA descobriu uma forte e clara correlação entre os "Graus de Definição" em cada fase FEL (isto é, a quantidade e a qualidade das informações das quais dispomos em cada fase) e o sucesso do Empreendimento. Assim, no exemplo hipotético da casa, se já tivermos passado do ponto FEL 2 e formos para o detalhamento sem possuir o Terreno ou mesmo sem ter feito a sondagem do solo ou sem definir o número de quartos e banheiros, a fase de FEL 3 (detalhamento) já estará prejudicada. Quanto mais tarde obtivermos as informações, pior será para o sucesso do "Project".

Voltando à questão das Paradas e do gráfico da Figura 2.1, uma vez entendido o que o IPA chama de "FEL" e percebendo que no caso de paradas o usual é utilizar apenas um "FEL", nota-se a grande influência que o Grau de Definição tem nos resultados de Prazo ("Schedule") e Custo ("Cost") das Paradas. Para o IPA, o "Grau de Definição" é o fator que mais influencia no resultado do prazo e do custo. Eu concordo com isso, e falarei mais sobre o assunto nos próximos capítulos.

O IPA tem seus critérios próprios para julgar e quantificar o "Grau de Definição" ou FEL. Esses critérios não são claramente divulgados, pois correspondem ao segredo do negócio dessa Empresa. Assim, com base em nossa experiência e dentro das necessidades atuais de resultados, informamos, na Tabela 2.1, o que precisa estar pronto e quando para uma Parada de Unidade cuja campanha é de quatro anos ou 48 meses. Devido à nossa experiência como instrutores em Cursos de Planejamento e Controle de Paradas da ABRAMAN-SP, temos muito alunos oriundos de fábricas que possuem Unidades Industriais, cuja campanha é de um ano ou 12 meses, o que contribui para que façamos uma correlação, fornecendo também uma sugestão de prazos de definições para esse tipo de Indústria.

Na Tabela 2.1, os tempos são sempre baseados na antecedência com relação à "data zero", que representa o dia quem se inicia a paralização operacional da Unidade de Processo. "Fab 1" representa os tipos de Unidades que possuem campanhas ao redor dos 48 mdweses e "Fab 2 os tipos de Unidades que possuem campanhas ao redor dos 12 meses.

FAB 1 48 MESES	- 18 meses	-12 meses	-8 meses	- 3 meses	- 5 dias
FAB 2 12 MESES	- 10 meses	- 6 meses	- 4 meses	- 2 meses	- 2 dias
O QUE DEVE ESTAR PRONTO	- Identificar demandadores de trabalhos e lembrar pedidos - Plano fruto das "lições aprendidas" da Parada anterior - Estimativa Inicial do custo da parada - Plano de contratação - Plano de comunicação - Cronograma das atividades de planejamento	- Estudos críticos de "construtibilidade" - Plano macro de segurança e meio ambiente - Final do detalhamento de projetos de investimento - Definição do Escopo – Primeiro congelamento * - Estimativa preliminar do custo da Parada - Planejamento organizacional - Pedido de compra de materiais críticos - Cronograma de implantação dos novos investimentos - Especificação de serviços contratados "prontos para licitar" - Plano macro de garantia da qualidade	- Cronograma da Parada com recursos alocados e definição dos caminhos críticos - Confirmação dos prazos dos equipamentos e materiais críticos - Análise de riscos – plano de respostas - Planejamento operacional (paralização/partida) - Planejamento dos trabalhos pré-parada - Definição da(s) contratada(s) - Estimativa definitiva do custo da Parada - Curvas "S" dos caminhos críticos e subcríticos	- Plano detalhado de segurança e meio ambiente. Inicio da implantação - Plano de "Kitting" para caminhos críticos - Segundo congelamento ** - Plano detalhado de garantia da qualidade - Planejamento prazo, custo, segurança e qualidade validados junto ao contratado(s) - Mobilização dos indiretos da contratada - Mobilização dos diretos da Pré-Parada - Treinamento de alinhamento e integração própria e indireta (16 horas) - Confirmação da chegada de equipamentos e materiais críticos.	- Confirmação da chegada de todos os materiais - Mobilização de toda força de trabalho - Reunião de alinhamento com toda força de trabalho (duas horas) - Termino dos serviços de Pré-Parada

Tabela 2.1 - Datas dos itens mais importantes para a definição da Parada

Observações sobre a Tabela 2.1:

- Provavelmente algumas das expressões utilizadas não serão familiares ao leitor. Não importa: ao longo do livro serão detalhadas uma a uma e recomenda-se uma nova leitura dessa tabela após serem vistos todos os próximos capítulos deste livro.
- Neste momento, o importante é perceber que os dados nacionais e internacionais mostram que o fator supercrítico de sucesso em Paradas é ter um "Grau de Definição" alto nas fases de planejamento. Isso é possível quando seguimos à risca os prazos da tabela da Tabela 2.1.
- Se eu tivesse que escolher qual o fator mais crítico entre todos esses fatores supercríticos de sucesso, escolheria, para o caso brasileiro, o Gerenciamento do Escopo, ou definição do escopo. Assim, a minha proposta quanto a isso está mostrada na Tabela 2.1 na forma de asteriscos, assim:

* Definição do escopo – Primeiro congelamento: A partir desta data, adições ou alterações no escopo somente com autorização do Gerente de Produção e Gerente de Manutenção.

** Definição do escopo – Segundo congelamento: A partir desta data, adições ou alterações no escopo somente podem ser realizadas com autorização do Gerente Geral da Planta.

Para que isso funcione bem, os Gerentes de Produção e Manutenção devem ter a firme disposição de rejeitar os pedidos atrasados. Quando a rejeição for *impossível* por razões de Segurança ou Meio Ambiente, por exemplo, deve "estressar" ao máximo para saber o porquê de não ter sido prevista antes a atividade proposta. Essa atitude ajudará sobremaneira o pessoal lembrar-se de atividades nas datas corretas nas próximas Paradas. Particularmente eficaz quando o Gerente Geral se incumbe disso, com pedidos depois do Segundo congelamento.

Recentemente, em um de meus cursos, quando apliquei um exercício em grupo que costumo solicitar, um aluno insistiu e me convenceu que o fator "comprometimento de todos" é ainda mais importante que o Gerenciamento do Escopo. De fato, no caso de Paradas, se houver o comprometimento de todos os *Stakeholders* internos com os objetivos da Parada (Produção, demais áreas da Manutenção, Engenharia, Suprimentos, Segurança etc.), a construção e o Gerenciamento do Escopo são facilitados.

- A citação de determinada atividade (por exemplo: definição da(s) contratada(s)) em uma determinada coluna; no exemplo, oito meses antes para campanhas de 48 horas e quatro meses antes para campanhas de 12 meses) significa que esta tem que estar finalizada no prazo indicado.

Para resultados ainda melhores se comparados àqueles que as empresas têm conseguido hoje (2014), há informações *adicionais* que nos permitem fornecer dados mais detalhados sobre *o que* precisa ser feito e *quando*:

FÁBRICA COM CAMPANHA DE 48 MESES

Dezoito meses antes:
- Definição do que o Projeto vai entregar (ESCOPO MACRO)
- Plano de Contratação

Doze meses antes:
- Desafio do escopo (vide conceito no Capítulo 3)

Nove meses antes:
- Elaboração da minuta do contrato e seus anexos
- Análise de Construtibilidade para serviços críticos:
- Grandes movimentações de carga
- Caldeiraria pesada
- Montagens internas com alto grau de dificuldade
- Elaboração de procedimentos específicos de execução (quando for preciso)
- Cronograma e definição de caminho crítico

Quatro meses antes:
- Contratos com terceiros devem ser assinados

- Plano de Segurança pronto

FÁBRICA COM CAMPANHA DE 12 MESES

Doze a Seis meses antes:
- Objetivos e metas (ESCOPO MACRO)
- Lições aprendidas
- Planejamento pessoal Próprio x Contratado
- Levantar problemas crônicos

Seis a Quatro meses antes:
- Coleta das Solicitações de Serviços
- Definição do Escopo de Parada
- Elaboração da Estrutura Analítica do Projeto (EAP)
- Análise de risco e plano de contingência

Quatro a Dois meses antes:
- Compra de materiais e contratações
- Plano de Segurança
- Definição da Infraestrutura
- Integração dos cronogramas

Dois meses a 15 dias antes:
- Conclusão dos contratos
- Plano de mobilização
- Treinamento dos fiscais
- Avaliação dos custos – estimativa definitiva

Quinze dias a "Zero":
- Mobilização da Infraestrutura
- Pré-fabricações
- Montagens externas principais
- Treinamento em SMS (Segurança, Saúde e Meio Ambiente)

Como vemos, é possível implementar prazos dilatados para os planejamentos de Paradas no Brasil. Esses dois exemplos (campanhas de 48 meses e 12 meses) representam casos reais de empresas brasileiras que os estão praticando hoje (2014).

No entanto, é claro que isso exige muita disciplina, harmonia, coragem e proatividade. Vamos ver o que nos reservam os demais capítulos deste livro a respeito desses temas.

OUTROS PONTOS IMPORTANTES RECOMENDADOS PELO IPA

- A Empresa contratante (dona do negócio) deve assumir os riscos da Parada. Quando tentam repassar esses riscos para as contratadas, os custos de contratação sobem e, muita vezes, o efeito indesejado (aumento do prazo, por exemplo) ainda é cobrado do contratante.
- Revisão do planejamento por pessoal especializado.
- Aspectos comportamentais e integração das equipes exercem papéis fundamentais no sucesso da Parada.
- Especialista(s) em controle deve(m) ser alocado(s) especialmente para acompanhar as fases de planejamento, Pré-Parada e Parada.
- Trabalhos de novos investimentos e de manutenção devem ser planejados conjuntamente e executados pela mesma empresa.
- Especial atenção aos "as-built" no caso de novos investimentos.
- A maioria das Empresas, nos EUA, utiliza o aplicativo "Primavera" em vez do "MS Project" para o planejamento e acompanhamento da Parada.
- De uma forma geral, é bastante difícil atingir sucesso total em uma Parada. Em um dos estudos do IPA que incluiu resultados de algumas centenas de Paradas, apenas 3,7% atendeu simultaneamente os critérios de prazo, custo, segurança e proteção ao meio ambiente.
- O IPA estima que a perda total (custos adicionais e lucro cessante) de uma parada típica (da magnitude das citadas no capítulo 1 deste livro) mal planejada é de U$6 milhões.

A PARADA COMO UM "PROJECT" (PMI)

PROCESSOS DA PARADA

O PMI, através de seu guia maior, o "PMBOK" ("Project Management Body of Knowledge"), nos apresenta os seguintes processos para um "Project":

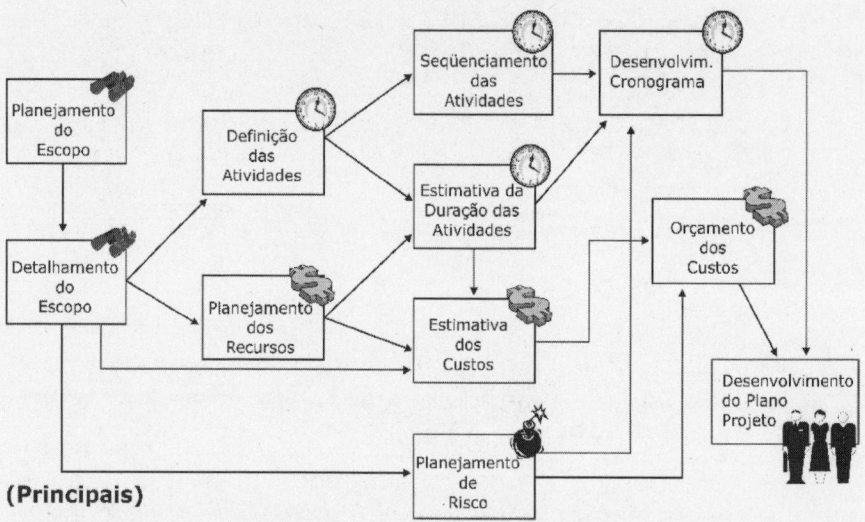

Figura 2.2 - Processos de Planejamento (principais)

Nota-se que, à exceção do Planejamento de Risco, as etapas são aproximadamente aquelas que se praticam nas Paradas no Brasil.

As coisas começam a modificar-se quando passamos a examinar os processos que o PMI chama de "auxiliares", conforme mostra a Figura 2.3 a seguir:

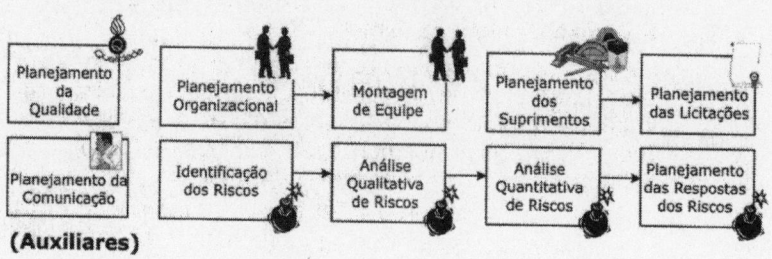

Figura 2.3 - Processos de Planejamento (auxiliares)

Planejamento da Qualidade? Planejamento Organizacional? Planejamento de Comunicação? Planejamento de Riscos? Ouso dizer que a grande maioria de nossas Paradas, no Brasil, não possui esses planejamentos. Alguns deles (Qualidade, Organizacional, Comunicação e Análise Qualitativa de Riscos) já fazíamos, *em parte,* naquelas Paradas da segunda metade da década de 90 referidas no Capítulo 1, e eu diria que a adoção dessas práticas, conjugada com um firme Gerenciamento do Escopo e uma, ainda que incompleta integração e desenvolvimento da Equipe, foram os responsáveis pelo sucesso daquelas Paradas. Hoje, isso não basta. É preciso planejar todos esses itens com o mesmo vigor e atenção, porém com maior abrangência. Além disso, é necessário acompanhar a sua implementação com muita constância de propósitos. Nos capítulos seguintes discorreremos sobre isso.

A seguir estão listados outros processos importantes citados pelo PMBOK:

- Controle de Alteração do Escopo.
- Controle do Cronograma e dos Custos.
- Garantia da Qualidade.
- Controle da Qualidade.
- Gerenciar *Stakeholders*
- Controle e Monitoração dos Riscos.
- Desenvolvimento das Equipes.
- Distribuição das Informações.
- Licitações e Seleção de Fornecedores.
- Encerramento de Contratos.
- Lições Aprendidas.

Também aqui posso dizer que, mesmo sem ter ouvido falar em PMI, eu e minha equipe utilizamos a maioria desses processos, mesmo que alguns tenham sido de forma parcial. Certamente isso contribuiu para o sucesso daquelas Paradas. No entanto, como todos sabem, o sucesso do passado não garante o sucesso do futuro, ainda mais em um futuro em que as exigências de todas as partes interessadas (acionistas, empregados, sociedade, clientes, fornecedores e autoridades) são cada vez maiores. É necessário, portanto, aplicar os processos em sua plenitude, com maestria e profissionalismo. Como fazê-lo está sendo contado neste livro, daí o propositalmente pretencioso titulo *"Sucesso em Paradas de Manutenção"*.

ÁREAS DE CONHECIMENTO DO PMI

Como já mencionei anteriormente, o PMI define 9+1=10 "Áreas de Conhecimento", sendo a última delas a Integração entre as oito anteriores.

Nesse capítulo darei apenas uma passada rápida em cada uma delas; o aprofundamento acontecerá nos próximos capítulos. O objetivo é, antes de entrarmos no "miolo" do livro, onde são utilizados conjuntamente os conceitos do P.M.I., a experiência do autor, as práticas de vanguarda e a realidade brasileira, termos uma ideia clara de cada uma das "Áreas".

1 – Escopo

- É necessária uma clara definição do Escopo.
- Estrutura Analítica do Projeto (EAP), em inglês "Work Breakdown Structure" (WBS). Os trabalhos são "quebrados", ou estruturados em pacotes menores até que seja possível quantificar, mensurar e inserir o número de pessoas e horas envolvidas em cada "pacote".
- Aparece a frase que considero mágica: Gerenciamento do Escopo (para alguns de nós, ele parece algo "ingerenciável").

2 - Tempo (Prazo)

- Uso do diagrama PERT.
- Uso da curva "S", mas de uma forma integrada entre avanço físico e realização de custos, com a conceituação do que o PMI chama de "Earned Value". No Capítulo 5 abordarei esse assunto de forma mais detalhada.

3 – Custo

Insere um importante conceito. Existem estimativas iniciais, que permitem desvios de -25% a 75%; estimativas preliminares (-10% a +25%) e estimativas definitivas (-5% a +10%).

No Brasil, infelizmente, na maioria dos casos, as estimativas, em qualquer fase, são consideradas definitivas, e qualquer alteração é vista como falha do planejamento. Isso faz com que todos deixem naturalmente uma "gordura", que não é benéfica para o Empreendimento.

4 - Riscos

- Análise qualitativa: visa identificar os riscos que podem levar ao insucesso da Parada, a probabilidade e o impacto e elaborar um Plano-Resposta ou de Contingências.

- Análise quantitativa: visa estimar os percentuais de probabilidade de sucesso da soma das várias tarefas envolvidas – processo pouco difundido no Brasil.

5 – Qualidade

- Garantia da Qualidade (durante os processos) é melhor do que o Controle de Qualidade (ao final dos processos).

6 – Comunicação

- Existência de um plano formal de comunicação com destaque para a sua enorme importância e influência nos resultados.

7 – Suprimentos e Contratação

- É necessário decidir, com antecedência, o que será feito com recursos próprios e o que será contratado.

- Proteger o relacionamento entre as partes (precisamos muito melhorar essa questão no Brasil).

- Esclarece a questão do risco do comprador e risco do vendedor; contratos do tipo "Lump-sum" (preço global) – teoricamente transferem todos os riscos para o vendedor, portanto, tendem a ser mais caros, enquanto nos contratos do tipo "custo reembolsável" o risco é do comprador, portanto, com tendência a serem mais baratos.

- Explora os tipos de contratação, as vantagens e desvantagens de cada um.

8 – Recursos Humanos

- Reconhece a grande influência dos aspectos comportamentais no resultado, a exemplo do IPA. Recomenda algumas técnicas motivacionais.

9 – *Stakeholders* (Partes Interessadas)

- Gerenciar os *Stakeholders* significa dar atenção aos interesses e ao bem-estar daqueles que podem ajudar ou prejudicar os objetivos do Projeto (em nosso caso, da Parada).

10 – Integração

- Recomenda fazer um plano que integre todos os demais planos de "áreas do conhecimento".

Capítulo 3

Gerenciamento do Escopo & Integração

INTRODUÇÃO

Ao começarmos a falar sobre gerenciamento do escopo, reportamo-nos à Tabela 2.1 do Capítulo 2 – Conceitos do IPA e do PMI. Nota-se que há 18 e 10 meses antes da Parada (FAB 1 e FAB 2), já é necessário iniciar a coleta dos pedidos que vão compor o escopo.

Considero a definição do escopo algo tão importante que coloco a *Integração* – composição de todos os planos em um só –, neste mesmo capítulo. Com efeito, à medida que executamos as diversas etapas do plano mais abaixo descrito, conseguimos, a partir de uma firme definição do Escopo, progredir positivamente dentro do "projeto" da Parada.

É necessário, entretanto, que nos atentemos para um conceito entendido de forma errada, o que temos notado em nossos trabalhos de consultoria junto a alguns clientes: *Integração,* na visão do PMI, não é o que diz respeito à aproximação emocional das pessoas, mas à harmonização dos planos e controles das agora nove áreas de conhecimento do PMI.

Minha experiência diz que a grande maioria das plantas fabris brasileiras está sempre "atrasada", com uma carteira de serviços de curto prazo, o que dificulta o seguimento dos prazos preconizados para que se tenha um bom "Grau de Definição".

A situação pode ser comparada com a da grande fatia da população, que vive endividada: a compulsão para a compra em curto prazo e os altos juros cobrados nos financiamentos e empréstimos formam uma teia sufocante sobre o indivíduo de forma a prejudicar a sua capacidade de compra assim como a qualidade do que é comprado. Ao contrário, uma pessoa que consegue inicialmente poupar para só então gastar, leva evidentes vantagens, tanto na quantidade como na qualidade das compras. Como sair desta situação de endividamento? Os consultores financeiros dizem que a saída é alongar o perfil da dívida, diminuir os gastos supérfluos e, se possível, conseguir mais fonte de renda. De qualquer forma, a solução nunca é de curto prazo.

É mais ou menos o que ocorre com o planejamento de Paradas. Quando temos uma constância de propósitos, trabalhamos para diminuir o volume de trabalho e aumentar a produtividade de forma a sairmos da condição de "devedores" para assumirmos a de "consumidores conscientes". Caso necessário, não devemos hesitar em buscar ajuda externa aos recursos da Planta para "quitar as dívidas", ou seja, executar mais rapidamente as atividades de projeto e planejamento. No entanto, é preciso ter cuidado: Não compre "moedas podres"; existem muitas empresas que se intitulam como de projetos e de planejamento, mas que são meras locadoras de mão de obra.

Para conseguirmos fazer todas as coisas no tempo certo, é muito útil uma "Integração do Planejamento" ou "check list", como a do exemplo mostrado na Tabela 3.1, que também representa quase um plano de integração entre todas as áreas.

Essa lista de verificação deve ser visitada e atualizada mensalmente a partir de 24 meses antes da Parada (FAB. 1) e 10 meses antes dela (FAB 2), colocando-se o percentual de atendimento no campo "situação". Quando estivermos, respectivamente, seis meses antes da parada (FAB 1) e três meses (FAB 2), essa visita deve ser quinzenal ou até mesmo semanal.

A "Integração do Planejamento", que também é um plano que integra todas as áreas do conhecimento, poderia ser colocada tanto neste capítulo como no seguinte (o do Prazo). Optamos por colocá-la aqui porque, como na definição do Escopo, ela depende de muita disciplina e constância de propósitos a fim de que seja realizada dentro dos prazos necessários.

LISTA DE PROVIDÊNCIAS E SERVIÇOS DE PRÉ-PARADA
PARADA DO CRAQUEAMENTO – 01/07/07
DATA DE EMISSÃO: 01/07/05   DATA DA ATUALIZAÇÃO:

ITEM	DESCRIÇÃO	RESPONSÁVEL	INÍCIO	TÉRMINO	SITUAÇÃO
01	Cobrar periodicamente das áreas de operação, manutenção, inspeção e seguranças os pedidos de Parada.	Alan	31/12/05	31/05/06	
02	Receber lista da Inspeção	Alan	01/05/06	18/02/06	
03	Receber lista da operação	Alan	01/05/06	18/03/08	
04	Receber lista da elétrica	Alan	01/05/06	18/03/08	
05	Receber lista da instrumentação	Alan	01/05/06	18/03/08	
06	Receber lista da mecânica	Alan	01/05/06	18/03/08	
07	Análise crítica do escopo e Primeiro congelamento	Soitiro	01/04/06	30/06/06	
08	Plano fruto de lições aprendidas da Parada anterior	Soitiro	01/11/05	31/12/05	
09	Estimativa inicial do custo com base na Parada anterior + grupo de campanha	Aylton	01/07/05	31/12/05	
10	Formação do "Grupo de Campanha"	Fugi	01/07/04	01/07/04	
11	Reuniões periódicas do Grupo de Campanha	Fugi	01/07/04	01/04/07	
12	Plano de comunicação	Soitiro	01/12/05	31/12/05	
13	Participação em reuniões com a área de investimentos até cronograma macro dos investimentos	Alexandre	01/01/06	30/06/06	
14	Especificação para processo de contratação principal, licitação e definição da contratada	Mardem	01/07/06	31/10/06	
15	Preparação das providencias administrativas para contratada (canteiro, integração etc.)	Jania	01/10/05	31/10/05	
16	Plano macro de Segurança e Meio Ambiente	Honda	01/05/06	30/06/06	
17	Primeira Proposta de organograma da Parada	Fugi	01/05/06	30/06/06	
18	Estudo de andaimes	Messias	01/04/06	31/07/06	
19	Estudo de grandes movimentações	Eder	01/04/06	31/07/06	
20	Estudo de construções temporárias	Eder	01/04/06	31/07/06	
21	Plano macro de Garantia da Qualidade	Alexandre	01/05/06	30/06/06	
22	Realizar cronograma da Parda no MSP, com recursos alocados e caminhos críticos	Alan	01/08/06	31/10/06	
23	Verificar situação de entrega de equipamentos e materiais críticos	Messias	31/10/06	01/04/07	
24	Análise de riscos – planos de resposta	Fugi	01/08/06	31/10/06	
25	Planejamento operacional (paralisação/partida)	Honda	01/08/06	31/10/06	
26	Estimativa definitiva do custo da parada	Aylton	01/08/06	31/10/06	

27	Curva "S" dos caminhos críticos e subcríticos	Alan	01/08/06	31/10/06	
28	Definição do organograma da Parada	Fugi	02/01/06	01/04/07	
29	Coelaboração e validação junto à contratada dos planejamentos de prazo, custo, qualidade, segurança, resposta aos riscos, montagem de andaime, movimentação de máquinas e construções temporárias	Soitiro	01/01/06	01/04/06	
30	Elaborar e executar plano de "Kitting"	Messias	02/01/07	01/06/07	
32	Confirmação da chegada de todos os materiais	Jania	01/04/07	20/06/07	
33	Mobilização de toda a força de trabalho	Soitiro	01/03/07	20/06/07	
34	Reunião de alinhamento com toda a força de trabalho (duas horas)	Soitiro	20/06/07	30/06/07	
35	Elaborar as Análises Preliminares do Risco (APR) com as contratadas	Mardem	01/11/06	20/06/07	
36	Coordenar e cobrar a execução das seguintes tarefas de preparação pela Contratada: a) Treinamento da equipe de supervisores e executantes para aplicação dos procedimentos b) Execução de procedimentos executivos de serviços conforme especificação do contrato c) Emplaquetamento de raquetes d) Emplaquetamento de válvulas e tubulações da carga do Riser e) Elaborar planilha de acompanhamentos de serviços f) Recebimento de equipamentos pré-fabricados g) Montar andaime externo com plataformas para ciclones novos h) Montar andaime externo para pintura do conversor e câmara de orifício i) Montar andaimes para remoção de SLIDES j) Preparar Layout para serviços/equipamentos em volta do conversor k) Instalar sistema de "coqueduto" no conversor l) Apresentar projetos e procedimentos do elevador adicional m) Revisar e montar piscina coletora de água de lavagem do conversor n) Montar elevador adicional o) Montar andaimes para raqueteamento dos equipamentos conforme listas p) Treinar equipe para virada do raquetão da LT e amaciar parafusos	Soitiro	06/12/06	20/06/07	

Tabela 3.1 – Exemplo de "integração do planejamento"

Enfatizo aqui o que fica cada vez mais pertinente à medida que o tempo passa: esse *check list*, ou integração do planejamento, é válido para a realidade de uma refinaria de petróleo da década de 1990 (tanto a data de emissão quanto a data de atualização aqui mostradas são fictícias). O leitor que não dispuser de um *check list* de planejamento deve elaborar o seu de acordo com as suas próprias características e época, como fizeram unidades da Votorantim, da Vale Fertilizantes, da Samarco Mineração, entre várias outras.

Ainda com relação à questão do escopo, é importante notar que, no caso de Paradas, a construção do escopo é, de certa forma, inversa a dos Projetos de Investimento (Obras).

Conforme preconiza o PMI, o escopo partiria de estruturas "macro" para estruturas "micro". No caso da Parada, a tarefa é justamente agregar as centenas ou até milhares de pedidos de serviços em um escopo único, sólido, definitivo. Essa é uma tarefa difícil, mas não impossível.

As várias áreas geradoras de serviço, e notadamente, no caso de Refinarias a área de Inspeção de Equipamentos, devem possuir um excelente histórico dos equipamentos, pois, de fato, sem histórico é muito incerto estabelecer o que precisa ser feito na Parada.

Eu defendo que, com muito espírito de profissionalismo e de equipe junto à Operação, e com as sucessivas experiências de previsões e verificação dos níveis de acerto, é possível uma boa definição do escopo nos prazos necessários para se realizar adequadamente a Parada.

Um dos problemas apresentado na fase de definição do escopo está relacionado à tendência das pessoas de estimar para mais, o que de certa forma é natural, já que as consequências de se estimar para menos costumam ser piores do que se quando se estima para mais. No entanto, essa prática acarreta também muitos problemas para o empreendimento como um todo, como más estimativas de custos e prazos (que costumam se autorrealizar, ou seja, uma vez que se dispõe de um custo e prazo maiores do que os realmente necessários, a tendência é realizá-los). Assim, minha sugestão é que, na avaliação de desempenho dos estimadores de quantidades de serviço, seja levado em conta o grau de acerto de cada um nas Paradas que porventura tenham acontecido no período avaliado.

Uma das tendências que noto nas empresas que estão alcançando sucesso em Paradas – como vimos com resultados melhores ainda do que os conseguidos por mim e minha equipe – é fazer um estudo, sempre que possível, para a substituição completa de equipamentos ao invés de reparos. Outra tendência: buscar constantemente inovações tecnológicas que podem reduzir o tempo gasto em serviços. Como exemplo, temos a introdução de malhas hexagonais totalmente em aço inox fixadas por disparadores, conhecidas como "speed cell". Anteriormente, as que estavam rompidas eram reparadas uma a uma, artesanalmente.

DESAFIO DO ESCOPO

Foi também através de um aluno que entramos em contato com essa técnica, que achei sensacional. É bem utilizada por pelo menos duas das empresas a quem prestei serviços: a Braskem e Samarco Mineração – Usina de Umbu.

Estudar todos os pedidos de Parada de forma sistemática visando diminuir o seu escopo faz todo o sentido para mim. Com efeito, quanto menor o escopo, menos gente, mais segurança, mais fácil o controle, menor o custo, e principalmente, mais foco no que é realmente importante.

A forma como essas empresas e a Petrobras/Refino de hoje também vêm fazendo isso é promovendo reuniões, uma com cada setor envolvido, nas quais são feitas as seguintes perguntas: a) O que acontecerá se não realizarmos este serviço? (Óbvio que somente serão desafiadas aquelas tarefas das quais se tenha dúvidas). b) É possível realizar este serviço fora de Paradas?

Em relação à segunda pergunta, há sempre vários argumentos para realizar o serviço *dentro* da Parada: Segurança, Verba, Recursos, Facilidade. No entanto, as organizações de mais sucesso, que dependem da disponibilidade de seus ativos, já se deram conta de que as desvantagens de a Parada acomodar todos os serviços desejados superam as vantagens de não fazê-lo

Para a primeira pergunta, em geral é aplicada uma matriz semelhante àquela apresentada na Figura 3.1. Para cada uma das áreas-chave – Pessoas, Custo, Meio Ambiente –, faz-se a pergunta-chave: O que acontece se não executarmos o serviço? Esse "o que acontece" está representado por várias expressões e números conforme mostrado na figura. Deve-se considerar o **maior** impacto dentre as áreas-chave mencionadas.

Geralmente o "acontecer algo ruim" por não se fazer um determinado serviço está associado à probabilidade de que um ou mais eventos ocorram (por exemplo, se tenho uma bomba reserva daquela que se pretende utilizar na manutenção durante a Parada, a probabilidade de ocorrer uma falha na outra bomba enquanto se faz a manutenção da primeira durante a campanha cai usualmente na faixa de 0,1 a 1%. Consultamos então a matriz de decisão e vemos onde "cai" o serviço em questão.

DESAFIO DO ESCOPO - SE NÃO FIZER O SERVIÇO:

IMPACTO	CONSEQUENCIAS POTENCIAIS				PROBABILIDADE				
	Pessoas	Custo	Meio Ambiente	Imagem	E	D	C	B	A
					<0,1%	0,1 - 1%	1 - 10%	10 - 70%	>70%
					Improvável	Raro	Não esperado	Esperado	Provável
0	S/ DANOS A PESSOAS	Desprezível	sem consequencias	sem impacto					
20%	1º SOCORRO	< US$ 10K	consequencias insignificantes	impacto insignificante			Fora do Escopo		
40%	ASA	entre US$ 10k e 100K	baixa consequencia	impacto limitado					
60%	ACA	entre US$ 100k e 1M	consequencia localizada	impacto considerável					
80%	De 1 a 3 fatalidades	entre US$ 1M e 10M	Consequencias maiores	impacto nacional				No Escopo	
100%	Múltiplas fatalidades	> US$ 10M	grave consequencias	impacto mundial					

Figura 3.1 – Dasafio do escopo – matriz de decisão

Nos locais onde se pratica o desafio do escopo usualmente se consegue diminuir algo entre 10 a 15% do total de serviços. É uma vantagem considerável.

Porte da Parada

Um aluno de um curso que ministrei na Argentina defendeu uma dissertação de Mestrado em Gestão e Direção de

Projetos em 2010. Este meu livro, em sua primeira edição, foi uma de suas referências bibliográficas. Com prazer, revisei a sua dissertação e dei as minhas contribuições. No entanto, como quase sempre acontece nesses casos, saí ganhando: conheci outro autor de livro sobre Paradas, um americano chamado Joel Levitt, de cujo livro tirei a tabela 3.2. De acordo com as características da Parada, ela é classificada segundo seu porte. Eu aperfeiçoei a tabela adicionando mais uma coluna com uma sugestão de data para o congelamento do escopo.

Porte da Parada	Dólares gastos em peças e mão de obra	Duração da Parada	Campanha	Uso de software de projeto	Empreiteiros	Como a equipe é constituída	Congelamento do escopo (Dias)
Pequeno	Menos que $250,000	Horas	Semanas	Algumas vezes	Percentual geralmente baixo	Pessoal existente	2 - 4
Moderado pequeno	De $250,00 a $1500,000	Poucos dias	Meses	Geralmente	Percentual geralmente moderado	Normalmente pessoal existente	10 - 15
Moderado grande	De $1500,000 a 10000,000	Dias	Anos meses	Sempre	Percentual alto	Pessoal da Parada geralmente contratado	20 - 30
Grande	Mais que $10000,000	Semanas	Anos	Sempre e intensamente	Percentual muito alto	Equipe contratada para a Parada	40 - 60

Tabela 3.2 - Porte das Paradas segundo Levitt, Joel

Tenho apresentado essa tabela em forma de slide em meus cursos e repetido o seguinte: não importa o porte da Parada, é sempre possível aplicar, se não na totalidade, boa parte do que se preconiza neste livro.

Sensibilização das Alta e Média Gerência

Para conseguir que todos sigam aquilo que preconizamos até agora, é claro que vai ser indispensável não só o suporte como a ação efetiva das gerências maiores da planta para que as coisas aconteçam nos prazos acertados de forma que não haja inclusões tardias de serviços. Como já disse anteriormente, esse é um fator supercrítico para o sucesso da Parada.

A forma que eu encontrei de fazer isso, como Gerente Setorial de Planejamento responsável pelo Planejamento e Controle de Paradas da Refinaria, foi realizar duas apresentações curtas (o pessoal não dispõe de muito tempo) uma tendo como público o Gerente Geral da Planta, os Gerentes de Produção, de Engenharia, de Segurança, de Recursos Humanos, de Inspeção, e uma segunda voltada para os Gerentes Setoriais das áreas de Operação, Engenharia e Manutenção.

Sucesso em Paradas de Manutenção   31

O que apresentávamos nessas reuniões eram basicamente os "SLIDES" reproduzidos nas páginas seguintes.

MELHORES PRÁTICAS DE PARADAS

- ÊNFASE NO MÍNIMO TEMPO DE PARADA
- INTEGRAÇÃO DE TODOS OS NOVOS PROJETOS JUNTO AOS DEMAIS TRABALHOS
- GERENTE DA PARADA COM TODA A AUTORIDADE NECESSÁRIA
- GRUPOS DE CAMPANHA
- RESTRIÇÃO ABSOLUTA A PEDIDOS ATRASADOS
- IDENTIFICAR REVISÕES QUE PODERÃO MINIMIZAR O TEMPO DE FUTURAS PARADAS

Figura 3.2 - Melhores Práticas

PRÁTICAS "FRACAS"

- A PARADA ACOMODA TODOS OS SERVIÇOS DESEJADOS
- NOVOS PROJETOS CONDUZIDOS INDEPENDENTEMENTE
- REUNIÕES FREQUENTES DE COORDENAÇÃO PARA DECISÕES
- ADICIONAR TRABALHOS APROVEITANDO QUE A PLANTA ESTÁ PARADA
- REDUÇÃO RÁPIDA DA EQUIPE NO PROCEDIMENTO DE PARTIDA

Figura 3.3 - Práticas Fracas

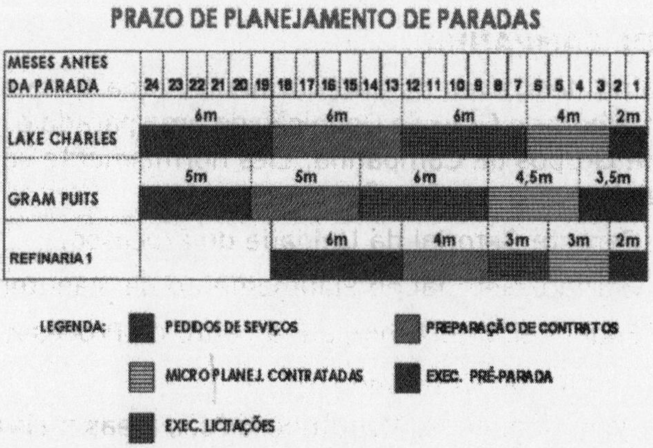

PRAZO DE PLANEJAMENTO DE PARADAS

MESES ANTES DA PARADA	24	23	22	21	20	19	18	17	16	15	14	13	12	11	10	9	8	7	6	5	4	3	2	1
LAKE CHARLES	6m						6m						6m						4m				2m	
GRAM PUITS		5m				5m				6m					4,5m				3,5m					
REFINARIA 1									6m				4m			3m			3m				2m	

LEGENDA:
- PEDIDOS DE SEVIÇOS
- PREPARAÇÃO DE CONTRATOS
- MICRO PLANEJ. CONTRATADAS
- EXEC. PRÉ-PARADA
- EXEC. LICITAÇÕES

Figura 3.4 - Prazos Macros de Planejamento

No primeiro "SLIDE", representado na Figura 3.2, mostrávamos as práticas das Refinarias com bons resultados em Paradas. Enfatizávamos a questão do escopo escrevendo em vermelho a frase "restrição absoluta a pedidos atrasados". As práticas descritas tanto no "slide" de boas práticas como no de práticas fracas (Figura 3.3) foram geradas a partir de recomendações da empresa Solomon, que realiza estudos de "Benchmarking" para refinarias de todo o mundo; desta forma, por assim dizer, pegamos uma carona na credibilidade dessa empresa. Isso certamente contribuiu para a sensibilização das alta e média gerência.

No último "SLIDE", em que aparecem os cronogramas, propositadamente colocávamos duas refinarias, uma americana e outra francesa, bem conhecidas pelos seus bons resultados e que haviam sido visitadas por técnicos e gerentes da Petrobras que podiam atestar a veracidade dos prazos ali mostrados. Do lado direito de cada cronograma mostrávamos o prazo de cada parada.

Os gerentes de alto nível costumam estar nessas posições por, entre outras coisas, colocarem foco nos resultados. Como conhecem os (péssimos) resultados da nossa última Parada, quando ainda não havia sido criado o nosso Setor, eles realmente ficaram sensibilizados em nos ajudar a seguir as práticas descritas.

Hoje existem mais coisas a serem mostradas. Os gráficos de correlação entre os "Graus de Definição" e os Resultados de Custo e de Prazo do IPA (Fig. 3 do capitulo 2), assim como a tabela completa de providências a cada período antes da Parada, são alguns exemplos.

Cada organização tem sua cultura e características próprias. Assim, o leitor saberá, dentro de sua cultura organizacional e com essas "dicas", qual a melhor forma de sensibilizar a alta Gerência de sua Planta Industrial. O que não pode é reclamar de falta de apoio sem aos menos tentar a sensibilização. Aliás, reclamar não adianta nada. Em alguns casos, alivia o nosso lado emocional, mas só. Existe uma metáfora que mostra bem o que estou querendo dizer. Imagine uma pessoa em um pequeno barco, em um rio caudaloso, que lá pelas tantas deixa cair o remo e fica sem nada para levar o pequeno barco até a margem. Imagine também que, após algum tempo, a pessoa começa a ouvir o som característico de uma cachoeira que se aproxima. O barulho é estrondoso, o que a faz presumir que a cachoeira é muito alta. A pessoa corre, portanto, risco de morte. Existem três tipos de atitudes possíveis nessa situação terrível: A pessoa pode ficar ali, quietinha, esperando o barco cair na cachoeira. Uma segunda opção é o que muitos fazem: xingar e gritar contra a própria sorte. É a opção menos inteligente. E finalmente, a pessoa pode tentar chegar à margem do rio, pulando no rio e nadando. Não há garantia de que conseguirá chegar lá, mas é o melhor a se fazer nessa situação. Então é isso: vamos nos atirar com vigor e mudar as coisas para melhor.

GRUPOS DE CAMPANHA

Como descrevemos anteriormente, uma ferramenta poderosa para melhorar o Grau de Definição de uma Parada é o que denominamos de "Grupos de Campanha". Eles normalmente têm como integrantes os seguintes cargos e funções:

- Gerente da Unidade de Processo
- Gerente Setorial do Planejamento de Manutenção
- Engenheiro de acompanhamento do Processo
- Técnico de Operação
- Dois Técnicos de Manutenção (das áreas mais afetadas na Parada)
- Técnico de Segurança
- Técnico de Planejamento
- Técnico de Inspeção de Equipamentos
- Técnico de Suprimento

O objetivo principal do Grupo de Campanha é, como o nome diz, analisar como está a campanha (variáveis de processo, paradas repentinas, grandes problemas já detectados em equipamentos e sistemas etc.) e qual sua influencia no desgaste dos equipamentos, para auxiliar na definição do escopo. "Campanha", para quem não se lembra, é o tempo de funcionamento entre duas Paradas programadas de forma consecutiva.

Esse grupo também vai discutir limites operacionais para os equipamentos e sistemas; garantir a compra dos materiais nos tempos corretos; lembrar e especificar dispositivos que agilizem a manutenção e a liberação dos equipamentos; identificar serviços que podem ser realizados fora da Parada; garantir a paralisação da Unidade com Segurança e baixo Impacto Ambiental.

Além de todas essas providências, já estará promovendo a integração de todas as áreas, tão necessária para o sucesso da Parada.

O ideal é que o grupo comece a se reunir tão logo termine uma Parada (já que o próprio nome é "Grupo de Campanha"), mas já teremos excelentes resultados com a seguinte periodicidade, para uma Unidade que tenha 48 meses de campanha:

- De 36 meses a 24 meses antes da parada: Periodicidade Trimestral
- De 24 meses a 12 meses antes da parada: Periodicidade Bimensal
- De 12 meses a Dois meses antes da parada: Periodicidade Mensal

Note que a dois meses do início da Parada é que se dá o segundo e último congelamento; portanto, no último ano antes dela é possível, em função das variáveis listadas anteriormente, prever-se ajustes no escopo.

De qualquer forma, não nos iludamos: não vai ser fácil conseguir realizar essas reuniões. Em tese, o coordenador é o Gerente da Unidade de Processo, a pessoa que vai se preocupar mais ou menos com a sua realização de acordo com o nível de importância que o Gerente da Planta e o Gerente de Produção derem a ela. A minha experiência diz que o Gerente Setorial de Planejamento da Manutenção deve funcionar como agente catalisador para que as reuniões aconteçam, e através de relatórios, mostrar para a alta administração se estão realmente ocorrendo. É a única forma que encontramos para que aconteçam, já que o dia a dia é fascinante, como veremos no tópico a seguir.

DISCIPLINA

Esse tópico poderia ser escrito aqui ou no capítulo de Recursos Humanos. Preferimos colocá-lo neste capítulo porque ele está intimamente ligado ao Gerenciamento do Escopo.

Embora geralmente se associe disciplina a fatores externos à pessoa, a melhor disciplina é a que vem de dentro. Vários povos a possuem como valor cultural. Não é o caso dos brasileiros em geral, infelizmente.

Neste caso, um Gerente de Planejamento de Parada, um Gerente de Manutenção ou um Gerente Geral de Planta, além de serem eles próprios disciplinados, têm que disseminar disciplina por toda a fábrica.

O principal fator para implantar a disciplina é o exemplo. Temos que cumprir prazos se quisermos que os outros façam o mesmo. Temos que ser pontuais se quisermos que os outros sejam. Porém, em minha opinião, o exemplo tem que vir acompanhado de um bom sistema de consequências.

O que funciona é o que está escrito no trecho que segue, do Livro A ARTE DA GUERRA, de Sun Tzu, com adaptação de James Clavell, que conta a história.

Sunt Tzu, cujo nome individual era Wu, nasceu no Estado de Chi. Sua Arte da Guerra chamou a atenção de Ho Lu, Rei de Wu. Ho Lu disse-lhe: "Li atentamente seus 13 capítulos. Posso submeter sua teoria de dirigir soldados a uma pequena prova?"

Sun Tzu respondeu: "Pode".

O rei perguntou: "A prova pode ser feita em mulheres?"

A resposta tornou a ser afirmativa e então trouxeram 180 senhoras do palácio. Sun Tzu dividiu-as em duas companhias e colocou duas das concubinas favoritas do rei na direção de cada uma delas. Depois, mandou que todas pegassem lanças e falou-lhes assim: "Suponho que saibam a diferença entre frente e costas, mão direita e esquerda".

As mulheres responderam: "Sim"

Sun Tzu prosseguiu: "Quando eu disser 'Sentido', têm de olhar diretamente para a frente. Quando eu disser 'Esquerda volver', têm de virar para a sua mão esquerda. Quando eu disser 'Direita volver', precisam virar-se para a sua mão direita. Quando eu disser 'Meia-volta volver', vocês têm de virar-se de costas".

As moças tornaram a concordar. Tendo explicado as palavras de comando, ele colocou as alabardas e achas-d'armas em forma, para começar a manobra. Então, ao som dos tambores, deu a ordem "Direita volver", mas as moças apenas caíram na risada.

Sun Tzu disse, paciente: "Se as ordens de comando não foram bastante claras, se não foram totalmente compreendidas, então a culpa é do general". Assim, recomeçou a manobra e, desta vez, deu a ordem "Esquerda volver", ao que as moças quase arrebentaram de tanto rir.

Então ele disse: "Se ordens de comando não forem claras e precisas, se não forem inteiramente compreendidas, a culpa é do general. Porém, se as ordens são claras e os soldados, apesar disso, desobedecem, então a culpa é dos seus oficiais". Dito isso, ordenou que as comandantes das duas companhias fossem decapitadas.

Ora, o Rei de Wu estava olhando do alto de um pavilhão elevado e, quando viu sua concubina predileta a ponto de ser executada, ficou muito assustado e mandou imediatamente a seguinte mensagem: "Estamos neste momento muito contentes com a capacidade do nosso general de dirigir as tropas. Se formos privados dessas duas concubinas, nossa comida e bebida perderão o sabor. É nosso desejo que elas não sejam decapitadas".

Sun Tzu retrucou, ainda mais paciente: "Tendo recebido anteriormente de Vossa Majestade a missão de ser o general de suas forças, há certas ordens de Vossa Majestade que, em virtude daquela função, não posso aceitar". Consequentemente e imediatamente mandou decapitar as duas comandantes, colocando prontamente em seu lugar as duas seguintes. Isso feito, o tambor tocou mais uma vez para novo exercício. As moças executaram todas as ordens, virando para a direita ou esquerda, marchando em frente, fazendo meia-volta, ajoelhando-se ou parando, com precisão e rapidez perfeitas, não se arriscando a emitir um som.

Então, Sun Tzu enviou uma mensagem ao rei, dizendo: "Os soldados, senhor, estão agora devidamente disciplinados e treinados, prontos para a inspeção de Vossa Majestade. Podem ser utilizados como seu soberano o desejar. Mande-os atravessar fogo e água e agora não desobedecerão." Mas o rei retrucou: "Que o general pare o exercício e volte ao acampamento. Quanto a nós, não desejamos descer e passar os soldados em revista."

Respondendo, Sun Tzu disse, calmo: "O rei apenas gosta muito de palavras, e não sabe transformá-las em atos."

Depois disso, o Rei de Wu viu que Sun Tzu sabia como comandar um exército e nomeou-o general. A oeste, Sun tzu derrotou o Estado de Chu e abriu caminho para Ying, a capital: ao norte, aterrorizou os Estados de Chi e Chin, e estendeu sua fama até os príncipes feudais. E Sun Tzu partilhou o poder do reino."

* * *

Vejam, primeiro ele pede delegação para agir; depois ele explica detalhadamente o procedimento. Não seguido o procedimento, ele explica mais uma vez. Só então toma a medida extrema, porém de forma radical, sem concessões.

Isso vale para quem quer disciplinar. Já utilizei, figurativamente, esse recurso para melhorar a disciplina. De fato, quando certificar-se de que as pessoas entenderam o procedimento, explicar de novo e mesmo assim não seguirem, uma troca ostensiva de um ou mais Gerentes, ou de um ou mais Encarregados vão reforçar bastante a sua mensagem sobre a necessidade de os procedimentos serem seguidos (no caso, os prazos parciais para o escopo).

No processo de implantação da disciplina, vamos encontrar sempre muita resistência. O dia a dia prende e fascina de tal forma que é difícil pensar no médio e longo prazos. Penso que disseminar a história que segue ajuda, reforçando a necessidade de as coisas importantes serem realizadas, mesmo que haja outras aparentemente mais urgentes a serem feitas.

"Certo dia, um rapaz resolveu procurar um velho lenhador, mestre no ofício de cortar lenha, no propósito de aprender com quem mais sabia.

Passados apenas alguns dias daquele aprendizado, o jovem resolvera que já sabia tudo, e que aquele senhor não era tão bom assim quanto falavam.

Impetuoso, afrontou o velho lenhador, desafiando-o para uma disputa: em um dia de trabalho, quem cortaria mais árvores.

Lá se foram os dois decidir quem seria o melhor.

De um lado, o jovem, forte, robusto e incansável, mantinha-se firme, cortando as suas árvores sem parar.

Do outro, o velho lenhador, desenvolvendo o seu trabalho, silencioso, tranquilo, também firme e sem demonstrar nenhum cansaço.

Em um dado momento, o jovem olhou para trás a fim de ver como estava o velho lenhador, e qual não foi a sua surpresa, ao vê-lo sentado.

O jovem sorriu e pensou: *Além de velho e cansado, está ficando tolo. Por acaso não sabe ele que estamos em uma disputa?*

Assim, ele prosseguiu cortando lenha sem parar, sem descansar um minuto. Ao final do tempo estabelecido, encontraram-se os dois, e os representantes da comissão julgadora foram efetuar a contagem e medição.

Para a admiração de todos, foi constatado que o velho havia cortado quase duas vezes mais árvores que o jovem desafiante.

Este, espantado e irritado ao mesmo tempo, indagou-lhe qual o segredo para cortar tantas árvores se, uma ou duas vezes que parara para olhar, o vira sentado e tranquilo. Ele, ao contrário, não havia parado ou descansado nenhuma vez.

O velho, sabiamente, lhe respondeu:

Todas as vezes que você me via assentado, eu não estava simplesmente parado, descansando. Eu estava amolando o meu machado!

* * *

Obviamente, com um machado mais afiado, o poder de corte do velho lenhador era muito superior ao do jovem. Este, embora mais vigoroso, certamente não percebeu que, com o tempo, seu machado perdia o fio, e com isso, a eficácia.

A história nos faz refletir: *Quantas vezes deixamos de "amolar o machado" pensando que o melhor que temos a fazer é cortar sem parar os obstáculos que temos pela frente?*

Quantos de nós têm o sangue frio e o planejamento de forma que, no meio da enxurrada de urgências exigidas pelo dia a dia, possa parar e fazer o mais importante, o que afinal nos dará a vantagem competitiva para realizarmos com mais eficácia aquilo que tão cegamente tentamos só na base da urgência e do improviso?

É tempo de amolar o machado!"

Baseado em conto da obra S.O.S. Dinâmica de Grupo, de Albigenor e Rose Militão. ed. Qualitymark.br/> Em 27.02.2008.

Outro reforço que pode ser dado à disciplina no caso do Escopo: Não aceitar pedido de trabalho atrasado, mesmo que isso implique em algum prejuízo para as operações ou em algum risco para as instalações (não me refiro às pessoas).

Quando quiserem culpá-lo pelo fato, enfatize que a culpa é de quem atrasou o pedido, não sua. Cite o exemplo do Professor que dá nota baixa ao aluno: Se o aluno foi reprovado devido à nota baixa por não ter seguido o procedimento (não entregou trabalho, não estudou), a culpa é dele, não do professor. É claro que, como no caso de Sun Tzu, é necessário que o professor explique bem a matéria e dê o exemplo.

Vai funcionar, experimente. A disciplina é algo absolutamente necessário para o Sucesso de nossas Paradas, e eu diria mais, até de nosso país.

"PILOT COMPANY"

Conforme vimos nos capítulos anteriores, na Europa é muito comum a contratação e o uso de uma "Pilot Company", cuja função já foi explicada no primeiro capítulo. Nos EUA é comum também contratar-se uma empresa externa apenas para analisar o planejamento do caminho crítico e "estressá-lo" visando diminuir o prazo, o que inclui a retirada de serviços considerados "supérfluos".

Nos dois casos, temos um olhar externo, mais isento e menos comprometido por amizades e favores mútuos que caracterizam as relações entre gerentes e técnicos de uma determinada fábrica. Ressalto que a amizade e a concessão de favores eventuais são absolutamente necessárias e desejáveis nas empresas. No entanto, de vez em quando é bom dar uma olhada se isso não está mais atrapalhando do que ajudando. Este é um desses casos.

Acho que o uso de uma "Pilot Company" ou "olhar externo" bom, embora tenha que reconhecer que não seja algo fácil de aplicar no Brasil, é algo que funciona. Os terceiros, historicamente, costumam ser menos eficazes que os da própria planta; por outro lado, os Técnicos de Planejamento próprios sentem-se ameaçados pela presença da empresa com "expertise" no assunto "Planejamento".

Nos cursos que ministro anualmente na Abraman sobre Paradas tenho falado a respeito das tendências internacionais no assunto, incluindo o uso de "Pilot Company". Em um dos últimos cursos, ao falar que desconheço uma empresa que tenha feito algo semelhante no Brasil, um aluno levantou a mão e disse existir sim, no ramo em que ele trabalhava, o de papel e celulose.

Fui conferir e realmente existe uma empresa sediada em Vitória – ES, que faz, em parte, o serviço. A diferença em relação às "Pilot Companies" descritas é que tal empresa não faz a execução do trabalho propriamente dito. Na minha visita observei que essa empresa tem uma preocupação grande com o que falta à maior parte das prestadoras de serviço brasileiras: a formação de mão de obra de planejamento.

A empresa dispõe de várias salas de aula para treinamento, forma mão de obra de planejamento para desenvolvimento e aproveitamento na própria empresa além de treinar para o mercado. No caso brasileiro, eu faria ao menos uma experiência mista, colocando parte do planejamento e o controle nas mãos de uma empresa como essa para que o planejamento do caminho crítico pudesse ser analisado. Tomaria apenas o cuidado de deixar uma frente específica para tal empresa, pois ao misturarmos os planejadores e técnicos, a tendência é que os empregados da contratada trabalhem como meros auxiliares dos empregados próprios, o que tira o "olhar externo" do processo. Na verdade, é isso que tem acontecido. Algumas empresas apresentam-se como verdadeiras "Pilot Companies", mas na verdade são apenas locadoras de mão de obra.

A etapa de análise das tarefas do caminho crítico é descrita pelo PMBOK como *Verificação do Escopo*.

CONTROLE DE MUDANÇAS NO ESCOPO

Sou uma pessoa que não gosta de burocracia. Diria mesmo que, se alcancei sucesso em minha vida profissional, uma das razões é porque, sempre que necessário, tive a coragem de "passar por cima" "da burocracia.

No entanto, em alguns casos ela é absolutamente necessária, como no caso de *Controle de Mudanças no Escopo*. Ainda mais frente à necessidade de se disciplinar a complicada cultura brasileira do "jeitinho" e da falta de planejamento.

Assim, vejo como imprescindível, para o sucesso das Paradas no futuro, um rígido controle de mudanças do escopo.

Em minha opinião, a melhor forma de fazer isso é criar propositadamente entraves a qualquer alteração, tanto após o primeiro congelamento, e principalmente, após o segundo congelamento do escopo, descritos em capítulos anteriores.

Quais seriam esses entraves? Passei por duas experiências em que entraves e papelada foram utilizados com sucesso para disciplinar as pessoas. No primeiro caso, criamos um documento denominado "Permissão de Intervenção" para dificultar e diminuir as intervenções na Refinaria em que eu era o Gerente de Manutenção junto ao Gerente de Produção e sob a orientação de um Gerente Geral (na época, o nome era Superintendente) que viera com a missão de aumentar radicalmente a confiabilidade da Refinaria, que passava por um momento muito difícil após uma tentativa de reestruturação mal sucedida. Na época comprovamos, com a fantástica melhora dos resultados, que o excesso de Intervenções prejudica bastante a confiabilidade, razão responsável pela adoção da dificuldade para se intervir (intervir significava realizar qualquer tipo de manutenção dentro das Unidades de Processo). Além da necessidade de se preencher um formulário eletrônico, era necessário colher a aprovação do Gerente setorial da Unidade de Processo onde seria realizada a Intervenção. Caso a Intervenção não constasse da programação semanal dos serviços, tinha que ser aprovada também <u>alternativamente</u> pelos Gerentes de Produção ou de Manutenção, que estavam totalmente comprometidos com o processo de diminuição de intervenções.

No segundo caso, na construção de duas grandes novas Unidades de Processo na mesma Refinaria, onde nessa altura eu era o Gerente de Empreendimentos, idealizei um formulário denominado Solicitação de Modificação de Projeto (SMP), depois adotado em todo o Refino da Empresa. Novamente, uma vez definido o escopo, <u>qualquer</u> modificação só era feita mediante o preenchimento de um formulário, similar ao que propomos na Tabela 3.3 mais abaixo (este, específico para uma Parada). No caso do Empreendimento, era necessário descrever a mudança, o <u>porquê</u> – assinalando quais os tipos mais comuns que levam à necessidade de mudança –; quem estava propondo a mudança, e o mais importante: a aprovação do "Project Manager" do empreendimento em questão (Unidade I ou Unidade II), do Gerente de Construção e Montagem, do Gerente de Empreendimentos da Planta e do Gerente de Empreendimentos da Sede da empresa. Havia também um espaço para colocar-se qual o impacto previsto, tanto no custo como no prazo do empreendimento. Comprovou ser uma ferramenta e um procedimento muito poderosos. A implantação dessas duas Unidades até hoje é reconhecida como caso de sucesso dentro da grande empresa na qual eu trabalhava e, segundo várias testemunhas de colegas em posições-chave dentro da empresa, esse procedimento foi um dos fatores críticos do sucesso.

Examinemos quais foram os dois pontos-chave nesses dois casos. O primeiro é que o pretendente a alterar qualquer coisa após o estabelecimento do escopo necessitava ir atrás de uma quantidade relativamente grande de dados e informações, tendo inclusive que obter, nos dois casos, os respectivos orçamentos. Isso, por si só, já desestimulava bastante a pretendida alteração. O segundo é que, para cada instância de aprovação, estando os Gerente comprometidos com o processo, era questionado firmemente o porquê da alteração, o que criava um certo constrangimento, algo necessário para quem quer mudar comportamentos.

É isto que propomos. Primeiro, um formulário (tabela 3.3), no qual conste, entre outras coisas:
- O nome do solicitante
- A razão da inclusão da tarefa (ou exclusão). Neste ponto é bom que sejam inseridas algumas opções no próprio formulário para que a simples leitura já desestimule a mudança:
    - ✓ Falha no Escopo original por esquecimento
    - ✓ Falha no escopo original por falta de planejamento
    - ✓ Falha no escopo original por falta de informação (1)
    - ✓ Fato novo ocorrido após a definição do escopo (2)
    - ✓ Outro (especificar) (3)

(1) Descrever <u>detalhadamente</u> de que área para que área não foi dada a informação a tempo e na hora correta.

(2) Descrever <u>detalhadamente</u>, especificando a data da definição do escopo e a data da ocorrência do fato novo, descrevendo este último com riqueza de detalhes.

(3) Especificar. Não colocar nada genérico.
- ✓ Impacto no custo – fornecer valor
- ✓ Impacto no prazo – informar alteração

✓ Outros impactos (imagem, avaliação corporativa, alteração de data etc.)

É importante que esta última parte seja preenchida dentro da Gerencia de Manutenção, que é normalmente a parte envolvida mais interessada em que o escopo fique de fato congelado. Sugiro designar uma pessoa séria, disciplinada e detalhista para ser o guardião desse processo. Existem muitos técnicos e engenheiros com essas características.

SOLICITAÇÃO DE ALTERAÇÃO DE ESCOPO - SAE					
SAE Nº	DATA	SOLICITANTE		MATRICULA	SETOR
Descrição da alteração/inclusão:						
Causa básica da alteração: A ☐ Esquecimento B ☐ Pedido não contemplado no planejamento C ☐ Falta de informação inicial D ☐ Fato novo E ☐ Outro (especificar)					
Observação: Obrigatório detalhar a justificativa nos casos b,c,d e e.					
Detalhamento da justificativa:					
Impacto no custo:		Impacto no prazo:		Outros impactos (descrever):	
APROVAÇÕES/DATAS					
Gerente Setor solicitante	Coordenador Parada		Gerente Divisão		Gerente Geral

Tabela 3.3 - Exemplo de formulário para solicitação de alteração do escopo

É importante ressaltar que, uma vez transpostos todos os obstáculos colocados de forma proposital, entende-se que aquele serviço precisa realmente ser feito. Assim, todos os esforços para realizar o trabalho extra devem ser despendidos para que ele ocorra. O mesmo técnico que cuida para que nada seja feito a mais sem a documentação aprovada também será o responsável pela emissão de um relatório que pode ser quinzenal a partir do primeiro congelamento e semanal a partir do segundo congelamento informando o "STATUS" de todas as SMPs, inclusive listando também as que foram rejeitadas. Isso dará uma boa ideia de como está sendo gerenciado o escopo, nos seus vários aspectos, para os principais gestores da planta.

Como podem perceber, gerenciar o escopo é algo bastante trabalhoso. No entanto, os esforços são plenamente compensados pelo Sucesso da Parada e pelo menor grau de dificuldade nas fases posteriores à definição do escopo.

Lembre-se: nunca inicie uma Parada sem o escopo definido, inclusive nos detalhes auxiliares (Figura 3.4).

Figura 3.5 - Nunca comece um projeto sem ter em mãos todos os recursos

Capítulo 4

Gerenciamento do Tempo (Prazo)

Esse tema, que neste livro é somente um capítulo e na metodologia do PMI mais uma "área de conhecimento", para muitos ainda é considerado, com o gerenciamento do custo, o próprio Gerenciamento da Parada, a única coisa a ser feita para planejá-la. Como já vimos e veremos ao longo deste livro, se quisermos o Sucesso em Paradas, temos que abandonar essa ideia reducionista. De qualquer forma, não há dúvidas de que o planejamento do prazo é algo muito importante.

De acordo com o PMBOK, o Gerenciamento do Tempo é um conjunto de processos exigidos para assegurar que o projeto será implantado no tempo previsto.

Para iniciar o Gerenciamento do Tempo é necessário que se tenha realizado, a contento, a definição do escopo. Por isso enfatizamos tanto esta questão. Escopos mal definidos levam a retrabalhos de planejamento, aumentos de custo e aumentos de prazo.

Neste capítulo nosso foco está no assunto prazo. Em todo início dos cursos que ministro anualmente sobre os temas deste livro, costumo repetir o que um instrutor de origem norte-americana falou em um excelente curso em que participei como aluno: "Este não é um curso para formar "Pilotos de MS Project". Vale também para este livro. O problema que tanto o instrutor citado como eu queremos pontuar é que muitos técnicos e engenheiros aprendem a manejar o MS Project e pronto: já intitulam-se, respectivamente, Técnicos e Engenheiros de Planejamento. Não é bem assim. Como estamos vendo neste livro, utilizar o MS Project é apenas uma das ferramentas da área de conhecimento "TEMPO", que por sua vez é uma das dez áreas de conhecimento para Gerenciar uma Parada.

Assim, precisamos entender o que está "por detrás" dos softwares para que possamos realizar o planejamento, e principalmente, para que adotemos as melhores práticas de forma a fornecer as melhores respostas aos problemas que se apresentam.

Desta forma, vamos explicar do início, com bastante calma e atenção, como se tivéssemos que aprender a andar para depois comer, e assim, correr mais ainda e bater os recordes.

PERT – CPM

Existem duas definições clássicas para o que seja "PERT – CPM"

Vamos descrever as duas:
- Definição 1 - É o conjunto de processos e técnicas para planejamento, programação e acompanhamento de um empreendimento, operação ou projeto, tendo como característica fundamental a indicação, dentre as várias sequências operacionais, aquela que possui duração máxima, além de permitir a indicação de graus de prioridade relativos, demonstrando distribuição de recursos e interdependência entre as várias ações necessárias ao desenvolvimento do projeto.
- Definição 2 - Técnica de representação do plano de execução de um projeto ou empreendimento por meio de um diagrama que mostra as inter-relações entre as diversas tarefas, além de informações relativas ao prazo e recursos de cada tarefa.

As iniciais, PERT e CPM são advindas da criação de cada uma, pois tiveram desenvolvimentos distintos, como podemos ver a seguir:

- PERT ("Program Evaluation and Review Technique")
    - ✓ Desenvolvido pela Marinha Americana por ocasião do Projeto Polaris (submarino nuclear); caracteriza-se por utilizar o tempo probabilístico.
    - ✓ $t = (o + 4mp + p)/6$, onde "o" é o tempo mais otimista, "mp" é o tempo mais provável e "p" é o

tempo mais pessimista. Corresponde à *mediana* da distribuição de tempos.

- CPM ("Critical Path Method")
  ✓ Desenvolvido pela Rand Corporation, utiliza o tempo determinístico m, que corresponde à *moda* (valor que mais se repete) da distribuição probabilística de tempos.

As duas técnicas têm como produto final um diagrama, que mostra o encadeamento das tarefas com suas dependências, a sua duração e o caminho crítico que vai determinar a duração da Parada.

A diferença marcante das duas é que o PERT propõe que se utilize uma fórmula para calcular o tempo estimado enquanto o CPM propõe que seja usada a "moda", que é o tempo mais provável.

Ao final desse capítulo desenvolveremos mais esta questão das estimativas, já entrando na análise estatística.

No momento, vamos nos concentrar, como falei anteriormente, no aprendizado básico da construção do diagrama PERT-CPM.

Vamos observar a Figura 4.1, que representa um "projeto" bem simples, conhecido por todos nós:

PERT-CPM

Exemplo

Levantar o carro — João (2 minutos) → Retirar parafusos — João (4 minutos) → Retirar a roda — João (1 minuto) → Montar o estepe — João (4 minutos)

Retirar o estepe — Maria (1 minuto)

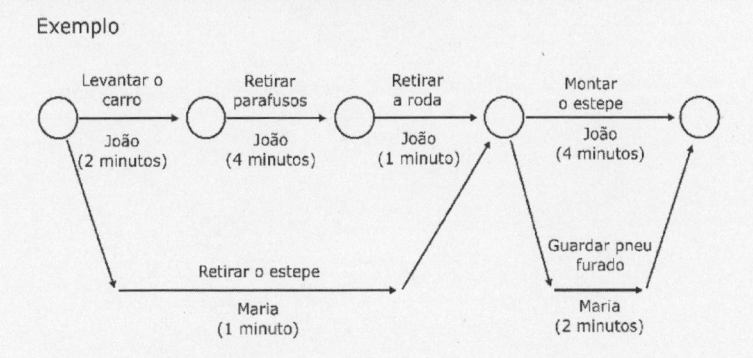

Guardar pneu furado — Maria (2 minutos)

Figura 4.1 - Exemplo simples de representação do PERT-CPM – modelo ADM

Neste exemplo nota-se claramente que, se João atrasar qualquer de suas tarefas, o "projeto" atrasará. O conjunto de tarefas executadas por ele então é chamado de *"Caminho*

Crítico". Se tivermos "n" conjuntos de tarefas, aquele referente às tarefas encadeadas, dependentes umas das outras, que for o mais longo entre os diversos conjuntos de tarefas, será o caminho crítico. Um atraso nesse caminho levará ao atraso do projeto.

Por outro lado, as atividades realizadas por Maria têm folga. De fato, analisando o diagrama, a tarefa "retirar o estepe", por exemplo, pode teoricamente começar seis minutos após o início da primeira tarefa de João; ainda assim não haverá atraso no projeto. Aí estão os conceitos de "data mais tarde" e "data mais cedo". A data mais cedo é Maria começar o trabalho com João e a data mais tarde é começar seis minutos depois da "hora zero".

Na Figura 4.1 notamos também que as tarefas são representadas por flechas; os "nós" representam momentos dentro do projeto. Essa forma de representação é chamada de "modelo americano" ou "ADM" ("Arrow Diagram Method"), o mais utilizado para o ensino didático. Como os "pilotos de MS-Project" nunca aprenderam o planejamento real, provavelmente não conhecem essa forma de representação.

O mesmo conjunto de atividades pode ser representado pela Figura 4.2 que segue.

PERT-CPM

Exemplo (Modelo Francês)

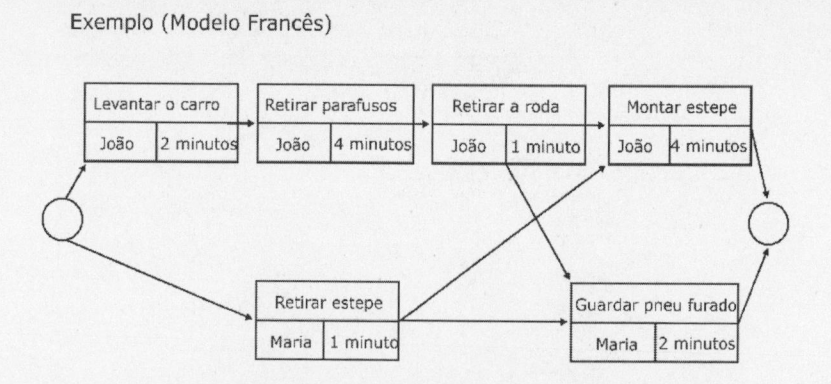

Figura 4.2 - Exemplo simples de representação do PERT-CPM – modelo PDM

Nessa última forma de representação, os "nós" são retângulos que representam as tarefas. Em cada retângulo é possível colocar a descrição da tarefa, quem vai executá-la e o tempo previsto para isso. As flechas, nesse caso, representam as *dependências*, isto é, João só pode retirar a roda depois de retirar os parafusos, por exemplo. Além disso, cada flecha representa um determinado momento do projeto.

Essa forma de representação é chamada de "Modelo Francês", ou PDM ("Precedence Diagram Method"). É o mais utilizado para entender o projeto depois de finalizado o diagrama; além disso, é utilizado para acompanhar o andamento e analisar o planejamento. Devido ao fato de ser a forma como os programas de computador (MS Project, Primavera etc.) representam o PER-CPM, é o mais conhecido (em alguns casos, único) atualmente.

APRENDENDO O PERT-CPM

Vamos iniciar nosso aprendizado pelo diagrama de flechas. Como eu mencionei anteriormente, é o método mais didático.

Imaginemos um projeto ainda bastante simples, como pintar uma porta e consertar a fechadura. O primeiro passo consiste em listar as atividades indispensáveis à realização dessa etapa sem que se esqueça nenhum detalhe, conforme mostra a Tabela 4.1 a seguir.

IDENTIFICAÇÃO	TAREFA
A	Remover a porta
B	Retirar a fechadura
C	Lixar a porta
D	Consertar a fechadura
E	Comprar lixa e tinta
F	Dar a primeira demão
G	Lavar o pincel
H	Cura da tinta
I	Dar a segunda demão
J	Lavar o pincel
K	Cura da tinta
L	Colocar a fechadura
M	Recolocar a porta

Tabela 4.1 - Lista de atividades para pintar uma porta e consertar a fechadura

A preparação da lista de atividades pode ser realizada tanto pelo planejador (se tiver experiência nesse tipo de trabalho) como por um especialista na função. O importante é não se esquecer de nenhum detalhe importante que compõe o projeto.

QUADRO DE DEPENDÊNCIA

Esse quadro deve determinar quais atividades dependem da realização de outras.

No caso em questão, ficamos conforme a Tabela 4.2 a seguir.

ATIVIDADE	DEPENDÊNCIAS
A	–
B	A
C	B – E
D	B
E	–
F	C
G	F
H	F
I	G – H
J	I
K	I
L	K – D
M	L

Tabela 4.2 - Quadro de Dependências entre as tarefas do projeto

Essa fase é crítica se as dependências não representarem a realidade. Nesse caso, todo o resultado será prejudicado.

DIAGRAMAÇÃO

A Diagramação é a representação, em forma gráfica, do quadro de dependências. Para a sua montagem devemos obedecer às seguintes regras básicas:

a) Entre dois eventos quaisquer não pode haver mais que uma tarefa tendo como extremidade os dois eventos (não podem existir duas tarefas diferentes unindo os mesmos nós).

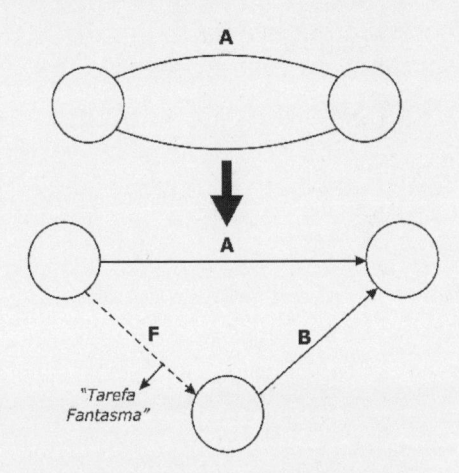

Figura 4.3 - Um dos casos em que se utiliza "tarefa fantasma"

A tarefa fantasma, como o nome sugere, é uma tarefa inexistente, que não tem nenhum tempo a ela associado.

b) Sejam quatro tarefas A, B, C, D. A tarefa D depende de A e B e a tarefa C de B.

Se representarmos isso por

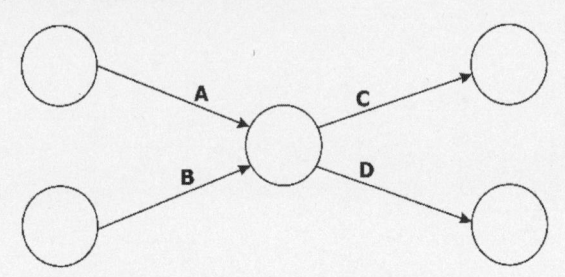

Figura 4.4 - Representação errônea de um conjunto de tarefas

... incorreremos em erro, pois no esquema apresentado a tarefa C está dependendo de A e B.

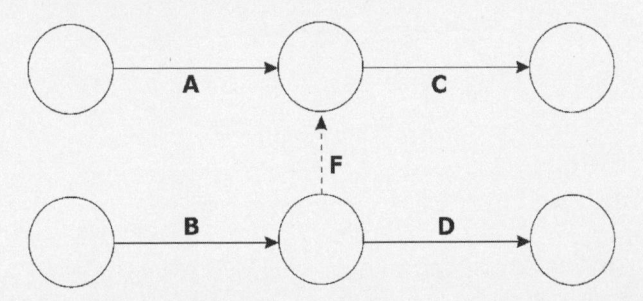

Figura 4.5 - Representação adequada com a utilização de "tarefa fantasma"

Quando se cria a "tarefa fantasma" F, D realmente depende de A e B, mas C só depende de B.

c) Toda tarefa deve, obrigatoriamente, iniciar e terminar em nós. Digamos que temos uma tarefa A e que, a partir da sua execução, seja possível iniciar outra, B, que deve subdividir-se em A1 e A2.

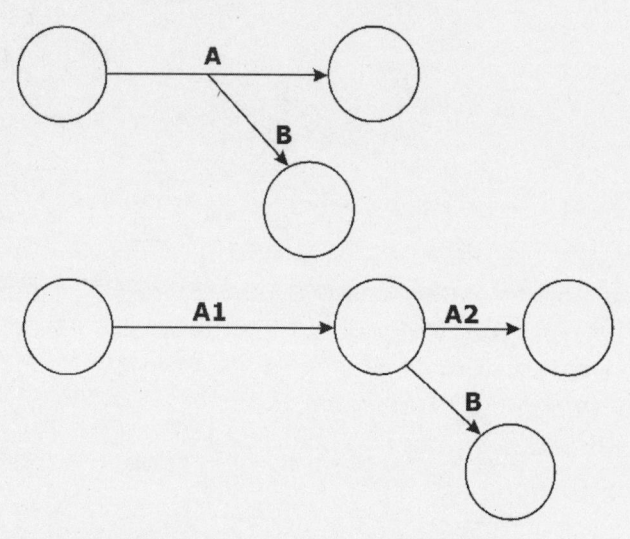

Figura 4.6 - Representação de tarefas com dependência parcial

Quando só se pode iniciar uma tarefa C a partir de certa data, essa sujeição é estabelecida por meio de "tarefas fantasmas" (Figura 4.7).

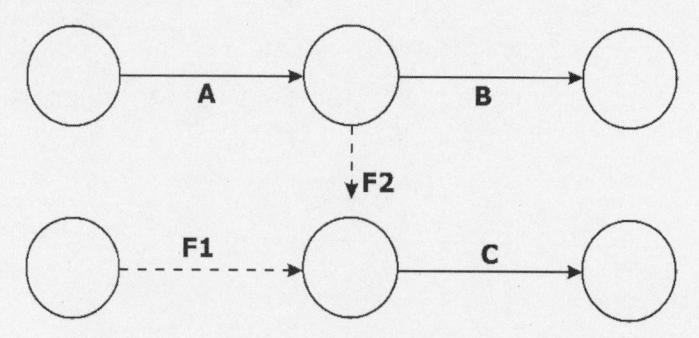

Figura 4.7 - "Tarefas fantasmas" para representar uma tarefa com data determinada

Voltemos agora ao exemplo da porta e montemos o seu diagrama com base na tabela da Tabela 4.2 (dependências).

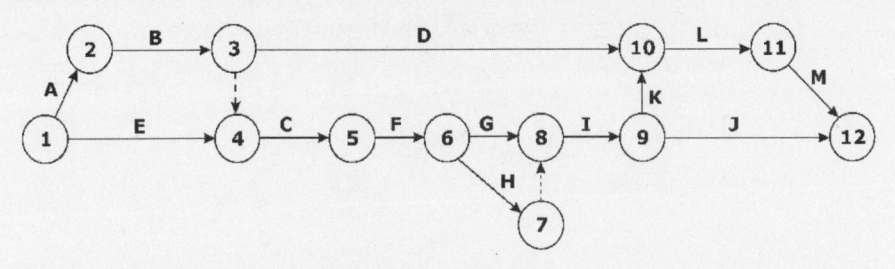

Figura 4.8 - Diagrama PERT-CPM para o projeto de pintar porta e consertar fechadura

PROGRAMAÇÃO – EXEMPLO PRÁTICO

Montado o diagrama, torna-se necessário calcular o tempo para a realização do projeto.

Essa duração será a mesma dos tempos de execução somados sobre o caminho entre o primeiro e último nó (evento) que tenha maior valor (caminho crítico)

Primeiramente, é necessário determinar a duração de cada tarefa, quel pode ser expressa em qualquer unidade de tempo. O importante é que a unidade escolhida seja a mesma em todo o projeto.

Na lista de atividades do projeto de pintura da porta, vamos incluir mais uma coluna representando, em horas, a duração de cada atividade.

IDENTIFICAÇÃO	TAREFA	DURAÇÃO (H)
A	Remover a porta	0,25
B	Retirar a fechadura	0,25
C	Lixar a porta	1,00
D	Consertar a fechadura	2,00
E	Comprar lixa e tinta	2,00
F	Dar a primeira demão	0,75
G	Lavar o pincel	0,25
H	Cura da tinta	10,00
I	Dar a segunda demão	0,75
J	Lavar o pincel	0,25
K	Cura da tinta	10,00
L	Colocar a fechadura	0,50
M	Recolocar a porta	0,50

Tabela 4.3 - Lista de tarefas com os tempos estimados

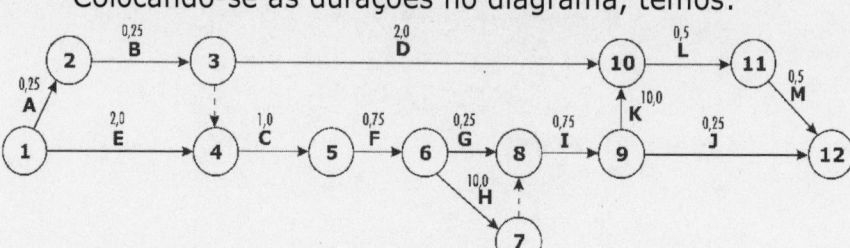

Colocando-se as durações no diagrama, temos:

Figura 4.9 - Diagrama PERT-CPM carregado com os tempos de execução

DATA MAIS CEDO

É o menor tempo no qual é possível a ocorrência do evento, ou seja, o menor tempo em que se pode concluir todas as atividades que concorrem para o determinado evento.

Quando várias tarefas chegam a um mesmo nó, para se determinar a data mais cedo, escolhe-se aquela de *maior* valor.

A data mais cedo do último evento de um projeto representa o menor tempo no qual ele poderá ser verificado.

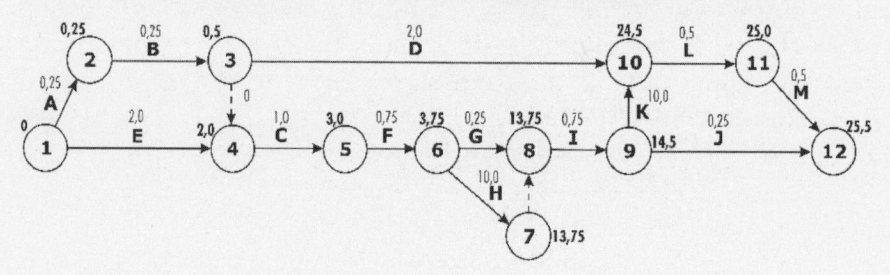

Figura 4.10: Calculo das "datas mais cedo"

DATA MAIS TARDE

É o último momento em que pode ocorrer um evento sem que haja atraso no projeto.

O cálculo data mais tarde é feito do evento fim para o evento início.

Se o projeto tem uma data de conclusão pré-fixada, a data mais tarde do evento fim é a data pré-fixada. Caso não haja data pré-fixada, a data mais tarde do evento fim é coincidente com a sua data mais cedo.

Quando mais de uma atividade "sai" de um evento, a data mais tarde é a de *menor* valor.

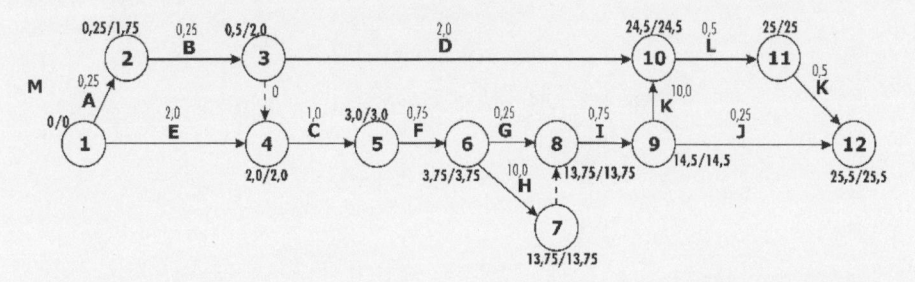

Figura 4.11 - Diagrama carregado com as "datas mais cedo" e "datas mais tarde"

FOLGA DOS EVENTOS

A diferença entre os valores da data mais tarde e a data mais cedo de um evento é a sua folga.

Um evento pode ser atingido dentro da folga sem que a duração do projeto seja modificada.

No nosso exemplo temos folga nos eventos 2,3 e 7.

CAMINHO CRÍTICO

Caminho crítico é aquele de maior duração.

Se não houver data pré-fixada para o término do projeto, o caminho crítico é aquele em que as atividades não têm folga, ou seja, qualquer atraso em uma das atividades provocará atraso no projeto.

É o caminho formado por eventos com folga nula. A diferença de suas datas coincide com a duração da tarefa que os une, ou seja, é o caminho formado pelos eventos cuja data mais cedo é igual à data mais tarde.

Nivelamento de Recursos

Podemos diminuir o custo total de um projeto, mantendo a sua duração total, através da relocação, dentro da folga total, das atividades não críticas, visando o aproveitamento da mão de obra ou de outros recursos.

Exemplo: Verificar a quantidade mínima de recursos (X-e) necessária para a execução do projeto com o diagrama PERT da figura 4.12 no mínimo tempo.

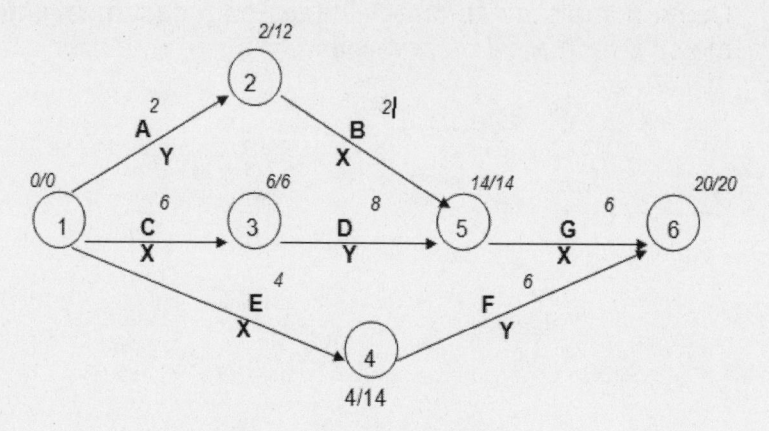

Figura 4.12 - Diagrama carregado com os recursos

RECURSO X (nas datas mais cedo)

	0	2	4	6	8	10	12	14	16	18	20
B		X									
C	X	X	X								
E	X	X									
G									X	X	X
TOTAL	2	3	1	-	-			-	1	1	1

Figura 4.13 - Distribuição do recurso X pelas tarefas ao longo do tempo (mais cedo)

RECURSO Y (nas datas mais cedo)

	0	2	4	6	8	10	12	14	16	18	20
A	Y										
D					Y	Y	Y	Y			
F				Y	Y	Y					
TOTAL	1	-	1	2	2		1	1	-	-	-

Figura 4.14 - Distribuição do recurso Y pelas tarefas ao longo do tempo (mais cedo)

Como podemos ver, se executarmos todas as tarefas no "mais cedo", a quantidade de recursos necessários é : X = 2 e Y = 3

As tarefas **A**, **B**, **E**, **F**, por terem folgas, podem ser relocadas para uma data em que os recursos alocados para o caminho crítico sejam mínimos.

RECURSO X

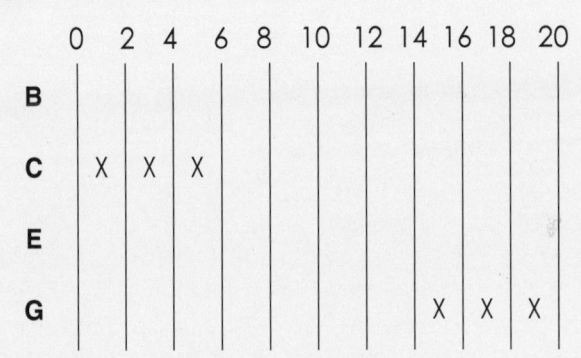

```
       0  2  4  6  8 10 12 14 16 18 20
    B  |  |  |  |  |  |  |  |  |  |
    C  | X| X| X|  |  |  |  |  |  |
    E  |  |  |  |  |  |  |  |  |  |
    G  |  |  |  |  |  |  | X| X| X|
```

Figura 4.15 - Distribuição do recurso X pelo caminho crítico

Colocadas as atividades do caminho crítico, que utilizam o recurso X (**C** e **G**), verificamos se as tarefas **B** e **E** podem ser relocadas para uma data entre 6 e 14.

As atividades **B** e **E** podem ser executadas até a data 14, portanto, é viável a relocação (Figura 4.16).

RECURSO X

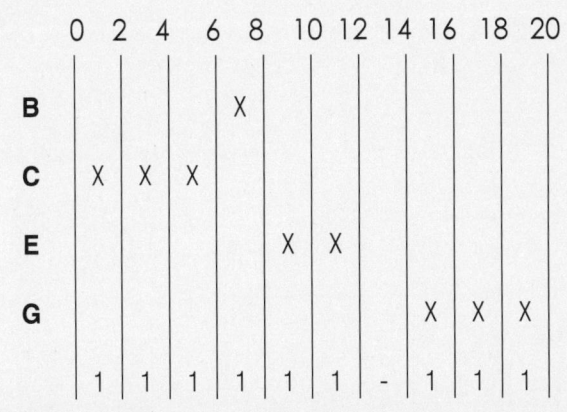

```
       0  2  4  6  8 10 12 14 16 18 20
    B  |  |  |  | X|  |  |  |  |  |
    C  | X| X| X|  |  |  |  |  |  |
    E  |  |  |  |  |  | X| X|  |  |
    G  |  |  |  |  |  |  | X| X| X|
       | 1| 1| 1| 1| 1| 1| -| 1| 1| 1|
```

Figura 4.16: Distribuição do recurso MEC após nivelamento

Do mesmo modo. para o **RECURSO Y** temos:

	0	2	4	6	8	10	12	14	16	18	20
A	Y										
D					Y	Y	Y	Y			
F									Y	Y	Y
	1	-	-	1	1	1	1	1	1	1	

Figura 4.17 - Distribuição do recurso Y após nivelamento

Sendo necessário apenas um recurso X e um recurso Y.

Note que, no caso real prático, o nivelamento de recursos não é tão simples assim, visto que temos milhares de tarefas. Se considerarmos recursos infinitos, sem nivelamento nenhum, o projeto tende a ficar inviável. Por outro lado, forçar o máximo nivelamento de recursos proporciona um prazo geralmente incompatível com as nossas necessidades.

Mais uma vez, a resposta está no equilíbrio. Com o tempo, o planejador experiente vai encontrar esse ponto de equilíbrio, colocando um número de pessoas que seja compatível com o local do projeto, com o seu tamanho e com as necessidades. Isso é feito através de programas de computador, restringindo-se os recursos a um valor que se julgue adequado.

Histograma ou Tabela de Recursos

Em projetos de capital, é usual apresentar o quantitativo de trabalhadores necessários ao longo do desenvolvimento do projeto por meio de um gráfico de barras, parecido com o da figura 4.18 a seguir.

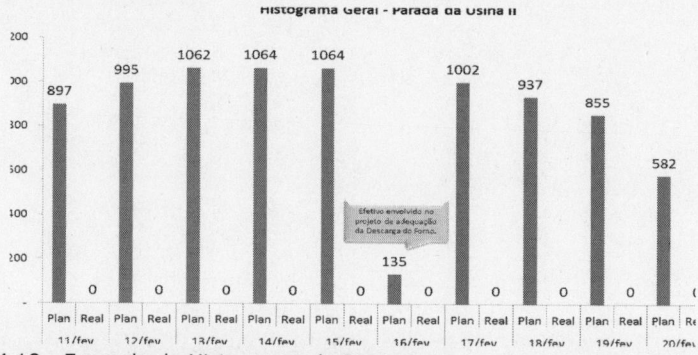

Figura 4.18 - Exemplo de Histograma de Recursos

Em Paradas de Manutenção, é usual apresentar a necessidade de recursos na forma de uma tabela, que para o exemplo simples em questão, seria uma tabela como a da figura 4.19 que segue. Imaginemos que o recurso "X" seja Mecânico e que o "Y" seja Eletricista.

	1º Período (10 horas)	2º Período (10 horas)
Recurso X (mecânico)	1	1
Recurso Y (eletricista)	1	1

Tabela 4.4 - Tabela de Recursos ou Histograma

Notem que:

a) A tabela mostrada é o "histograma" ou tabela de recursos *após* o nivelamento.

b) Embora à primeira vista possa parecer que precisamos apenas de um mecânico e de um eletricista, isso não é real. Temos 20 horas de trabalho, portanto, é necessário estabelecermos dois turnos, o que faz com que não tenhamos o mesmo mecânico e eletricista trabalhando à noite. Considerar apenas um especialista para cada função é um erro que, às vezes, o próprio MS Project nos induz a cometer.

É importante saber que o nome "Histograma" ficou consagrado pelo uso. Assim, planejadores e engenheiros costumam chamar de "Histograma" a Tabela de Recursos, embora esta não se apresente em forma gráfica.

CRONOGRAMA DE BARRAS

Para facilidade de leitura no acompanhamento e controle de um projeto, após o nivelamento o diagrama normalmente é colocado em forma de diagrama de barras.

No exemplo do nivelamento, teríamos os seguintes cronogramas:

No "Mais Cedo"

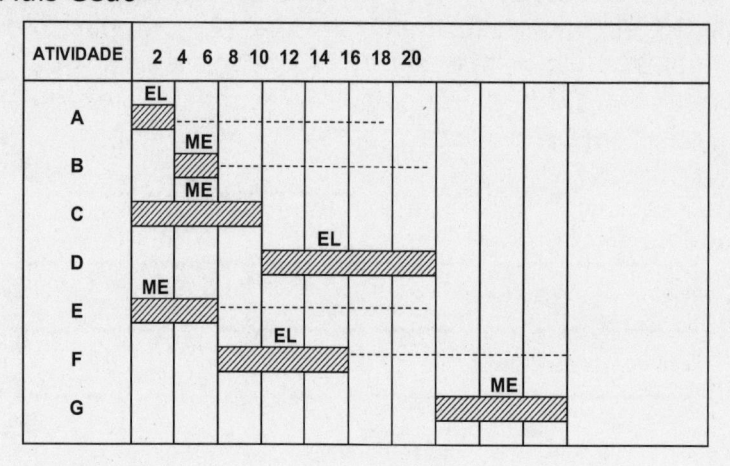

Figura 4.19 - Diagrama de barras – datas mais cedo
Obs.: (----) pontilhado = folga.

Após o Nivelamento:

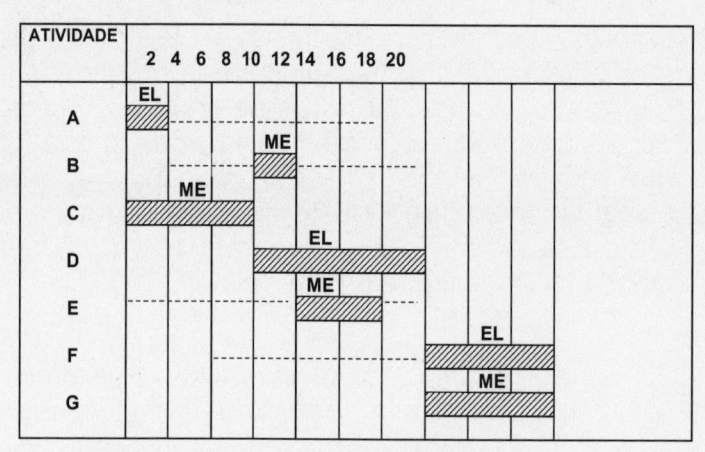

Figura 4.20 - Diagrama de barras após nivelamento

O diagrama de barras deve indicar, para cada atividade, a sua descrição, a numeração dos eventos, os recursos necessários e a sua duração.

Como vemos, o diagrama de barras, ou diagrama de Gantt, é resultado de um elaborado conjunto de estudo de precedência, caminho crítico e nivelamento de recursos.

Para os "pilotos de MS Project", esse diagrama é o próprio planejamento – não da forma como estamos mostrando.

Quando temos milhares de tarefas, caso de uma grande Parada, é impossível acompanhar o projeto apenas por um diagrama de barras, como poderia sugerir o uso dos programas informatizados.

É sempre necessário ter uma tabela de precedências, um diagrama PERT-CPM, um nivelamento, um diagrama de barras, e ainda, uma curva de avanço ou "curva S", como veremos mais à frente.

O acompanhamento de uma Parada, com o uso do diagrama de barras sozinho, sem o PERT-CPM e sem a curva de avanço, só funciona em projetos pequenos, que tenham apenas algumas dezenas de tarefas.

REFINANDO AS TÉCNICAS

ESTIMATIVAS E CONTINGÊNCIAS

Nos exemplos vistos anteriormente, tudo se passa como se os tempos estimados para as tarefas fossem únicos, imutáveis e o previsto sempre igual ao realizado. Na verdade, não é isso que ocorre, como os leitores experientes sabem. Mesmo sem ter estudado a teoria que nos fornece o PMI, já sabemos que cada tempo fornecido está associado a uma probabilidade de que seja realizado nesse período. De fato, um mesmo trabalho pode ser realizado em "n" tempos diferentes, como pode ser visto na figura 4.21.

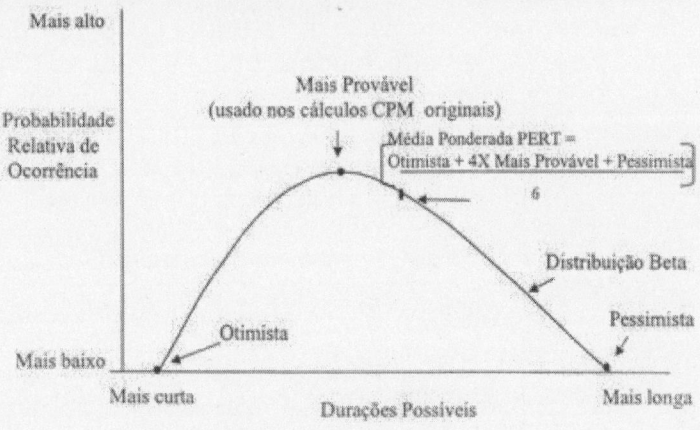

Figura 4.21 - Curva Estimativa de Tempo x Probabilidade

A curva da figura 4.21 mostra que geralmente temos um valor de tempo que se repetiria mais se executássemos aquela tarefa muitas vezes. Esse valor é chamado estatisticamente como a *moda* da distribuição; intuitivamente, é o tempo que normalmente as pessoas colocam como sendo o estimado. Na verdade, coloca-se um pouco mais, por medida de segurança. Será isto correto?

A teoria diz que não. A prática também parece mostrar que esse não é o melhor caminho.

De fato, a prática de se colocar todas as atividades com uma folga faz com que todos já pensem ser este o tempo mais provável e trabalhem no ritmo e nas condições de contorno suficientes apenas para cumpri-lo (quando cumprem).

O que tem dado resultado, e é respaldado pela "Teoria da Corrente Crítica", baseada na obra do físico israelense Eliyahu Goldratt, de 1998, é estimar os tempos de acordo com os valores mais prováveis e colocar todas as reservas de contingência em um mesmo "pacote". Assim, trabalhamos com dois prazos: o primeiro, que podemos chamar de *prazo desafio*, é o sem reserva de contingências, aquele que a equipe e fornecedores irão buscar e entenderão como seu "dever". O segundo, que contém o pulmão com a reserva de contingência, é o que vai ser fornecido ao cliente, aos acionistas, à comunidade. Tem funcionado.

Ressalte-se que, atualmente, a tendência é estabelecer como desafio prazos bem enxutos, mas que sejam exequíveis. Sendo bem enxutos, todos vão se esforçar muito para cumpri-los, pois o ser humano é movido a desafios. No entanto, um prazo não pode ser tão enxuto a ponto de a sua realização ser quase impossível. O nosso mecanismo emocional funciona de tal modo que, quando se propõe um prazo quase que inexequível, a maioria de nós relaxa e não busca mais se esforçar porque "sente" que não vai conseguir cumprir o prazo estabelecido.

Atividades com reserva de contingência em cada atividade

Atividade 1	Atividade 2	Atividade 3

Atividades com reserva de contingência em relação ao projeto

Atividade 1	Atividade 2	Atividade 3	Pulmão

Pulmão reduzido como resultado da agregação das reservas

Atividade1	Atividade 2	Atividade 3	Pulmão

Figura 4.22 - Ilustração da utilização de uma contingência única

A figura anterior (4.22) representa o extrato de um estudo muito bem elaborado que foi nomeado pelos seus autores de "método da cadeia crítica". Eles propõem que, após estabelecidos os pulmões de cada tarefa (barra 1), agrega-se todo o pulmão em apenas um valor ao final do conjunto de tarefas (barra 2). Recomendam ainda que, após isso, façamos um corte no pulmão de forma que o prazo final fornecido seja menor (barra 3). Para o caso brasileiro, eu não gosto desse procedimento final de cortar o pulmão. Sabem por quê? Os colegas mais experientes como eu sabem que, se fizermos isso, nunca mais os estimadores irão fornecer os pulmões reais. O método, dessa forma, perderia a sua eficácia.

Outra vantagem dessa abordagem é que, se as equipes ou os recursos forem diferentes da atividade 1 para a 2, tudo estará preparado para o tempo mais provável e não após o tempo provável + pulmão. Se praticarmos a barra 1, mesmo "adiantando" – fazendo o mais provável – , isso não será capitalizado pelo fato de os recursos da tarefa 2 não estarem ainda disponíveis.

Quando todos os riscos são agregados, há uma redução do risco total. Isso tanto pode ser demonstrado teoricamente pelo teorema do limite central como pode ser verificado no dia a dia de qualquer um de nós. Se já fornecemos a estimativa com o risco "embutido", a tendência é ocuparmos todo o valor fornecido, sem sabermos, inclusive, quanto do pulmão já consumimos a cada instante da Parada.

Como vimos no início deste capítulo, uma característica do CPM ("Critical Path Method") é utilizar, nas estimativas, a *moda* da distribuição dos tempos, o que viemos fazendo até aqui.

Existe, porém, outro método para se estimar os tempos da tarefa, que corresponde ao que preconiza o PERT ("Program Evaluation And Review Technique") assim como a teoria do PMI. Trata-se de estimar o tempo por funções estatísticas. Assim, se a função distribuição do tempo (similar a da figura 4.22) for uma função Beta,, o tempo seria:

$t = (O+4mp+p)/6$ (fórmula 1)

Onde O = tempo mais otimista
      mp = tempo mais provável
      P = tempo mais provável

Se, por outro lado, simplificamos para que a função seja "triangular", o cálculo do tempo seria:

$t = O + mp + p/3$

Como veremos no capítulo "Gerenciamento de Riscos", particularmente na questão de análise quantitativa de riscos, as distribuições Beta exigem um programa de computador específico (o mais comum chama-se "Crystal Ball", que trabalha com as simulações de Monte Carlo). A distribuição triangular permite que se façam os cálculos com uma calculadora de mão.

A verdade é que eu não tenho visto, em Paradas de Manutenção, o uso de ferramentas estatísticas para cálculo dos tempos e probabilidades a eles associados, inclusive nem mesmo na data desta edição (2014).

Para o sucesso das Paradas no futuro, acredito que um bom caminho é o de não se fixar em uma única estimativa de tempos. Eu pediria para três pessoas experientes estimarem os tempos, informando o prazo pessimista, o mais provável e o otimista sem "gordura". Teríamos, muito provavelmente, três tempos diferentes para cada uma das situações: eu faria a média dos três "pessimistas"; a média dos menores tempos de "otimistas" e a média dos intermediários e a chamaria de "mais provável". Aplicando-se as técnicas que serão descritas no capítulo de Gerenciamento dos Riscos, eu descobriria qual seria o prazo com 80% de probabilidade de ser cumprido. Esse seria o prazo "desafio". Calcularia o prazo com 85% ou 90% de probabilidade de ser cumprido. Esse seria o prazo a ser divulgado para acionistas e clientes. Obviamente, essas probabilidades são para um perfil assim como o meu. Cada organização pode estabelecer quais probabilidades escolherão. Apenas registro que uma estimativa com 100% de probabilidade de ser executada conduz a prazos enormes, não compatíveis com as necessidades das Empresas, por isso, ninguém adota essa prática.

O mesmo raciocínio do parágrafo anterior serve para a estimativa de custos.

SOFTWARES DE PLANEJAMENTO

Neste livro, não vamos entrar nos detalhes de utilização dos softwares. Existem manuais e até um livro de um ex-colega, Rodolfo Stonner, intitulado "Ferramentas de Planejamento", que dedica um capítulo inteiro ao ensino do uso do MS Project; é bastante didático e certamente através dele o leitor conseguirá navegar com facilidade no programa.

Vamos apenas registrar que existem dois programas de larga utilização em projetos de modo geral, e Paradas em particular: O MS Project e o Primavera (Sure Track). É interessante notar que, no exterior, particularmente nos EUA, o Primavera é bem mais utilizado do que no Brasil, onde praticamente só se utiliza o MS Project para Paradas.

Há aproximadamente sete anos, o PMI fez uma pesquisa no mundo todo com os seus associados para que eles indicassem qual software utilizavam no planejamento de seus projetos. A seguinte estatística foi obtida:

- MS Project: 75 %
- Primavera: 20 %
- Outros: 5%

Entre os "outros", certamente existem softwares desenvolvidos pelas próprias empresas (proprietárias e projetistas).

Encerrando os comentários sobre os programas, listo, a seguir, as características mais importantes dos softwares mais utilizados, do ponto de vista do cliente (nós mesmos).

    a) MS Project
- Software da Microsystem;
- Amigável; ambiente Windows;
- Alguma dificuldade de nivelamento;
- Está sempre atualizado;
- Saída do diagrama Pert necessita de ajuste manual.

    b) Primavera
- Diagrama Pert muito bem apresentado;
- Fornece curva "S";
- Suporta qualquer tipo de empreendimento;
- Menos acessível no Brasil;

- ✓ Aparentemente, maior dificuldade de manutenção no Brasil.

Neste adendo da edição de 2014 registro a tendência detectada agora também no Brasil em relação a um maior uso do software Primavera, basicamente pelas seguintes razões, além das vantagens já enumeradas:

- ✓ Permite o trabalho em rede; áreas como Engenharia, Manutenção e Operação podem ter acesso ao mesmo planejamento integrado. Pode-se estabelecer quais funções têm acesso apenas à visualização e quais podem alterar dados no sistema.
- ✓ Facilita o acompanhamento, em tempo real, pelos gerentes e até diretores, se assim o desejarem.
- ✓ O controle do avanço é mais "amigável", sendo realizado por equipe própria, o que evita a "maquiagem".
- ✓ Temos notícias de que a assistência técnica ao programa melhorou muito no Brasil.

ANÁLISE E DIMINUIÇÃO ("ESTRESSAMENTO") DE PRAZOS

Como vimos no capítulo do escopo, é preciso que haja um "olhar externo" para examinar o caminho crítico visando diminuir o tempo de retirada de eventuais serviços supérfluos e/ou propor uma forma diferente de realizar os serviços. Nessa fase também devem ser realizadas as possibilidades de "Crash" ou "Fast-Tracking" (ambas as expressões são do PMI).

O "Crash", que pode ser traduzido livremente como "compressão", consiste em alocar mais recursos e fazer mais horas extras em uma determinada tarefa para diminuir seu tempo intrínseco.

Já o "Fast-Tracking" consiste em executar tarefas que seriam realizadas em uma série em paralelo. Exemplificando, podemos eventualmente correr o risco de começar o isolamento térmico de uma linha mesmo não tendo o resultado de todas as radiografias de solda prontas. É um risco cuja decisão deve ser do Coordenador Geral da Parada.

O fato é que as duas técnicas descritas levam a um aumento dos custos assim como proporcionam um resultado incerto. Algumas vezes, porém, não nos resta alternativa quando o objetivo é obtermos bons prazos.

Como tanto enfatizei no capítulo "Gerenciamento do Escopo", o melhor a se fazer é minimizar a quantidade de trabalhos, planejá-los com a antecedência necessária e realizá-los com garra e determinação.

CONTROLE DO PRAZO – CURVA "S"

A melhor forma que conheço para verificar o andamento do prazo da Parada é a curva de avanço ou a curva "S", que deve ser feita em <u>cada frente da Parada</u>, para o serviço global, para o caminho crítico e até para os subcríticos, se estes forem próximos do crítico.

Infelizmente, muitos colegas que se intitulam "Técnicos de Planejamento" não tem a noção exata de como acompanhar o avanço pela curva "S".

A Tabela 4.5, retirada de um projeto bem simples, se combinada com a Tabela 4.3, recebe o nome de Estrutura Analítica do Projeto (EAP). Alguns colegas brasileiros preferem chamá-la pelo nome em inglês (é mais "chique"!) – WBS, que são as iniciais de "Work Breakdown Structure".

Os valores de homem-hora são obtidos pela multiplicação do valor do tempo estimado em horas pelo número de executantes que vão realizar o serviço. Por exemplo, a tarefa "assentar 20 m² de tijolos" é realizada por um pedreiro + um ajudante (duas pessoas) trabalhando 10 horas por dia por dois dias.

O H x h seria, então:

$$10 \times 2 \times 2$$

onde: Nº de dias, Nº de pessoas, Nº de horas

A determinação dos pesos, em porcentagem, de cada tarefa, é feita da seguinte forma:

Limpar e escavar $\quad \dfrac{20}{100} \quad$ 20%

Assentar	$\dfrac{40}{100}$	40%
Rebocar	$\dfrac{20}{100}$	20%
Pintar	$\dfrac{10}{100}$	10%
Limpar	$\dfrac{10}{100}$	10%

Vamos imaginar que, do cronograma de barras do projeto tiram-se as seguintes informações: está **prevista** a seguinte realização:

1º dia	Fazer limpeza e escavação	= 20 Hxh
2º dia	Assentar 10m² de tijolos	= 20 Hxh
3º dia	Assentar 10m² de tijolos Rebocar 10 m² de parede	= 20 Hxh = 10 Hxh
4º dia	Rebocar 10m² de parede Pintar 20 m² de parede	= 10 Hxh = 10 Hxh
5º dia	Limpeza geral	= 10 Hxh

Tabela 4.6 - Dados para curva "S" prevista

Concluímos que o avanço "previsto" por dia será:

1º dia – 20%
2º dia – 30%
3º dia – 20%
4º dia – 20%
5º dia – 10%

O que nos remete para os seguintes valores acumulados:

1º dia – 20%

2º dia – 50%
3º dia – 70%
4º dia – 90%
5º dia – 100%

Vamos agora simular a seguinte **realização** diária (só vale quando feita no dia específico da realização – no momento em que vamos construir a curva do que fora realizado):

1º dia – Limpou, escavou e assentou 4m² de tijolos
2º dia – Assentou 16m² de tijolos e rebocou 10m²
3º dia – Rebocou 10m² e pintou 20m²
4º dia – Limpou tudo

Calculo das Realizações

100% = 100 Hxh
1º dia = 0,20 + 0,40 x 0,20 = 0,28
2º dia = 0,40 x 0,8 + 0,20 x 0,5 = 0,32 + 0,10 = 0,42
3º dia = 0,20 x 0,5 + 0,10 = 0,10 + 0,10 = 0,20
4º dia = Limpou tudo = 0,10

O que nos remete aos seguintes valores acumulados:

1º dia – 28%
2º dia – 70%
3º dia – 90%
4º dia – 100%

Teremos então a seguinte tabela para traçar as curvas "S":

1º DIA	20%	28%
2º DIA	40%	70%
3º DIA	70%	90%
4º DIA	90%	100%
5º DIA	100%	100%

Tabela 4.7 - Tabela para se traçar as curvas previsto x realizado

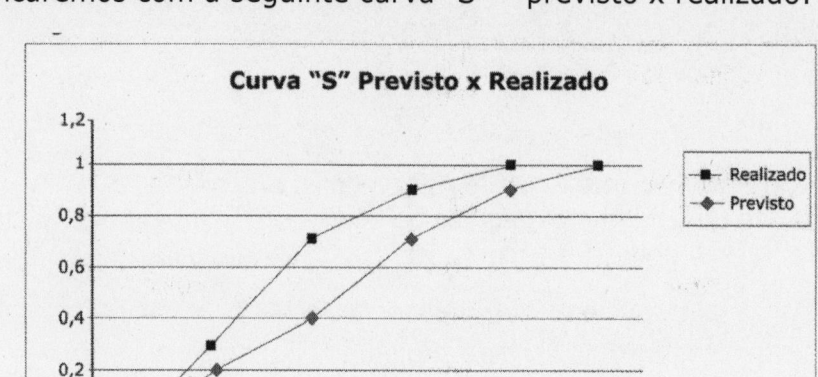

Ficaremos com a seguinte curva "S" – previsto x realizado:

Figura 4.23 - Exemplo de curva "S" –previsto x realizado – empreendimento simples

Verificamos que, para traçar a curva planejada, temos que nos basear integralmente nos homens e nas horas (Hxh) estimados. Por outro lado, para lançarmos a curva realizada não podemos nos guiar pelos Hxh utilizados, e sim por coisas concretas, como eventos específicos e medidas de áreas cujos serviços foram efetivamente realizados. Isso porque, uma vez planejado o serviço, o que conta agora é realizá-lo. Por exemplo, se estimamos dois homens trabalhando 10 horas para terminar uma determinada tarefa (20 Hxh) e precisarmos, na prática, de três homens trabalhando as mesmas 10 horas (30 Hxh), não podemos utilizar o Hxh como base para a realização, pois teríamos nesse caso 30/20 x 100 = 150% de realização, o que é impossível. Podemos realizar, no máximo, 100% de cada serviço planejado!

Há atividades que não envolvem homens trabalhando, mas que são importantes e devem fazer parte da curva "S". É o caso do tempo de espera para cura de refratário ou chegada de um equipamento importante. Como proceder nesses casos? Minha sugestão, já que sabemos o tempo previsto para esses eventos, é alocar um numero fictício de homens que seja compatível com a importância da tarefa ou com o número de homens utilizados na tarefa imediatamente posterior e no planejado alocar os Hxh resultantes do processo que descrevi (horas decorridas x homens fictícios). Já na curva de realização, uma vez pronta a tarefa, aloca-se exatamente o percentual previsto.

Para um entendimento ainda melhor do acompanhamento, vamos examinar o que ocorreu e o percentual de avanço do *segundo dia* no exemplo simples da curva da figura 35.

Nesse dia, assentou-se 16m² de tijolos de um total de 20m² previstos e rebocou-se 10m² de um total de 20m² previstos.

Os 16m² de tijolos correspondem a 16/20 = 0,8 do total, cujo peso previsto era de 40Hxh em 100 Hxh, ou 0,40. O avanço relativo a esse item é, portanto, de 0,80 x 0,40 = 0,32.

Já os 10m² de reboco correspondem a 10/20 = 0,5 do total, cujo peso previsto era de 20 Hxh em 100 Hxh, ou 0,20. O avanço relativo a esse item é, portanto de 0,50 x 0,20 = 0,10.

O avanço no segundo dia foi, portanto, de 0,32 + 0,10 = 0,42 ou 42%. Somados aos 0,28 ou 28% do primeiro dia, temos então um acumulado, no segundo dia, de 0,28 + 0,42 = 0,70 ou 70%. É o que mostra o gráfico anterior.

É importante lembrar que, em uma Parada de Manutenção, o número de tarefas é muito maior. Temos então que fazer uma planilha no Excel que calcule e some os avanços de todas as tarefas, avanços esses sempre de forma proporcional ao total do projeto. A filosofia, entretanto, é idêntica ao que foi mostrado aqui.

A curva recebe a denominação de curva "S" porque a tendência é que tanto nos dias iniciais como nos dias finais o avanço seja menor do que nos dias intermediários. No início, há muito aquecimento e dificuldades. No final, os acabamentos costumam ser mais demorados do que as montagens. Assim, com um menor avanço no início e no final, as curvas acabam ficando com o aspecto de um "S".

Para o controle do prazo é indispensável que as tarefas previstas em cada dia sejam realizadas ou até mesmo adiantadas. Esse controle deve ser "sob pressão" e intenso. Tenho notícias de que, na Europa e nos EUA, realizar os serviços previstos é condição de emprego para os indivíduos; para as Empresas, condição de continuarem a ser contratadas.

MARCOS COMEMORATIVOS OU "MILESTONES"

Esse recurso é utilizado parcialmente nas Paradas no Brasil. Para que seja obtido sucesso em Paradas no futuro, o seu uso em tempo integral deve ser algo obrigatório.

Trata-se de eleger "marcos comemorativos" que todos possam ver, com datas pré-estabelecidas da ocorrência. Na data, uma vez pronto o fato pré-eleito como "Marco" na data correta, faz-se uma pequena celebração, mesmo que seja um simples comunicado agradecendo às pessoas e registrando os fatos.

Por exemplo, na construção de uma casa, os marcos comemorativos poderiam ser:

- Fundações totalmente prontas
- Paredes totalmente levantadas
- Laje pronta
- Telhado e janelas colocadas
- Acabamento

Se a cada um dos eventos anteriores associarmos uma data, teremos o seguinte "cronograma de marcos", conforme mostra a Tabela 4.8 a seguir.

Nº	DESCRIÇÃO DAS ATIVIDADES	Mês Semana	Mês 1				Mês 2				Mês 3					Mês 4				Mês 5			
			1	2	3	4	1	2	3	4	1	2	3	4	5	1	2	3	4	1	2	3	4
1	Fundações prontas						Δ																
2	Paredes levantadas															Δ							
3	Laje superior pronta																						
4	Telhado e janelas colocadas																			Δ				
5	Acabamento pronto																							Δ

Tabela 4.8- Exemplo de cronograma de marcos para um projeto simples

Cada um, em sua Parada, pode eleger os marcos mais significativos: chegada de um equipamento, término de soldagem, uma grande movimentação de carga; enfim, coisas importantes que possam ser vistas por todos cujo avanço também seja percebido.

PRAZOS DIFERENCIADOS

Quando assumi a Coordenação de Paradas da Refinaria, percebi que nas Paradas anteriores muitas vezes os serviços da frente "caminho crítico" não atrasavam e, mesmo assim, isso acontecia com as Paradas. A razão mais forte é que todas as frentes, crítica, subcrítica e não críticas tinham a mesma data para terminar. Intuitivamente resolvi, com os colegas, colocar prazos diferenciados – menores para os caminhos não críticos –, mesmo que isso resultasse em algum custo adicional. Os sucessos das quatro Paradas relatadas no primeiro capítulo mostram que essa foi uma decisão acertada. A figura 4.24 mostra a diferenciação dos prazos das diversas frentes de trabalho, sendo as de linha contínua mais extensas do que as duas frentes consideradas críticas.

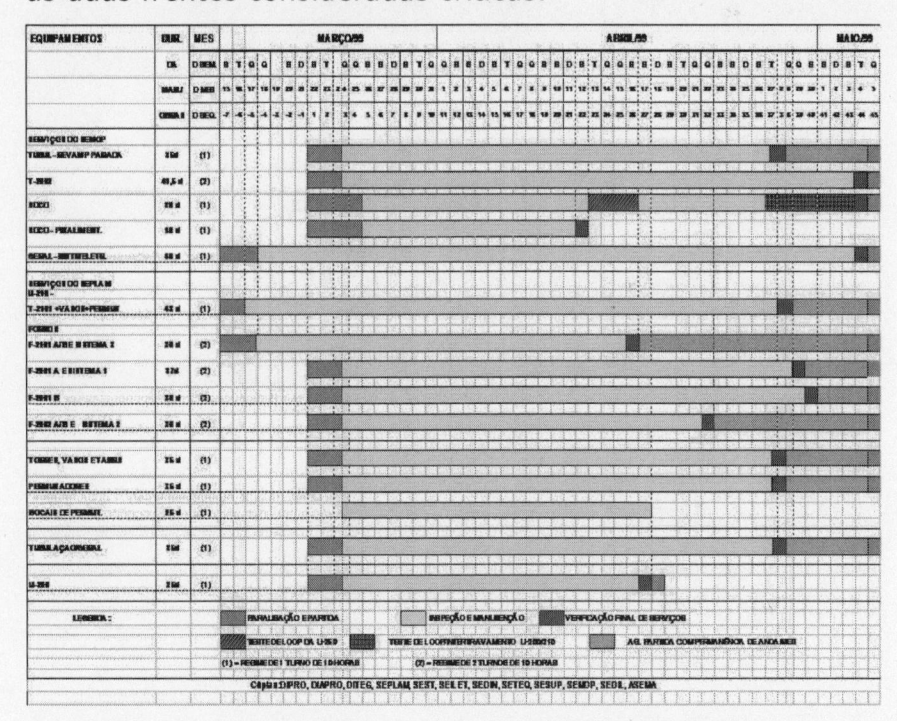

Figura 4.24 - Exemplo de frentes de uma Parada terminando em datas distintas

Posteriormente, ao estudar análise quantitativa de riscos, fiquei sabendo que a nossa decisão tinha uma base teórica muito forte. Aprendi que a todo prazo está associada uma probabilidade de que seja realizado até aquele valor estimado. Uma probabilidade considerada bastante boa é de 90%.

Pois bem, se tivermos cinco frentes em paralelo, todas terminando na mesma data com 90% de probabilidade cada uma, pela teoria das probabilidades teremos que a probabilidade de que <u>todas</u> as frentes terminem no prazo é de:

$P = P_1 \times P_2 \times P_3 \times P_4 \times P_5$

$P = 0,9 \times 0,9 \times 0,9 \times 0,9 \times 0,9$

$P = 0,59$ ou 59%!

Seria realmente mais difícil cumprir o prazo da Parada, não é mesmo?

Capítulo 5

Gerenciamento de Custos

Em uma Parada de Manutenção, realizar o controle de custos normalmente é algo mais difícil do que na maioria dos projetos. Da mesma forma o é em relação ao controle de custos da manutenção de rotina. Isso acontece porque a concentração de recursos é muito grande para um período de tempo curto. Além disso, o "lucro cessante" é o maior custo envolvido na Parada, ou seja, o valor equivalente aos dias de perda de produção costuma ser maior que todos os gastos realizados na Parada.

Isso, porém, tem conduzido as organizações a alguns exageros praticados até hoje. Como os custos da Parada são "inevitáveis" e seu controle é menor se comparado ao custo de manutenção de rotina, tornou-se praticamente regra a alocação de serviços à Parada, mesmo aqueles que poderiam ser realizados fora dela. Tal fato gera uma altíssima concentração de recursos, principalmente mão de obra, o que torna a parada ainda mais difícil de dirigir, sob vários aspectos.

Um dos mais importantes, que será abordado no capítulo correspondente, é a qualidade da mão de obra. Quando o número de pessoas requerido aumenta demais, a tendência é contratar pessoal com qualificação inferior, até porque os mais qualificados já estão alocados nos escopos menores e o mercado, como veremos, está francamente demandado.

Por outro lado, todo gestor experiente sabe que se houver atraso em uma Parada, que é normalmente "dirigida pelo prazo" ("Schedule Driven"), o custo também aumentará já que vários deles permanecem incidindo enquanto a Unidade de Processo não entra em operação. Isso pode ser visto na figura 5.1 genérica, válida para todos os tipos de projetos. Notem que, em uma Parada, trabalhamos (ou deveríamos trabalhar) no que seria o ponto ótimo da curva.

Gerenciamento do Custo - Análise do Custo

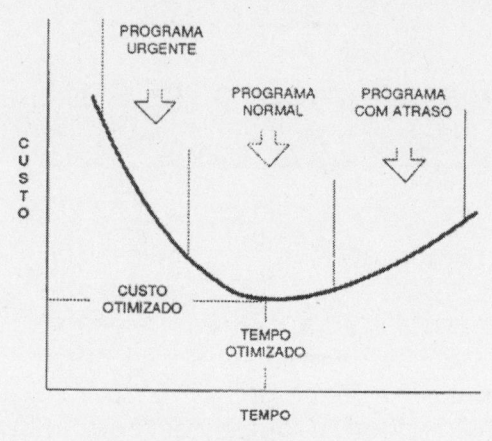

Curva de otimização de custo

Figura 5.1 – Curva de otimização de custo

Em uma Parada, trabalhamos quase que em 100% dos casos no ponto de maior inflexão, considerando o lucro cessante também como custo. Assim, a tendência é: sempre que houver atraso, haverá um aumento de custos.

Cabe também ressaltar que, fora a parte da Parada relativa a Investimentos, não objeto deste livro, alguns aspectos que nos ensina o PMBOK referentes à questão de custos, tais como "taxa de retorno", "formas de depreciação" e "Valor Presente Liquido – VPL", não interessarão ao leitor nesse momento. Dessa forma, não contemplaremos esses aspectos neste livro.

DEFINIÇÕES BÁSICAS - CUSTOS

- <u>Custos Diretos</u>: Consistem nos custos relacionados diretamente ao produto final, isto é, são custos obtidos pela soma dos custos de insumos básicos que ficam agregados ao produto final. Exemplo de custos diretos: mão de obra de execução, chapas de aço.

- **Custos Indiretos**: São aqueles decorrentes de insumos, atividades e serviços que não estão intimamente relacionados com o produto final, mas que necessariamente contribuem para a execução dos serviços. Exemplos de custos indiretos: aluguéis de equipamentos, mão de obra de Gerentes, Coordenadores e Técnicos de Planejamento.

- **Custo de Oportunidade**: É o custo oriundo da escolha de uma alternativa em detrimento aos benefícios de outra ("Escolher é abandonar caminhos").

- **Custos Fixos**: Presentes independentemente do volume da produção ou dos trabalhos. Exemplos de custos fixos: aluguel do canteiro, depreciação de veículos da Direção.

- **Custos Variáveis**: Variam proporcionalmente ao volume produzido. Exemplos: eletrodos de solda materiais aplicados na Parada.

- **Reservas de Contingências**: São consideradas para reduzir o impacto dos riscos. Explicação: as reservas não diminuem os riscos; são como um seguro para o caso de acontecerem imprevistos. (Por exemplo, fazer seguro para um veículo não diminui o risco de ele ser roubado, mas reduz o impacto do roubo).

ESTIMATIVAS DE CUSTO

Tanto o PMI como o IPA reconhecem que existem estimativas *iniciais*, *preliminares* e *definitivas*, cujas margens de erro são bastante diferentes.

Infelizmente, a nossa cultura é a de que existe apenas uma, no máximo dois tipos de alternativa. O que tenho visto é os gestores exigirem orçamentos precisos quando o Grau de Definição é quase nulo.

De qualquer forma, é nossa obrigação ao menos esclarecer a diferença entre os diversos tipos de estimativas:

Uma estimativa é dita Inicial quando a fazemos com o Grau de Definição muito baixo. Ela é feita 18 ou 10 meses antes do início da Parada, de acordo com a campanha típica da Unidade (48 ou 12 meses).

Essa estimativa normalmente é efetuada com base em Paradas anteriores, além da experiência e do "feeling" do planejador. É chamada "Top-down" ou estimativa por analogia, e necessita da avaliação de uma pessoa especialista com vasta experiência. Nessa fase, a margem de tolerância é muito grande: -25% a + 75%.

Doze meses (FAB1) e seis meses (FAB2) antes de a Parada ser iniciada, é feita a estimativa dita Preliminar, de forma a já termos o escopo com o primeiro congelamento. Ainda não temos o cronograma com os recursos estimados, mas já dispomos de um nível de informação bem maior. É também chamada de estimativa por modelo paramétrico, baseada nas características físicas dos trabalhos a serem efetuados (custo/m^2; custo/m; custo/ton etc.). Os modelos podem ser simples ou complexos, utilizando-se softwares de predição, como por exemplo, o *Icarus*. Nessa fase, a estimativa já é bem mais robusta que na fase anterior, e a sua tolerância é − 10% a + 25%.

Finalmente, temos a estimativa Definitiva, que pela Tabela 2.1 do Capítulo 2 informa que só teremos o segundo congelamento do escopo a três (FAB1) ou a dois meses da Parada (FAB2). Nesse caso, a estimativa já é efetuada com cotações reais de equipamentos, materiais e mão de obra. É a chamada estimativa "Bottom-up", feita a partir de todos os pequenos pacotes de serviços. Por causa disso, a tolerância já é bem apertada: - 5% a + 10%.

A esta altura o leitor deve estar se perguntando por que, pelas regras dos institutos internacionais, a tolerância para mais é sempre maior do que a tolerância para menos. A razão é conhecida por aqueles que gerenciam projetos, embora talvez não seja algo tão simples como estamos estabelecendo. O fato é que as ocorrências não previstas, na maior parte das vezes conduzem a mais serviços ou a interrupções que incorrem em maior custo. Existem, mas são raras as ocorrências não previstas, que diminuem o tamanho ou escopo dos serviços. Daí as diferenças.

O problema de a existência de três tipos de estimativas, com margens de tolerâncias de acerto bem diferentes não ser algo tão simples como descrito neste capítulo, é que os estimadores e gestores tendem a orçar valores para mais, pois sabem que serão cobrados em relação à realização do orçamento fornecido, independente da fase em que isso tenha sido feito. Apenas isso já leva a custos maiores. O orçamento base já nasce "gordo".

REVISÃO DE ESTIMATIVAS

A Parada é um evento muito importante para qualquer Planta. Assim, as informações são avidamente requeridas pelos *Stakeholders*.

Aproveito a menção aos *Stakeholders* para esclarecer o que significa essa palavra para os leitores que não conhecem o seu significado.

Como a tradução literal sugere, são aqueles que dão suporte ao seu projeto e/ou que são afetados, positiva ou negativamente, pelo seu projeto. Normalmente os *Stakeholders* são os acionistas (que podem ser representados por um ou mais Gerentes Seniores), os clientes, os empregados e a comunidade (aí incluídas as autoridades).

No caso dos custos das Paradas, o principal *Stakeholder* é o acionista; assim, qualquer revisão significativa (digamos, mais de 2%) deve ser informada, em alguns casos autorizada pela direção da Empresa. É muito comum, infelizmente, que a alta direção seja informada da alteração no orçamento (quase sempre para mais, é claro) já no final ou após algum tempo de término da Parada. É um ponto de melhoria muito pronunciado para a cultura de gerenciamento de Paradas no Brasil.

FASE DE PLANEJAMENTO

Minha experiência, dados do PMBOK e o bom senso mostram que a maior economia é feita na fase do planejamento. A figura 5.2 a seguir ilustra bem essa situação.

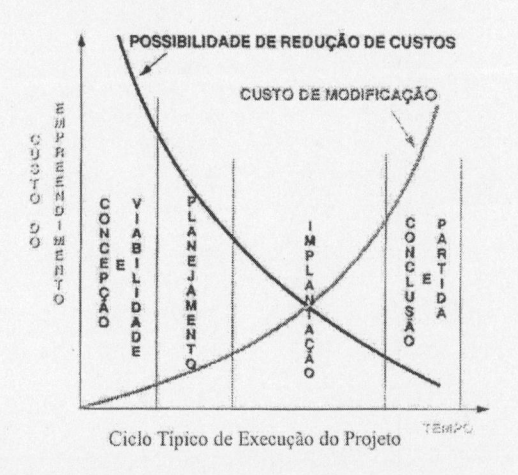

Figura 5.2 - Redução de custo ao longo do ciclo da Parada

A figura reforça o que tanto enfatizamos no Capítulo 2 – Gerenciamento do Escopo. É preciso respeitar os prazos. Uma alteração feita na fase de levantamento dos serviços geralmente não gasta mais do que algumas horas de técnico ou engenheiro, enquanto uma alteração já na fase de execução envolve custos de toda ordem, projeto, material, mão de obra de planejamento, mão de obra de execução.

Assim, uma boa prática que ainda não tive a oportunidade de adotar é, já na fase de planejamento, agregar à equipe de planejamento um engenheiro de custos ou "Controller". Como o nome em inglês sugere, esse membro da equipe será o guardião dos custos. O que ocorreu nas Paradas que coordenei é que não havia ninguém disponível para essa função, e suspeito que o mesmo ocorra em outras Paradas. Nesse caso, a minha sugestão é contratar externamente; pode ser da mesma "Pilot Company" descrita no Capítulo 2. Tendo em vista os altos valores envolvidos em uma grande Parada de Manutenção, o retorno do investimento relacionado à contratação dessa pessoa é mais do que certo. Em duas oportunidades, em obras de grande porte, com culturas americana e europeia, presenciei a existência do cargo de "Controller", engenheiro contratado de uma terceira empresa, que exercia grande influência no sentido de otimizar (diminuir fazendo o mesmo serviço ou manter no mesmo patamar – apesar do aumento do serviço) os custos.

Um dos bons e rentosos trabalhos que pode ser feito é utilizar, para a compra de materiais e equipamentos, a conhecida Curva de Pareto. (Figura 5.3).

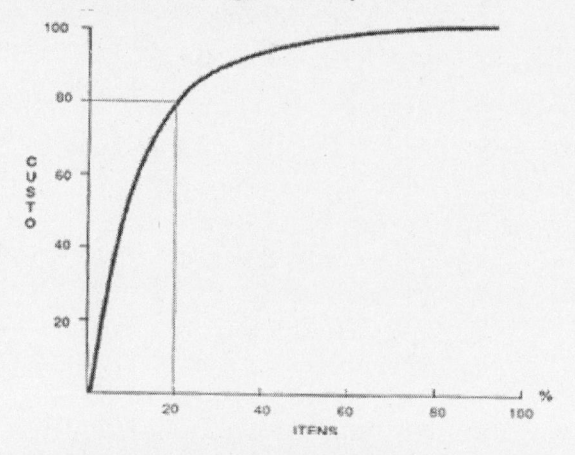

Figura 5.3 - Curva de Pareto – custo de uma Parada

A maioria dos processos de compra obedece a um padrão semelhante ao mostrado: Apenas 20% dos itens são responsáveis por aproximadamente 80% dos custos. Assim, eleitos os 10, 15 ou 20% itens cuja estimativa (global, não unitária) de ganho seja maior, o negócio é concentrar os esforços de negociação neles, desde o questionamento da necessidade até o fornecimento final.

No caso de contratos a preço global, o contratante deve estabelecer requisitos de projetos robustos, ou seja, cujas especificações contemplem todos os detalhes, não deixando margens para reivindicações. Todas as interfaces contratado-contratante devem ser planejadas e deve-se assegurar que os contratados estão fazendo o que é esperado, e que eles façam no tempo que deve ser feito. Em caso de contratos a preço global, alterações no escopo ficam ainda mais caras e todo esforço deve ser no sentido de evitar alterações. Além disso, a contratada normalmente não tem estrutura financeira para absorver grandes perdas e as falhas vão acabar impactando até mesmo o contratante, em menor ou maior grau.

O mesmo engenheiro de custos, ou "Controller", pode ser utilizado também na fase de Execução.

SOBRAS DE PARADAS

Nas tais Paradas que não tiveram sucesso no passado, era uma constante a sobra de muitos materiais e até de equipamentos inteiros, o que ocasionava os seguintes problemas:

- Aumento dos estoques ou necessidade de alienações por baixo valor;
- Aumento no próprio valor expendido nas Paradas.

Uma boa prática, que redundou em diminuição no custo e menores sobras ao final da Parada foi a nomeação de uma comissão composta de apenas um Engenheiro; um Técnico Mecânico e um Técnico de Suprimentos para fazer uma análise crítica de todos as solicitação de Compra na área de Caldeiraria – em algumas empresas essa área está englobada em "Mecânica" – , que, em nosso caso, era responsável por cerca de 80% dos custos da Parada. Algumas das ações desse pequeno comitê que resultaram em significativa diminuição dos problemas citados foram:

- Questionamento, junto aos emitentes das solicitações, se não havia um "superdimensionamento" das necessidades. Em muitos casos, as pessoas preferem colocar os quantitativos acima das necessidades, até por questões de se defenderem posteriormente (em nossa cultura, a falta é muito mais questionada do que a sobra). A partir desses questionamentos, assumir o risco conjunto de diminuição nos quantitativos.

- Após uma análise "ABC" dos maiores pedidos para a Parada, gestões da área Técnica com Suprimentos e junto aos fornecedores visando uma solução de melhor custo para esses itens. Em muitos deles foi possível uma negociação prévia com o fornecedor, mais ou menos nas seguintes bases:
    - ✓ Um percentual do pedido era colocado e pago.
    - ✓ Para outro percentual do pedido, o fornecedor assumia ter o material na data certa *se necessário*, e só fornecê-lo *se fosse preciso*, sem ônus adicionais.
    - ✓ Para o restante, era feita uma cláusula indicando que, se o item fosse necessário, seria pago um bônus adicional sobre esse valor pedido; caso contrário, se pagava o risco assumido pelo fornecedor.

Foi uma ação que nos rendeu bons resultados concretos. Recomendo.

"EARNED VALUE" – VALOR AGREGADO

Como me referi no Capítulo 3 – Gerenciamento do Prazo –, o PMBOK ensina a realizar o controle de custo e de prazo em um mesmo gráfico com base no conceito de "Earned Value", ou valor agregado.

O valor agregado corresponde ao valor monetário do trabalho realizado em um determinado tempo. Não é o custo dispendido efetivamente, mas sim o valor que havia sido planejado para o conjunto de trabalhos realizados naquela data. Assim, comparando com a curva do valor previsto, o que se tem, na realidade, é o avanço físico, pois estaremos medindo indiretamente o que foi feito.

Apenas como exemplo para entendimento, vamos supor que o meu projeto seja composto apenas de cinco tarefas, com os seguintes valores previstos para cada uma delas:

Tarefa 1 = R$ 1.600,00 - 1º dia
Tarefa 2 = R$ 2.000,00 - 2º dia
Tarefa 3 = R$ 3.000,00 - 3º dia
Tarefa 4 = R$ 4.000,00 - 4º dia
Tarefa 5 = R$ 1.400,00 - 5º dia

Minha curva planejada seria tanto para o custo como para o avanço físico, como mostra a figura 5.4 a seguir.

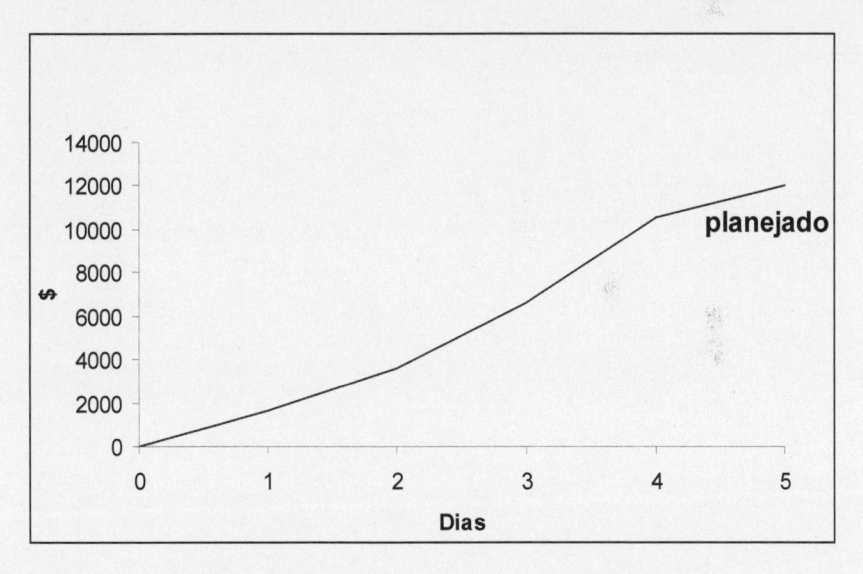

Figura 5.4 - Curva custo planejado x dias

Supondo que ao final do terceiro dia eu tenha executado as tarefas 1 e 2 e a metade da tarefa 3, o meu valor agregado, ou "Earned Value", seria:

$$1600 + 2000 + \frac{3000}{2} = 5.100$$

Assim, a mesma curva, com o "valor agregado" ou o que fora realizado, seria a da figura 5.5 .

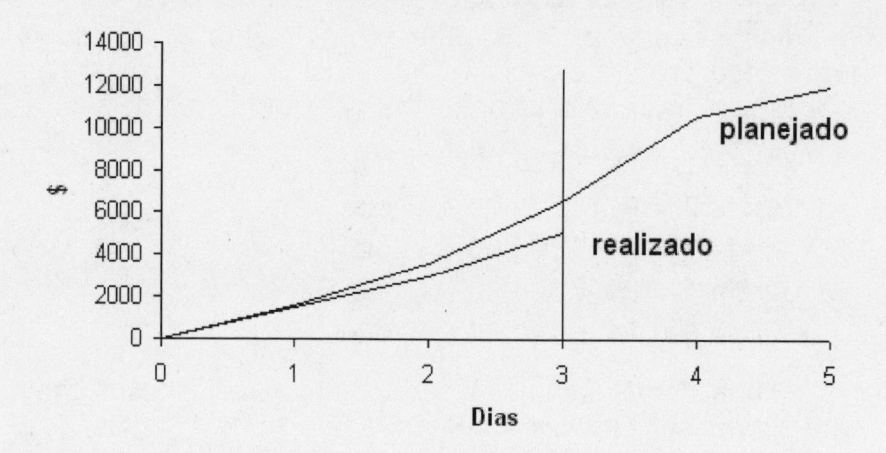

Figura 5.5 – Curva mostrando o "valor planejado" e o "valor agregado"

Para o custo propriamente dito, o que vale é o gasto efetivamente realizado (ou alocado), independente de quais tarefas conseguimos realizar.

Vamos imaginar que, em nosso caso, ao final do terceiro dia tenhamos gasto um total de R$ 4.000,00.

A mesma curva, com o "custo despendido", seria representada pela figura 5.6 a seguir.

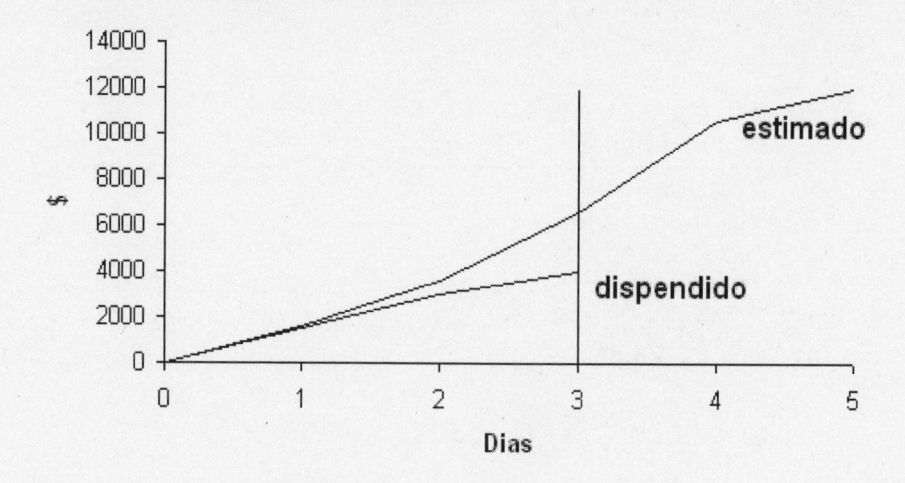

Figura 5.6 – Curva mostrando os valores estimado e despendido.

Combinando-se as Figuras 5.5 e 5.6, teremos a Figura 5.7 a seguir, que representa um exemplo da curva de controle proposta pelo PMI.

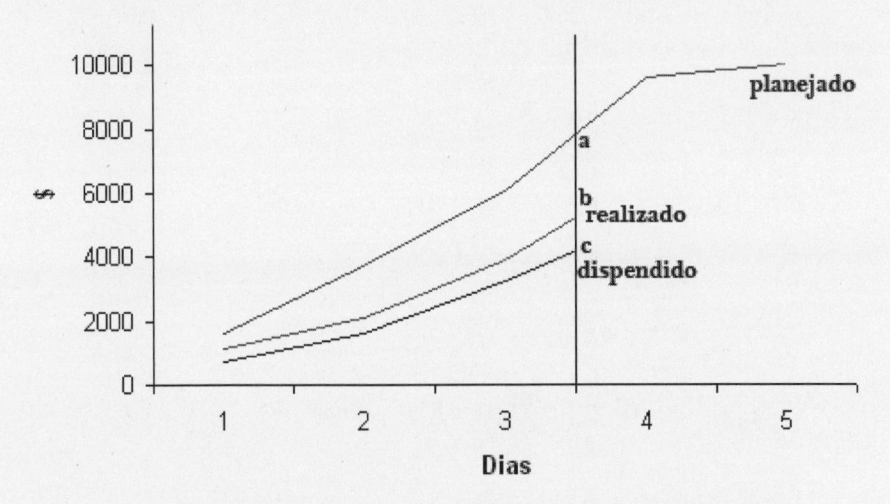

Figura 5.7 – Curva mostrando os valores planejado, realizado e despendido

A partir do entendimento da curva da figura 5,7, fica relativamente fácil estudar os conceitos e fórmulas utilizados pelo PMI.

Em primeiro lugar, fica claro, observando a figura, que no terceiro dia estaríamos com um bom atraso no cronograma, pois o Realizado << Planejado mais o custo estariam sob controle (Dispendido < Realizado).

As fórmulas e expressões utilizadas pela metodologia do PMI são válidas para qualquer ponto do empreendimento.

EV = "Earned Value", no exemplo o valor representado pelo ponto B = 5.100

PV = "Planed Value", no exemplo o valor representado pelo ponto A = 6.600

SV = "Schedule Variance" (variação do prazo), no exemplo:

$$SV = EV - PV$$
$$SV = 5.100 - 6.600$$
$$SV = -1.500$$

Valor negativo significa que estaríamos em má situação, atrasados.

AC = "Actual Cost", ou custo dispendido no ponto; no exemplo, o valor seria 4.000

CV = "Cost Variance" (variação do custo), no exemplo:

CV = EV − AC

CV = 5.100 − 4.000

CV = 1.100

Valor positivo significa que estaríamos bem, dentro do orçamento.

Ainda temos:
Índice de desempenho de Prazo (SPI) = EV/PV

No exemplo = $\frac{5.100}{6.600}$ = 0,773 (o que seria ruim, menor que 1)

Índice de desempenho de Custo (CPI) = EV/AC

No exemplo = $\frac{5.000}{4.000}$ = 1,2 (o que seria bom, maior que 1)

Finalizamos a explicação sobre as curvas e o controle baseados no "Earned Value", ou valor agregado. Não tenho visto, nas grandes Paradas no país, esse tipo de controle, mas é bom conhecer. Certa vez contratei um consultor americano muito experiente para acompanhar uma das Paradas que coordenei. Queria observá-lo e fazer um relatório dos pontos fortes e fracos da Parada. Felizmente, ele conseguiu ver muitos pontos positivos, mas um dos pontos fracos (ou de melhoria, se preferirem) foi que não havia um controle diário de custos, o que poderia eventualmente ser feito com a metodologia descrita anteriormente.

Voltando à teoria, eu acredito que o uso do "Valor Agregado", ou "Earned Value", representa apenas outra forma de se medir o avanço físico. Acho mesmo que o acompanhamento do avanço físico com base em quantitativos, metragens etc., é uma informação idêntica a de se colocar o custo que foi planejado para o trabalho feito, além de ser algo menos complicado.

Assim, se conseguirmos ter um controle de prazo pela curva "S" e um acompanhamento de custo por acompanhamento diário de custos alocados, teremos o controle da Parada, por assim dizer, em nossas mãos.

FASES DE EXECUÇÃO

Como vimos, os maiores ganhos no controle de custo estão na fase do planejamento, conforme mostra a Figura 5.2 desse capítulo.

Também é possível controlar os custos durante a fase de execução. Vou explanar três formas de controle que utilizei nas Paradas que coordenei. Tenho certeza que ajudaram.

CONTROLE DE HORAS EXTRAS (PESSOAL PRÓPRIO)

Cada coordenador de frente de trabalho, geralmente um engenheiro, era o responsável por planejar e <u>cumprir</u> o número de horas extras dos Técnicos, Fiscais e Engenheiros que trabalhavam na sua "frente".

O planejamento incluía uma folga obrigatória semanal com revezamento e algumas saídas no horário normal (mais cedo em relação ao horário da Parada) de forma a não ultrapassar um número "X" de horas extras, limitadas em 100 horas para os serviços do caminho crítico; da ordem de 92 para os dois caminhos subcríticos e da ordem de 60 para os caminhos não críticos (totais de horas extras no mês).

Este controle pode ser observado na Tabela 5.1 abaixo.

ÁREA COORD.	NOME	MATRÍCULA	PONTO	ÓRGÃO	MARÇO	ABRIL	MAIO	TOTAL
REVAMP T-2002 TUBULAÇÃO SEMOP CRÍTICO	ARIOVALDO	582414-3	NÃO	270	20	94	24	138
	WALTER RIBEIRO	582411-8	NÃO	270	22	33	8	63
	ALAN	581087-0	SIM	270	20	96	10	126
	ADÃO	582351-5	SIM	270	20	92,30	17	129,30
	BALDUCI	582627-7	SIM	270	20	94	-	114
	FABIANO	532286-7		REFAP	20	34	-	54
	ISAO	580481-4	SIM	270	22	94	10	126
	MOACIR	630593-1		REVAP	28	32	-	60
	GILMAR	715110-0		COPLAN	25,50	93	-	118,50
	MOUTINHO	514909-0	SIM	270	25,50	80	-	105,50
	RAMIRO	582120-8	SIM	270	23	100	39	162
	CAMARGO	532425-3		REFAP	-	63,50	-	63,50
FORNOS SUBCRÍTICOS	FUGIWARA	681114-5	NÃO	270	40	92	-	132
	ALEXANDRE	595664-9	SIM	270	36	92	-	128
	ALFREDO	581429-1	SIM	270	30	90	-	120
	LUIZ HENRIQUE	582721-3	SIM	270	42	94	-	136
	NIVALDO	581881-8	SIM	270	28	88	-	116
	RAIMUNDO	582101-2	SIM	270	40	100	-	140
	AMARAL	572235-9		REGAP	26	28	-	54
	LUIZ FERNANDO	571944-7		REGAP	-	62	-	62
	ORLANDO	765512-9		REGAP	34	40	-	74
	PASCHOAL	137422-8		REGAP	-	60	-	60

PARADA U200/210 - MAR/99 - CONTROLE DE HORAS EXTRAS

Tabela 5.1 - Controle de horas extras – pessoal próprio

MEDIDA DE PRODUTIVIDADE

Tivemos a oportunidade de medir, em Paradas, a produtividade por meio do "Work Sampling", ou amostragem de trabalho, método largamente utilizado nos EUA.

Os resultados típicos podem ser vistos nas figuras 5.8 e 5.9 que seguem.

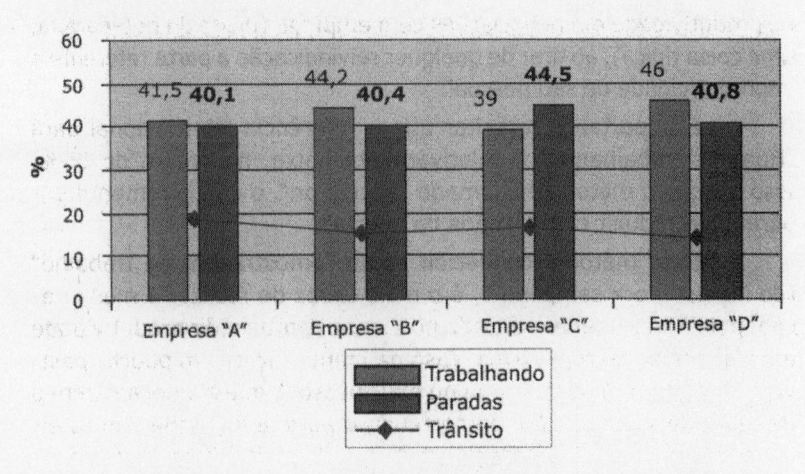

Figura 5.8: Amostragem de trabalho – estratificação por empresa contratada.

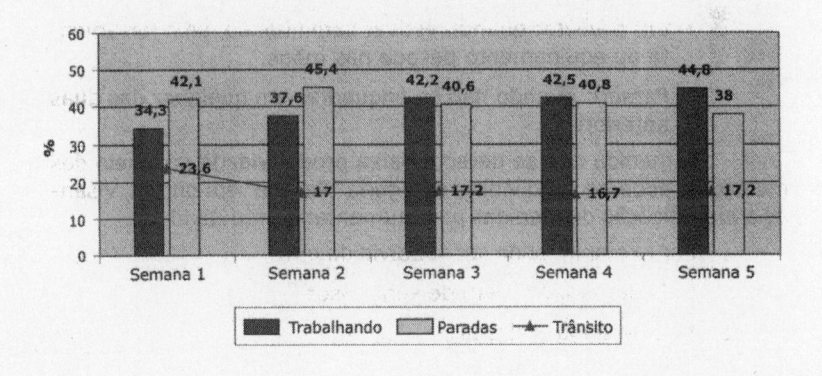

Figura 5.9 – Amostragem de trabalho – estratificação por semana trabalhada

Vemos que, ao longo do tempo, a produtividade foi aumentando apenas pelo fato de estar sendo medida e divulgada para todos ostensivamente. Cada coordenador de frente, cada gerente de contratado, cada fiscal tomava as medidas necessárias para que a produtividade aumentasse.

Nota-se também que a cultura de produtividade tem mais peso em algumas empresas do que em outras. Chegamos a utilizar as medições de produtividade em negociações com Empresa (Pleito de Pós-Parada, algo típico) ao tirar de qualquer reivindicação a parte referente à improdutividade de seu pessoal.

É importante ressaltar que a referência internacional para "Homens trabalhando" é relativamente baixa, da ordem de 55%. Isto porque o método é chamado "Hands-on", o que livremente poderíamos traduzir como "mãos na massa".

Esse método, conhecido como "amostragem de trabalho" (do inglês "work sampling"), é o mais eficiente para realizar a mensuração. É largamente utilizado no exterior para medir produtividade em trabalhos não repetitivos, caso da manutenção. Em poucas palavras, o método consiste em utilizar uma ou mais pessoas que conheçam bem o trabalho de manutenção, percorrendo o parque industrial em roteiros desconhecidos do pessoal, em datas e horários aleatórios, e anotando, para cada executante observado, uma das seguintes condições.

- *Trabalhando*: Quando estiver executando serviço, seja com ferramenta ou leitura de desenho.
- *Em trânsito*: Quando estiver caminhando, sem ferramenta ou equipamento pesado nas mãos.
- *Parado*: Quando não se enquadrar em qualquer uma das duas condições anteriores.

À medida que se detecta baixa produtividade através das medições, pode-se subdividir a categoria "Parado" em outras, visando identificação de medidas para aumentar a produtividade.

Por exemplo, tal categoria pode ser subdividida em:
- Aguardando ordem do supervisor.
- Esperando material.
- Esperando permissão de trabalho.
- Parado por iniciativa própria.

Algumas Recomendações Imprescindíveis:
- Anotar o que vir na primeira observação; o executante pode mudar de atitude devido à presença do anotador.

- A pesquisa deve sempre levar em conta o número de pessoas observadas em cada situação, e não o nome do executante.

- Devem ser evitados locais e horários que indiquem, sabidamente, que o pessoal estará parado, como horário do cafezinho, início ou final do expediente etc.

Conheço uma experiência bem-sucedida de medida de produtividade por amostragem de trabalho no Brasil desenvolvida na indústria petroquímica de Camaçari na década de 80. No gráfico da Figura 5.10 é mostrado como a produtividade foi aumentando pelo fato de estar sendo medida, e pelos ajustes efetuados.

Enfatizamos a validade de tal método. Quanto ao efetivo total de pessoas na Parada, os supervisores e gerentes da Manutenção e da Contratada parecem querer ("precisar") sempre aumentá-lo, enquanto a Alta Administração está quase sempre querendo diminuí-lo, ou pelo menos permanecer com o mesmo número. A medida da produtividade vai dar um cunho mais científico a essa discussão, pois pode mostrar a real produtividade do pessoal.

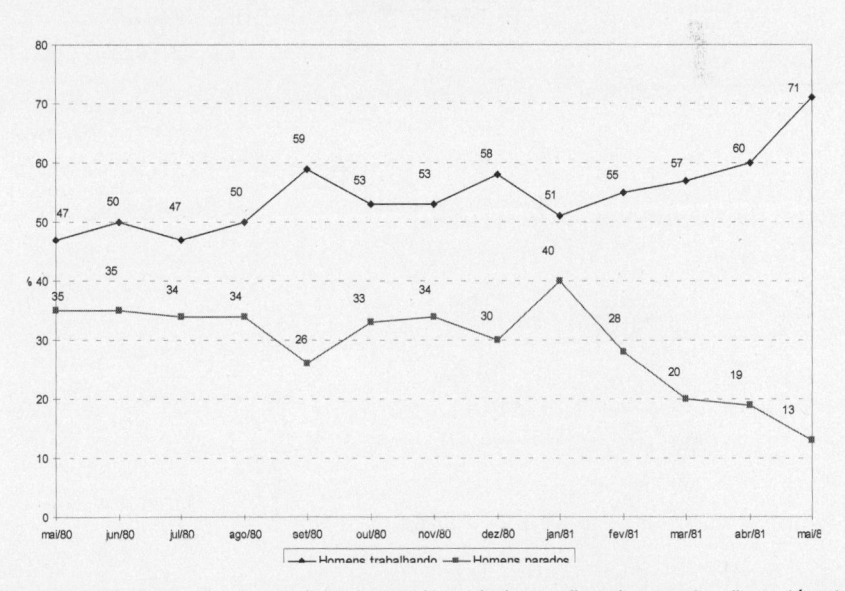

Figura 5.10 - Exemplo de medida de produtividade por "work sampling" na década de 80

VERIFICAÇÃO DE PRESENÇA – "CHEQUINHO"

Quando contratávamos Paradas pelo regime de Homem x Hora (no Capítulo Suprimentos & Contratação abordarei mais a fundo esse assunto), costumávamos solicitar que cada fiscal de nossa empresa recolhesse, diretamente <u>das mãos de cada um dos empregados</u> de sua frente de trabalho, um impresso bem simples, que denominávamos "chequinho". Nele constava:

- Nome do empregado
- Dia da entrega
- Dia medido (o dia anterior, ou esse próximo que o empregado compareceu)
- Nome da empresa
- Assinatura do empregado
- Assinatura do Encarregado*

*Quando a frente tinha muitos contratados (mais de 40 ou 50), deixávamos a delegação para o empregado da empresa contratada; porém com auditorias frequentes por parte do fiscal.

"LIÇÕES APRENDIDAS" EM CUSTOS

Adaptando uma proposta de um teórico, citado na dissertação para MBA em Gerenciamento de Projetos de um grande amigo meu (vide bibliografia), sugiro utilizar uma estrutura analítica de custos, segregando:

- Os custos dos pedidos após o primeiro congelamento do escopo, até o segundo congelamento.
- Os custos dos pedidos após o segundo congelamento do escopo, até o início da Parada.
- Custos dos serviços não previstos que surgiram durante a Parada.
- Custo do eventual atraso da Parada.
- Materiais e equipamentos situados na parte "A" da Curva de Pareto que ficaram mais caros que o previsto.
- Lucro cessante devido ao eventual atraso.

Notem que, para fazer isso, é necessário ter quem "corra atrás". Reforçamos a necessidade do Engenheiro de custos ou "Controller".

Dará trabalho e será mais um indireto, mas na minha visão valerá a pena.

Nunca levantei esses custos, mas estou certo de que são de tal magnitude que os Gerentes Seniores ficarão ainda mais dispostos a gerenciar o escopo (e em decorrência, os custos) nas próximas Paradas.

Capítulo 6

Gerenciamento dos Riscos

Um risco é uma condição (circunstância) ou evento (ocorrência) em potencial que, se ocorrer, tem um efeito positivo ou negativo sobre um ou mais objetivos do projeto.

Como se pode notar pela definição, os efeitos tanto podem ser positivos como negativos. No entanto, como vimos no capítulo anterior, os eventos não esperados, infelizmente, afetam mais negativamente do que positivamente. Assim, nossa preocupação é levantar qual circunstância ou evento pode vir a impactar o nosso projeto, no caso, a nossa Parada. Todo risco tem uma causa, e é nela que temos de nos concentrar a fim de que isso seja bloqueado.

Pela Tabela 2.1 do Capítulo 2 – Conceitos do IPA e do PMI –, a análise de risco e o respectivo plano de resposta(s) devem ser realizados oito meses antes do início da Parada para a fábrica tipo I (48 meses de campanha) e quatro meses antes do início da Parada para fábrica do tipo II (12 meses de campanha).

A primeira fonte de informação são as "lições aprendidas" da Parada anterior. Certamente teremos relatos de riscos que se materializaram em Paradas anteriores e, se tivermos feito uma boa análise, já conseguiremos um plano de ações para evitar novas ocorrências. De qualquer forma, é bom verificar. Infelizmente, faz parte da nossa cultura a realização de análises e estudos muito bons daquilo que se passou, porém sem "pregar o prego até o fim", ou seja, sem executar todas as ações previstas nos planos, no caso um "Plano de Adequação às Lições Aprendidas".

Segundo o PMBOK, existem quatro estratégias para os riscos negativos: *prevenir, transferir, mitigar e aceitar*.

Prevenir – tem como objetivo eliminar a causa raiz do risco implementando ações para levar a probabilidade do risco a zero.

Transferir – confere à outra parte a responsabilidade por seu gerenciamento. As transferências podem ser através de seguros, cláusulas contratuais, limites de responsabilidades, garantias etc. A transferência de um risco não o elimina nem diminui a probabilidade de sua ocorrência, apenas discute quem ficará com o ônus. É o caso de contratos com cláusula de desempenho. Nesse caso estaremos passando parte do risco para a contratada.

Mitigar – busca reduzir a probabilidade de ocorrência ou o impacto de um risco a um nível abaixo do limite aceitável. Exemplo: prever sistemas ou recursos redundantes.

Aceitação – nos casos em que a probabilidade de ocorrência e o impacto são baixos, ou ainda nada se pode fazer, podemos simplesmente aceitar os riscos. A aceitação do risco pode ser do tipo ativa ou passiva. A passiva não exige nenhuma providência, já a ativa não inclui plano de prevenção, mas um plano de contingência caso o risco ocorra. Na prática, não se mexe na probabilidade nem no impacto do risco.

ANÁLISE QUALITATIVA DOS RISCOS

FORMA "ARTESANAL"

Mesmo sem nunca ter ouvido falar em PMI e consequentemente em gerenciamento de riscos, naquelas Paradas de Sucesso descritas no primeiro capítulo eu percebi que algo precisava ser realizado <u>antecipadamente</u> para, de alguma forma, fazer frente às inúmeras circunstâncias e ocorrências que geralmente impactavam as Paradas.

Assim, criamos um grupo informal para o qual convidamos, além do pessoal da Manutenção, o pessoal da Operação, da Inspeção, de Investimentos e Suprimentos. Mesmo sem saber que ferramenta estávamos utilizando, fazíamos um autêntico "Brainstorming", ou "Toró de Palpite", como poderia ser traduzido lá no meu interior do Estado de São Paulo.

Perguntávamos: - "O que pode acontecer de errado?" E o pessoal ia elencando coisas. A partir disso íamos chegando às de maior impacto e probabilidade (mesmo sem utilizar pesos ou essas palavras), e planejando ações (depois realizadas) para não deixar nossa Parada atrasar. Estávamos mais preocupados com o Prazo. Como vimos, em uma Parada atrasos normalmente conduzem a aumento de custos. Muitas vezes, os atrasos também acarretam perda na qualidade; por estarmos atrasados podemos, infelizmente, passar por cima da qualidade.

As reuniões assim feitas geravam uma ata, como a representada na Tabela 6.

• Controle de emissão e realização de RI's - Recomendar no detalhamento dos planos, medidas para evitar atrasos.	Verri
• Falta de materiais - Solicitar ao SEMOP/SEST/SESUP análise crítica visando tomar ações pró-ativas.	Fugiwara
• Atraso na pré-fabricação (SEMOP) - Coordenar reunião interna para tratar do assunto.	Sérgio
• Atraso na paralisação/partida - Fazer estudo criterioso operacional, e levantar implicações que possam afetar o processo, informar SEPLAM.	Simião/ Luís Augusto
• Acidente grave na parada - • Fazer reunião com preposto das empreiteiras, sobre segurança. • Fazer treinamento de segurança para supervisores e encarregados das empreiteiras	Simião/Dipro Eng.Coords
• Providenciar plano de evacuação de área. • "Chamar" atenção, das pessoas na área, na questão segurança se for o caso. • Providenciar identificação de áreas críticas, solicitar colocação de avisos "agressivos". • Mapear áreas críticas para patolamento de maquinas de carga. • Enfatizar, os serviços críticos, na APR com as contratadas. • Proibir dobras consecutivas de empregados das empreiteiras.	Verri Gerente/ Supervisores Eng.Coords Sérgio Eng.Coords Eng.Coords Verri

Tabela 6.1 – Ata decorrente de uma análise qualitativa de riscos que podem atrasar a Parada

Fruto de uma dessas reuniões foi a decisão de contratar, como resposta à probabilidade de uma greve de soldadores (a mão de obra mais crítica em uma Parada de Unidade de uma Refinaria), uma empresa do ramo de metalurgia, portanto, com data-base de acordo coletivo diferente da data do Sindicado da Construção Civil. Essa empresa deveria realizar um grande serviço fora da Parada, com uma quantidade considerável de soldas especiais. A ideia era utilizar os soldadores desse contrato caso os em soldadores da Parada entrassem em greve. Mesmo sem teorizar, atuamos no Impacto de uma eventual greve assim como na probabilidade, pois o simples fato de ter esse pessoal trabalhando, e o fato divulgado, ajudou a inibir a greve. Naqueles tempos, as greves dos contratados ainda eram bem tímidas e uma ação simples como essa era capaz de inibi-las.

Hoje, os mecanismos de resposta à possibilidade de greve tem que ser mais agressivos. Serviço de inteligência para "sentir o clima", conversa prévia com sindicalistas e até políticos que possam ajudar nas negociações identificando interlocutores; condições de trabalho bastante adequadas; fazem parte do verdadeiro arsenal de medidas.

ANÁLISE FORMAL DE RISCOS

A análise formal de riscos objetiva transformar, em números, duas variáveis, com relação a todos os riscos identificados: Probabilidade e Impacto.

Eu sugiro que o Gerente da Parada convoque, na data adequada, as seguintes pessoas para participar da análise de risco:
- Coordenador Geral da Parada
- Representante do planejamento
- Representantes de duas oficinas especializadas
- Representante da inspeção
- Representante da área de Recursos Humanos
- Representante da área de Segurança Patrimonial
- Representante da área de Suprimentos
- Representante da área de Segurança, Meio ambiente e Saúde
- Representante da Operação

Escrevi a palavra "Representante" porque cada Parada é única. Assim, vão existir aquelas cuja importância para a planta é muito grande, o que levará à convocação dos respectivos gerentes. No outro extremo teremos pequenas Paradas, nas quais deve participar o pessoal de menor nível hierárquico – até mesmo como uma forma de aprender e ir ganhando experiência. Existem pessoas que, apesar de não ocuparem cargos de gerência, têm um "sentimento" muito aguçado no que diz respeito a riscos. Estes, naturalmente devem ser convocados, representando os respectivos Setores.

A primeira reunião deve ser apenas para levantar os riscos identificados pelos participantes através de uma sessão de "Brainstorming". Será "levada para casa" a tarefa de cada um julgar o impacto e a probabilidade de ocorrência assim como comentar com colegas para que estes deem as suas opiniões, difundindo a cultura de gerenciamento de riscos dentro da fábrica.

Quanto ao grau ou número associado ao impacto e à probabilidade, existem varias formas: desde uma escala de apenas três graduações até uma de nove, passando por uma de seis graduações, que podem receber os seguintes graus:

- Nulo = 0
- Muito baixo = 1
- Baixo = 2
- Moderado = 3
- Alto = 4
- Muito alto = 5

Na ultima refinaria em que trabalhei, a análise do risco era efetuada utilizando-se três graduações "macro" e, dentro de cada uma (Baixa, Média e Alta), existiam três subgraduações, para a Probabilidade. Para o Impacto, usávamos três subdivisões para baixo impacto; cinco para médio impacto e quatro para alto impacto.

Ficávamos então com nove possibilidades para a Probabilidade e 12 para o impacto, gerando uma matriz como o exemplo da Tabela 6.2.

Tabela 6.2 - Matriz de análise quantitativa de riscos (formal)

IMPACTO \ PROBABILIDADE	BAIXA PROBABILIDADE	MÉDIA PROBABILIDADE	ALTA PROBABILIDADE
ALTO	Ameaça de bomba; Greve dos empregados de empresas fornecedoras de alimentação (dissídio coletivo); Entrada de armas de fogo e brancas; Falta de alimentação em horário extraordinário	Greve na Petrobras – ACT; Não atendimento do AC da construção civil; Não recolhimento de tributos pelas contratadas; Subnotificação de acidentes de trabalho; Alojamentos externos inadequados; Ações do Sindipetro; Empresa com problemas financeiros; Uso de drogas; Não cumprimento da legislação trabalhista	Absenteísmo alto nos finais de semana; Carga horária em desacordo com a lei; Baixa produtividade/filas para o almoço
MÉDIO	Perda de mão de obra para outras Paradas; Falta ou EPI's inadequados; Assalto a bancos; Transporte inadequado; Número de pessoas além do planejado (filas no restaurante, banheiros e entrada)	Atraso ou falta de pagamentos pelas contratadas; Atraso ou falta de pagamento dos contratados pela Petrobras (falha no SAP, fiscalização etc.); Fiscalização de órgãos públicos (DRT, vigilância sanitária e ambiental); Problemas de documentação para aprovação de planos no SESMT; Falta de mão de obra qualificada local repercutindo no baixo aproveitamento; Não cumprimento dos prazos pelos fornecedores de materiais; Congestionamento de veículos na área interna; Admissão na porta da refinaria, provocando aglomeração; Não uso da mão de obra local; Falta de água ou material de higiene; Benefícios diferenciados; Não atuação proativa da administração dos contratados; Tráfico de drogas	Condições climáticas; Roubos/furtos
BAIXO	Demissão sem justificativos; Tumulto no restaurante devido às longas filas; Falta de manutenção nos vestiários e sanitários; Movimentação a pé entre Arsul e UFCC; Tumulto na entrada para integração devido à falta de inclusão dos nomes na relação do dia; Reposição de dinheiro nos bancos, principalmente no horário de almoço; Embarque e desembarque – trânsito interno; Não pagamentos de contas pelos contratados, nos horários bancários; Ocorrência de violência (brigas, discussões e ameaças)	Problemas com acesso à Refinaria; Extorsão na fiscalização; Falta de cobertura para os contratados que aguardam no Arsul o curso de integração; Falta de esclarecimentos acerca dos ACs por parte dos contratados; Vendas de objetos na área; Falta de equiparação salarial	Rigidez no tratamento dos contratados por parte dos encarregados; Subcontratação

Pela análise da tabela 6.2, extraímos alguns exemplos, conforme mostrado a seguir:

A – Probabilidade Grau 7, Impacto Grau 9, risco: ALTO.
"Greve dos contratados"

B – Probabilidade Grau 6, Impacto Grau 6, risco: MÉDIO.
"Não cumprimento dos prazos pelos fornecedores de materiais"

C – Probabilidade Grau 3, Impacto Grau 8, risco: MÉDIO.
"Assalto a bancos"

Para chegar aos graus de probabilidade e de impacto, em uma segunda reunião, para cada risco identificado, as pessoas informam a sua percepção e/ou a percepção de sua equipe, defendendo-a. Após isso, por consenso, chega-se aos valores definitivos.

Um erro comum que ocorre no gerenciamento de riscos, cometido por muitas organizações, é o de as pessoas acharem que uma vez feita a matriz Impacto x Probabilidade, o trabalho está encerrado, o que não é, de forma alguma, verdade. É claro que NÃO está encerrado.

Cada planta ou Empresa tem sua própria cultura quanto a ter maior ou menor tolerância ao risco, mas uma vez identificados esses riscos, decisões devem ser tomadas.

No caso de Risco ALTO, deve ser executado um plano de ação que busque, de todas as maneiras, preveni-lo.

Entre os casos de risco médio, deve-se eleger aqueles que também vão ter planos de ação preventiva.

Eu penso que devemos eleger "poucos e bons", ou seja, despenderemos nossos esforços para prevenir riscos que, sem dúvida, são ALTOS ou têm ALTO POTENCIAL (não são todos os que estão na faixa de médio risco na tabela da figura 50; apenas os que forem eleitos pelos Gestores). Para grandes Paradas, essa decisão deve contar com a participação ativa do Gerente Geral da Planta.

No exemplo mostrado, várias medidas preventivas foram tomadas para prevenir e/ou mitigar uma greve de contratados, entre elas:

- Exigências contratuais de boas condições de trabalho.
- Assinatura de acordo prévio com o Sindicato contendo importantes avanços para a categoria.
- Montagem de um "escritório móvel" intitulado *RH tira dúvidas*, para que o trabalhador pudesse esclarecer quaisquer dúvidas relativas às questões trabalhistas.
- Montagem de um sistema de inteligência que chamamos de "Boca Miúda", para ouvir e repassar os boatos da área.
- Contatos prévios com políticos ligados historicamente com os trabalhadores.
- *O conjunto de ações listado é uma parte do que se chama "Plano de Resposta aos Riscos".*

A outra parte é formada pelas tabelas mostradas nas Tabelas 6.3 e 6.4.

Apesar de todas essas providências, a greve ocorreu, mas teve curta duração. As providências tomadas através do plano de ação foram vitais para que a greve tivesse curta duração, gerando um impacto de menores consequências do que o previsto.

Como escrevemos anteriormente, alguns riscos classificados como MÉDIOS tiveram igual tratamento, como o caso do evento "não cumprimento dos prazos pelos fornecedores de materiais". Conforme nota-se na figura 6.3, foram efetuados procedimentos preventivos e procedimentos mitigadores.

Nos dois casos, temos sempre o responsável pela ação.

NÃO CUMPRIMENTO DOS PRAZOS MATERIAIS
Procedimentos preventivos

O que	Quem	Documentado
Manter o coordenador da Parada informado sobre as novas requisições e o risco de não atendimento na data requerida.	Suprimento	Relatórios extraídos do BW.
Manter os usuários informa dos sobre os prazos de entrega praticados pelo mercado.	Suprimento	Através do R3 e consulta direta ao mercado.

Procedimentos Mitigadores

O que	Quem	Documentado
Efetuar levantamento diária de todos os pedidos em atraso e acionar o fornecedor.	Grupo de Dilingenciamento do Suprimento/RSPS/ Materiais	Relatórios extraídos do BW.
Buscar fontes de fornecimento alternativas nos casos em que exista risco do fornecedor não cumprir os prazos negociados de entrega.	Grupo de Dilingenciamento do Suprimento/RSPS/ Materiais	

Tabela 6.3 – Parte do plano de resposta aos riscos

Para todos os riscos de médio impacto que não tiveram tratamento idêntico foi montada uma tabela de monitoramento como a identificada aqui pela numeração 6.2.

Os "Sinais" são os tais "gatilhos" presentes pela teoria do PMBOK, ou seja, quando os sinais começarem a ocorrer, o Observador deve comunicar ao Monitor. Este último, geralmente um Gerente da Estrutura Básica, formulará, com a sua equipe, um plano de providências para evitar ou mitigar o risco. Tal plano deve ser submetido ao Gerente da Parada, que será o responsável pela sua execução.

Na tabela 6.4 podem ser vistos os riscos, os sinais, como monitorar, quem é o Observador, qual a forma de Comunicação e quem é o Monitor responsável.

Riscos	Sinais	Como Monitorar	Observador	Fluxo	Monitor
Condições Climáticas	Previsões do Simepar	Acompanhamento do SMS/MA	SMS	Comunicação direta	Roberto/SMS
Roubo/furtos	Materiais abandonados	Observação de campo	Segurança patrimonial	Comunicação direta	Canaes/SO
	Registros de ocorrências	Índice de ocorrências	Segurança patrimonial	Comunicação direta	Canaes/SO
	Denúncias	Observação de campo	Segurança patrimonial	Comunicação direta	Canaes/SO
Absenteísmo alto nos finais de semana	Diferença entre o programado e o existente	Observação de campo e RDO	Fiscal de campo	Comunicação direta	José Ricardo/MI
Carga horária em desacordo com a lei	Denúncias	Fiscalização	Fiscal de campo e controle de acesso	Comunicação direta	Grace/RH
	Fiscalização	Informações do DRT	Recursos Humanos (RH)	Comunicação direta	Grace/RH

Riscos	Sinais	Como Monitorar	Observador	Fluxo	Monitor
	Comentários	Observação de campo junto a contratados; conta tos com Ouvidoria; relatório do controle de acesso	Fiscal de campo, fiscal de contrato, RH/Tira dúvidas e Ouvidoria	Comunicação direta	Gra ce/RH
Baixa produtividade/filas para o almoço	Pessoas no restaurante antes do horário programa do	Observação de campo do SO	Segurança Patrimonial	Comunicação direta	Canaes/SO

Tabela 6.4 - Monitoração de riscos

Uma parte importante do planejamento de qualquer projeto, portanto da Parada, refere-se a, uma vez identificados os riscos e preparado o plano de respostas, verificar, pela realização das ações previstas no Plano de Respostas aos Riscos, se haverá ou não impacto nos custos e/ou nos prazos da Parada. Caso haja, revisar o cronograma e o orçamento de custos. Isso pode ser visto na Figura 2.2 do Capítulo 2 – Conceitos do IPA e do IPM.

ANÁLISE QUANTITATIVA DOS RISCOS

Se a análise qualitativa dos riscos já é pouco utilizada nas nossas Paradas de Manutenção, a análise quantitativa é menos ainda.

De qualquer forma, o que é uma análise quantitativa? Os produtos finais de uma análise quantitativa podem ser:

a) Elaborar o cronograma e o orçamento das diversas frentes de acordo com o risco quantitativo que a administração da Empresa quer assumir.

b) Verificar qual o risco qualitativo, expresso em probabilidade, que estamos assumindo ao apresentar determinado prazo ou custo.

Como sei das dificuldades de se estabelecer uma cultura relacionada a uma nova técnica, proponho que, inicialmente, concentremos nossas análises na dimensão PRAZO.

Vimos, no Capítulo 4 – Gerenciamento do Prazo –, que quando estimamos um prazo, caímos em um ponto qualquer da Figura 4.21 do mesmo capítulo. Para facilitar a leitura, vamos repeti-la aqui – Figura 6.1.

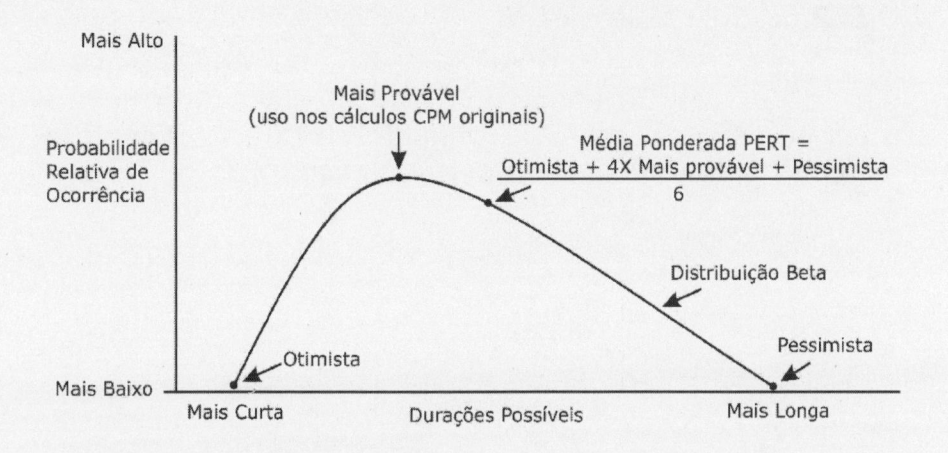

Figura 6.1 – Repetição da figura 4.21

Observando esta curva, notamos que, probabilisticamente, podemos "cair" em qualquer um dos prazos percorridos, desde o mais otimista até o mais pessimista. Observamos também que a probabilidade de que eu consiga o prazo mais otimista é mínima.

À medida que avançamos para datas à direita da curva, a probabilidade de se atingir algo até aquele prazo vai aumentando. Se escolhermos o tempo mais pessimista, a probabilidade de realizarmos algo até esse prazo é de 100%.

Então, ao escolhermos qualquer data entre o prazo mais otimista e o mais pessimista, teremos uma probabilidade de realização até a data escolhida. Quanto menor a probabilidade de realização, maior o risco.

São utilizadas duas formas de distribuição dos prazos, a curva de "Beta", que expressa quase que fielmente a curva de distribuição (o nome correto para isso, em estatística, é Função Densidade de Probabilidade) dos tempos possíveis que podem ocorrer. Seria como se executássemos uma mesma tarefa um número N de vezes, digamos 1000. Teríamos, a cada prazo, um número "n" de Paradas que terminaram nesse prazo. Por exemplo, o número de vezes que atingiríamos o prazo de maior incidência (Mais Provável) poderia ser 300 vezes em 1.000, ou 30% de probabilidade.

DISTRIBUIÇÃO TRIANGULAR

Outra forma de distribuição que facilita bastante o entendimento e os trabalhos é imaginarmos que a curva de distribuição de cada tarefa ou conjunto de tarefas obedece a uma distribuição triangular, como a da figura 6.2:

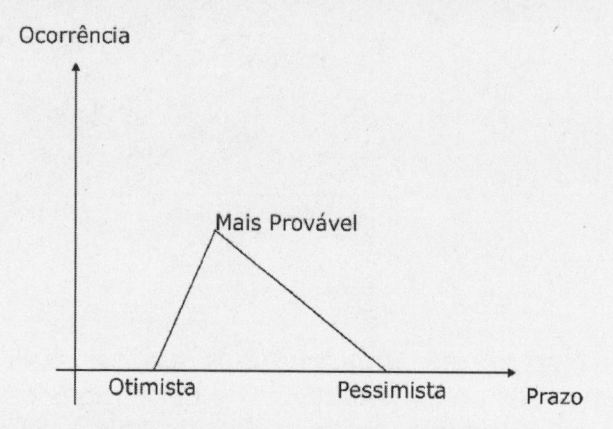

Figura 6.2 – Distribuição triangular de prazos

Notem que o "triângulo" da figura tem o lado da direita maior que o lado da esquerda. Isso porque, como já afirmamos anteriormente, os eventos imprevistos que ocorrem em um projeto qualquer e particularmente em uma Parada são mais no sentido de aumentar o prazo do que diminuí-lo.

Quando somamos uma porção de prazos que tem uma distribuição triangular, pela teoria do limite central obtemos uma curva "normal", bastante conhecida por todos, conforme mostra a figura 6.3:

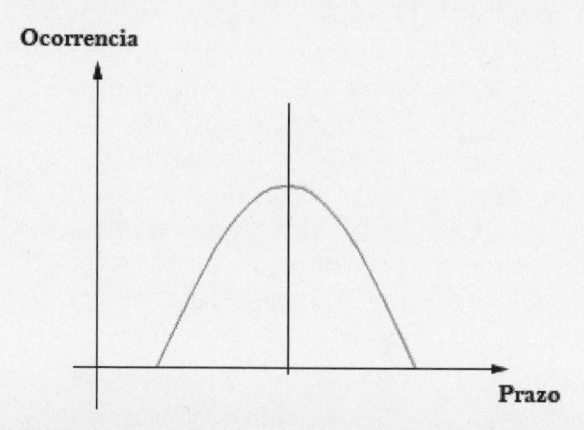

Figura 6.3 – Distribuição normal (com aproximação)

Por aproximação, as fórmulas estatísticas para uma distribuição triangular são:

Valor médio = $\dfrac{O + MP + P}{3}$

SIGMA = $\sqrt{\dfrac{(P-MP)^2 + (P-MP) \times (MP-O) + (MP-O)^2}{18}}$

Onde: SIGMA = Desvio padrão
O = Valor otimista
MP = Valor mais provável
P = Valor pessimista

O sigma (σ) ou desvio padrão é um número que, teoricamente, somaria todos os "desvios" em relação à média (cada um elevado ao quadrado para neutralizar o fato de que teremos números negativos) e depois tiraria a média dessa soma. Finalmente extrairíamos a raiz quadrada.

O entendimento prático é o que mais nos interessa. Dessa forma, um valor de σ (sigma) de valor baixo significa que a distribuição é mais "apertada", com as ocorrências distribuídas mais próximas da média, como mostra a curva da figura 6.4. a seguir.

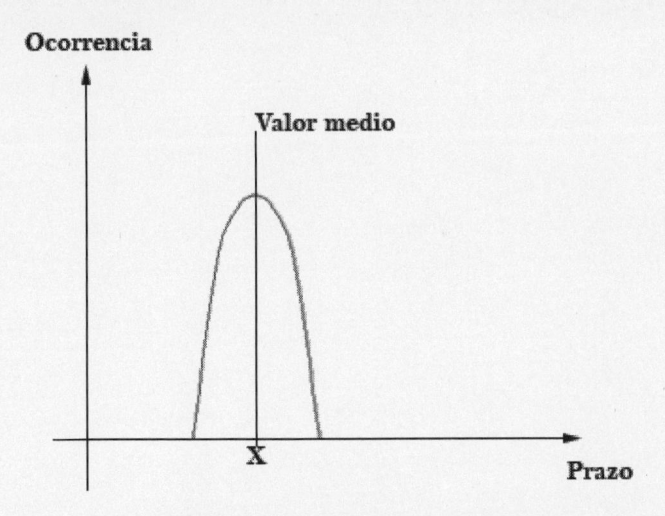

Figura 6.4 – Curva normal (com aproximação) cujo desvio padrão é baixo

Por outro lado, um σ (sigma) de valor alto significa que a distribuição é mais "larga", com a distribuição das ocorrências mais afastadas da média, como mostra a figura 6.5.

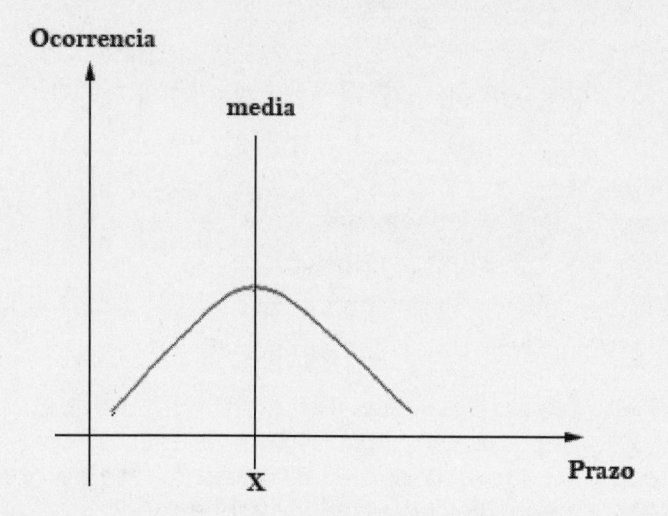

Figura 6.5 – Curva normal cujo desvio padrão é alto

Vamos agora verificar como calculamos a probabilidade de ocorrência de um determinado prazo a partir da média ($\bar{X}$) e do desvio padrão (σ) e vice-versa.

Vamos supor que a distribuição dos tempos prováveis de uma Parada seja como mostra a figura 6.6.

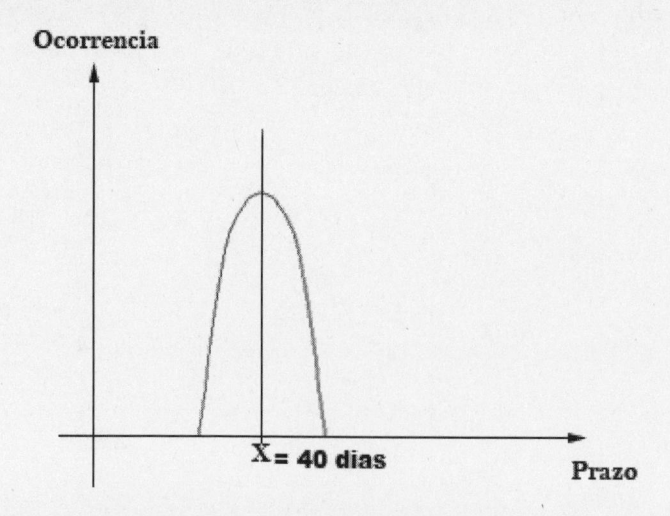

Figura 6.6 - Curva hipotética de distribuição dos prazos de uma Parada

Como vemos nesse exemplo, a curva seria bastante "apertada", pois o sigma (σ) seria igual a 1,08.

Suponhamos agora que eu queira saber qual a probabilidade de terminar essa Parada, cujo tempo médio da realização é de 40 dias, em até 42 dias (chamamos esse valor de "y").

Primeiro passo: Efetuar a operação y – x

K = y – x
K = 42 – 40 = 2

Segundo passo: Dividir o valor "K" encontrado pelo desvio padrão – σ (= 1,08, como fora atribuído antes).

$$X = \frac{K}{T}$$

$$X = \frac{2}{1,08} = 1,85$$

Terceiro passo: Verificar, na tabela de distribuição normal, qual a probabilidade de ocorrência (Tabela 6.5).

$$\phi(x) = \int_{-x}^{x} \frac{1}{(2x)^2} \exp\left(-\frac{1}{2} u^2\right) du$$

x	Φ(x)	x	Φ(x)	x	Φ(x)	x	Φ(x)	x	Φ(x)
0.00	0.5000	0.60	0.7257	1.20	0.8849	1.80	0.9641	2.40	0.9918
0.01	0.5040	0.61	0.7291	1.21	0.8869	1.81	0.9649	2.41	0.9920
0.02	0.5080	0.62	0.7324	1.22	0.8888	1.82	0.9656	2.42	0.9922
0.03	0.5120	0.63	0.7357	1.23	0.8907	1.83	0.9664	2.43	0.9925
0.04	0.5160	0.64	0.7389	1.24	0.8925	1.84	0.9671	2.44	0.9927
0.05	0.5199	0.65	0.7422	1.25	0.8944	1.85	0.9678	2.45	0.9929
0.06	0.5219	0.66	0.7454	1.26	0.8962	1.86	0.9686	2.46	0.9931
0.07	0.5279	0.67	0.7486	1.27	0.8980	1.87	0.9693	2.47	0.9932
0.08	0.5319	0.68	0.7517	1.28	0.8997	1.88	0.9699	2.48	0.9934
0.09	0.5359	0.69	0.7549	1.29	0.9015	1.89	0.9706	2.49	0.9936
0.10	0.5398	0.70	0.7580	1.30	0.9032	1.90	0.9713	2.50	0.9938
0.11	0.5438	0.71	0.7611	1.31	0.9049	1.91	0.9719	2.52	0.9941
0.12	0.5478	0.72	0.7642	1.32	0.9066	1.92	0.9726	2.54	0.9945
0.13	0.5517	0.73	0.7673	1.33	0.9082	1.93	0.9732	2.56	0.9948
0.14	0.5557	0.74	0.7704	1.34	0.9099	1.94	0.9738	2.58	0.9951
0.15	0.5596	0.75	0.7734	1.35	0.9115	1.95	0.9744	2.60	0.9953
0.16	0.5636	0.76	0.7764	1.36	0.9131	1.96	0.9750	2.62	0.9956
0.17	0.5675	0.77	0.7794	1.37	0.9147	1.97	0.9756	2.64	0.9959
0.18	0.5714	0.78	0.7823	1.38	0.9162	1.98	0.9761	2.66	0.9961
0.19	0.5753	0.79	0.7852	1.39	0.9177	1.99	0.9767	2.68	0.9963
0.20	0.5793	0.80	0.7881	1.40	0.9192	2.00	0.9773	2.70	0.9965
0.21	0.5832	0.81	0.7910	1.41	0.9207	2.01	0.9778	2.72	0.9967
0.22	0.5871	0.82	0.7939	1.42	0.9222	2.02	0.9783	2.74	0.9969
0.23	0.5910	0.83	0.7967	1.43	0.9236	2.03	0.9788	2.76	0.9971
0.24	0.5978	0.84	0.7995	1.44	0.9251	2.04	0.9793	2.78	0.9973
0.25	0.5987	0.85	0.8023	1.45	0.9265	2.05	0.9798	2.80	0.9974
0.26	0.6026	0.86	0.8051	1.46	0.9279	2.06	0.9803	2.82	0.9976
0.27	0.6064	0.87	0.8079	1.47	0.9292	2.07	0.9808	2.84	0.9977
0.28	0.6103	0.88	0.8106	1.48	0.9306	2.08	0.9812	2.86	0.9979
0.29	0.6141	0.89	0.8133	1.49	0.9319	2.09	0.9817	2.88	0.9980
0.30	0.6179	0.90	0.8159	1.50	0.9332	2.10	0.9821	2.90	0.9981
0.31	0.6217	0.91	0.8186	1.51	0.9345	2.11	0.9826	2.92	0.9983
0.32	0.6255	0.92	0.8212	1.52	0.9357	2.12	0.9830	2.94	0.9984
0.33	0.6293	0.93	0.8238	1.53	0.9370	2.13	0.9834	2.96	0.9985
0.34	0.6331	0.94	0.8264	1.54	0.9382	2.14	0.9838	2.98	0.9986
0.35	0.6368	0.95	0.8289	1.55	0.9394	2.15	0.9842	3.00	0.9987
0.36	0.6406	0.96	0.8315	1.56	0.9406	2.16	0.9846	3.05	0.9989
0.37	0.6443	0.97	0.8340	1.57	0.9418	2.17	0.9850	3.10	0.9990
0.38	0.6480	0.98	0.8365	1.58	0.9429	2.18	0.9854	3.15	0.9992
0.39	0.6517	0.99	0.8389	1.59	0.9441	2.19	0.9857	3.20	0.9993
0.40	0.6554	1.00	0.8413	1.60	0.9452	2.20	0.9861	3.25	0.9994
0.41	0.6591	1.01	0.8437	1.61	0.9463	2.21	0.9864	3.30	0.9995
0.42	0.6628	1.02	0.8461	1.62	0.9474	2.22	0.9868	3.35	0.9996
0.43	0.6664	1.03	0.8485	1.63	0.9485	2.23	0.9871	3.40	0.9997
0.44	0.6700	1.04	0.8508	1.64	0.9495	2.24	0.9875	3.45	0.9997
0.45	0.6736	1.05	0.8531	1.65	0.9505	2.25	0.9878	3.50	0.9998
0.46	0.6772	1.06	0.8554	1.66	0.9515	2.26	0.9881	3.55	0.9998
0.47	0.6808	1.07	0.8577	1.67	0.9525	2.27	0.9884	3.60	0.9998
0.48	0.6844	1.08	0.8599	1.68	0.9535	2.28	0.9887	3.65	0.9999
0.49	0.6879	1.09	0.8621	1.69	0.9545	2.29	0.9890	3.70	0.9999
0.50	0.6915	1.10	0.8643	1.70	0.9554	2.30	0.9893	3.75	0.9999
0.51	0.6950	1.11	0.8665	1.71	0.9564	2.31	0.9896	3.80	0.9999
0.52	0.6985	1.12	0.8686	1.72	0.9573	2.32	0.9898	3.85	0.9999
0.53	0.7019	1.13	0.8708	1.73	0.9582	2.33	0.9901	3.90	1.0000
0.54	0.7054	1.14	0.8729	1.74	0.9591	2.34	0.9904	3.95	1.0000
0.55	0.7088	1.15	0.8749	1.75	0.9599	2.35	0.9906	4.0	1.0000
0.56	0.7123	1.16	0.8770	1.76	0.9608	2.36	0.9909		
0.57	0.7157	1.17	0.8790	1.77	0.9616	2.37	0.9911		
0.58	0.7190	1.18	0.8810	1.78	0.9625	2.38	0.9913		

Tabela 6.5 – Tabela da curva normal – probabilidade em função de "x"

Vemos que para um x = 1,86, a Φ(x) = 0,9686. Nesse exemplo hipotético, a probabilidade de eu terminar a parada em <u>até</u> 42 dias é de 96,86%.

Notem que, nesse caso, a distribuição é "apertada", logo, tivemos uma alta probabilidade da ocorrência. Registre-se que isso, infelizmente, é pouco provável.

Agora, vamos aprender o inverso. Quero saber qual prazo devo fornecer para ter uma probabilidade de 85% de realização.

<u>Primeiro passo</u>: Consultar a Tabela 6.5 de forma a verificar que a probabilidade (Φ) mais próxima de 0,85 é 0,8508, o que corresponderia a um x = 1,04.

<u>Segundo passo</u>: Multiplico o valor "x" encontrado pelo desvio padrão σ.

K = X x T
K = 1,04 x 1,08
K = 1,12

<u>Terceiro Passo</u>: O prazo a ser informado "y" é:

Y = X + K
Y = 40 + 1,1
Y = 41,1 dias

O prazo a ser fornecido seria então de <u>41 dias</u>.

Mais uma vez repito que, nesse exemplo, a curva é bastante "apertada", portanto, com um desvio padrão baixo.

Aproveito o exercício para informar as probabilidades em uma curva normal, para ficarmos familiarizados com valores muito conhecidos na literatura de qualidade e na prática de fabricação de muitas indústrias. A probabilidade é colocada em função de quantas vezes estamos considerando o desvio padrão.

1 x σ = 84,13%
2 x σ = 99,78%
3 x σ = 99,87%
σ = desvio padrão

Vamos agora a um exercício mais complexo:

Suponha que um empreendimento tenha o sequenciamento de atividades conforme mostrado a seguir:

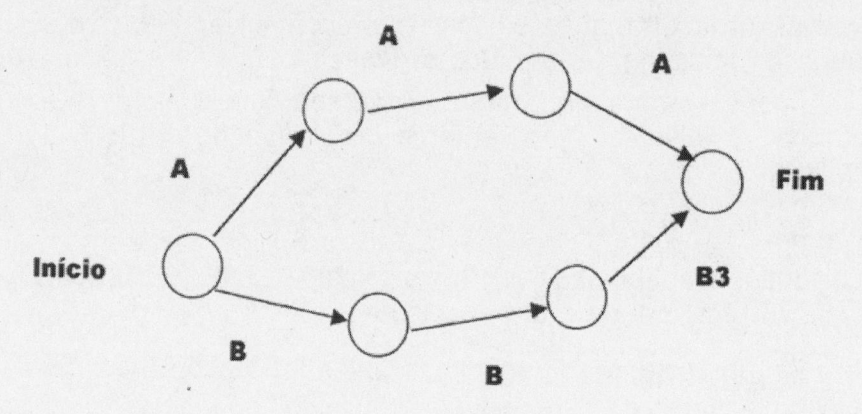

Figura 6.7 – Exemplo de um conjunto de atividades interligadas

As durações estimadas para as tarefas são as seguintes:

ATIVIDADE	OTIMISTA	MAIS PROVÁVEL (ML)	PESSIMISTA (H)
A1	5	7	10
A2	6	8	12
A3	12	15	19
B1	3	7	14
B2	2	8	15
B3	6	15	22

Tabela 6.6 – Durações estimadas para o exercício proposto

Supondo que a distribuição é triangular, calcule:

- Qual é a probabilidade de que ambos os caminhos terminem dentro do prazo de 33 dias?

Utilizando as fórmulas de distribuição triangular, temos:

Atividade A1

$$X_1 = \frac{O + MP + P}{3}$$

$$X_1 = \frac{5 + 7 + 10}{3}$$

$$X_1 = 7,33$$

$$\sigma_1 = \sqrt{\frac{(P - MP)^2 + (P - MP) \times (MP - 0) + (MP - 0)^2}{18}}$$

$$\sigma_1 = \sqrt{\frac{(7 - 5)^2 + (7 - 5) \times (10 - 7) + (10 - 7)^2}{18}}$$

$$\sigma_1 = \sqrt{\frac{2^2 + 2 \times 3 + 3^2}{18}}$$

$$\sigma_1 = \sqrt{\frac{4 + 6 + 9}{18}}$$

$$\sigma_1 = 1,03$$

Atividade A2

$$X_2 = \frac{6 + 8 + 12}{3}$$

$$X_2 = 8,67$$

$$\sigma_2 = \sqrt{\frac{(12 - 8)^2 + (12 - 8) \times (8 - 6) + (8 - 6)^2}{18}}$$

$$T_2 = \sqrt{\frac{4^2 + 4 \times 2 + 2^2}{18}}$$

$T_2 = 1{,}25$

Atividade A3

$$X_3 = \frac{12 + 15 + 19}{3}$$

$X_3 = 15{,}3$

$$\sigma_3 = \sqrt{\frac{(19 - 15)^2 + (19 - 15) \times (15 - 12) + (15 - 12)^2}{18}}$$

$$\sigma_3 = \sqrt{\frac{4^2 + 4 \times 3 + 3^2}{18}}$$

$\sigma_3 = 1{,}43$

Vamos somar agora as tarefas $A_1 + A_2 + A_3$, pois elas estão em série.

Pela teoria estatística, o desvio padrão não corresponde à soma dos desvios padrões. Devemos somar as *variança*s (desvio padrão ao quadrado) e depois calcularmos o desvio padrão extraindo a raiz da *variança* encontrada.

Estamos, na realidade, somando três curvas de probabilidades (função densidade de probabilidade).

Então:

$A = X_1 + X_2 + X_3$

$A = 7{,}33 + 8{,}67 + 15{,}33$

$A = 31{,}33$

Variança A = $\sigma 1^2 + \sigma 2^2 + \sigma 3^2$

Variança A = $(1,03)^2 + (1,25)^2 + (1,43)^2$

Variança A = $1,0609 + 1,5625 + 2,0449$

Variança A = $4,6683$

σa = $\sqrt{4,6683}$

σa = 2,16 (desvio padrão)

Atividade B1

$$B_1 = \frac{O + MP + P}{3}$$

$$B_1 = \frac{3 + 7 + 14}{3}$$

$B_1 = 8$

$$\sigma_1 = \sqrt{\frac{(P - MP)^2 + (P - MP) \times (MP - O) + (MP - O)^2}{18}}$$

$$\sigma_1 = \sqrt{\frac{(14 - 7)^2 + (14 - 7) \times (7 - 3) + (7 - 3)^2}{18}}$$

$$\sigma_1 = \sqrt{\frac{7^2 + 7 \times 4 + 4^2}{18}}$$

$$\sigma_1 = \sqrt{\frac{49 + 28 + 16}{18}}$$

$\sigma_1 = 2,27$

$$B_2 = \frac{2 + 8 + 15}{3}$$

$B_2 = 8{,}33$

$$\sigma_2 = \sqrt{\frac{(15-8)^2 + (15-8) \times (8-2) + (8-2)^2}{18}}$$

$$\sigma_2 = \sqrt{\frac{7^2 + 7 \times 6 + 6^2}{18}}$$

$$\sigma_2 = \sqrt{\frac{49 + 42 + 36}{18}}$$

$\sigma_2 = 2{,}66$

$$B_3 = \frac{6 + 15 + 22}{3}$$

$B_3 = 14{,}33$

$$\sigma_3 = \sqrt{\frac{(22-15)^2 + (22-15) \times (15-6) + (15-6)^2}{18}}$$

$$\sigma_3 = \sqrt{\frac{7^2 + 7 \times 9 + 9^2}{18}}$$

$$\sigma_3 = \sqrt{\frac{49 + 63 + 81}{18}}$$

$\sigma_3 = 3{,}27$

Então:

$B = B_1 + B_2 + B_3$

$B = 8 + 8{,}33 + 14{,}33$

$B = 30{,}67$

Variança $B = \sigma_1^2 + \sigma_2^2 + \sigma_3$

Variança B = $(2,27)^2 + (2,66)^2 + (3,27)^2$

Variança B = $5,1529 + 7,0756 + 10,6929$

Variança B = $22,9214$

σb = $\sqrt{22,9214}$

σb = $4,79$ (desvio padrão)

Vamos calcular então as probabilidades

Probabilidade de o caminho "A" terminar em 33 dias:

Executando exatamente os passos explicados na(s) página(s) _____ e _____ anteriores, temos:

Ka = Y – A
Ka = 33,0 – 31,33
Ka = 1,67

$X = \dfrac{Ka}{σa}$

$X = \dfrac{1,67}{2,16} = 0,77$

Da Tabela 6.5:

Φ(x) = 0,7611

Pa = 77,94%

Probabilidade de o caminho "B" terminar em 33 dias:

Kb = Y – B
Kb = 33 – 30,66
Kb = 2,34

X = Kb/σb

$X = \dfrac{2,34}{4,79} = 0,72$

Da Tabela 6.5:

$\Phi(x) = 0{,}7642$

P2 = 76,42%

Probabilidade de os dois caminhos terminarem em 33 dias:

$\emptyset = \emptyset_1 + \emptyset_2$ (teoria das probabilidades)
$\emptyset = 0{,}7794 \times 0{,}7642$
$\emptyset = 0{,}5956$
P = 59,6%

O que tradicionalmente se faz é estimar o valor mais provável pela experiência e dar uns 10% de folga para contingências.

Se fizermos isso, teremos que, para ambos os caminhos, o prazo estimado ofertado aos Acionistas, Clientes e Comunidade seria: 30 dias + 10% = 33 dias.

A teoria dos riscos qualitativos, porém, nos mostra que a probabilidade de que ambos os prazos sejam cumpridos nesse período de dias é de apenas 59,6%! Não é de se admirar que a maioria das Paradas não tenha seu prazo cumprido, a menos que se coloque, aleatoriamente, uma "gordura" de 20% ou 30%.

Aqui, estamos propondo algo mais científico.

CASO REAL

Examinemos, agora, a Figura 4.22 do Capítulo 4 - Gerenciamento do Tempo – (Prazo). No capítulo informado intuitivamente propusemos prazos menores para os caminhos não críticos a fim de aumentar a probabilidade de cumprirmos o prazo total em todas as frentes. Vamos ver agora como a teoria dos riscos qualitativos dá suporte a essa prática:

No intuito de cansar menos o leitor, vamos imaginar que, em vez das 13 frentes de trabalhos daquela Figura, tivéssemos apenas três.

Dos que se iniciam na mesma data, escolhemos:

SDCD* = 39 dias – *caminho crítico*

Forno A = 38 dias – *caminho subcrítico*
Tubulação = 35 dias

*SDCD = Sistema Digital de Controle Distribuído

Vamos considerar que chegamos a esses prazos através de uma prática comum, que é a de se estimar os prazos Mais Prováveis e acrescentar uma "gordura" para contingências, cujo percentual varia de acordo com cada planejador (cada um tem as suas características próprias de maior ou menor aversão ao risco).

Assim, poderíamos ter:

- SDCD: 39 dias – "gordura" = 15%; portanto, MP = 34 dias
- Forno A: 38 dias – "gordura" = 15%; portanto, MP = 33 dias
- Tubulação: 35 dias – "gordura" = 20%; portanto, MP = 29 dias

Os serviços de tubulação tradicionalmente têm maior grau de incerteza do que os demais. Assim, é de se esperar que os valores OTIMISTA e PESSIMISTA desse caminho sejam mais dilatados. Poderíamos ter, por exemplo, os valores que consistam na tabela da figura 6.7:

CAMINHO	DESCRIÇÃO	Prazos			
		OTIMISTA	MAIS PROVÁVEL	PESSIMISTA	PRAZO FORNECIDO
A	SDCD	30	34	40	39
B	Fornos	31	33	39	38
C	Tubulação	22	29	39	35

Figura 6.7: Prazos para três frentes de parada real.

Vamos calcular a Probabilidade de cada frente terminar no prazo individual fornecido.

$$Xa = \frac{31 + 34 + 40}{3} = 35,00$$

$$a = \sqrt{\frac{(40 - 35)^2 + (40 - 35) \times (34 - 30) + (34 - 30)^2}{18}}$$

$$\sigma a = \sqrt{\frac{5^2 + 5 \times 6 + 4^2}{18}}$$

$$\sigma a = \sqrt{\frac{25 + 30 + 16}{18}}$$

$\sigma a = 1,99$

$Ka = 39 - 35 = 4$

$Xa = \dfrac{4,00}{1,99} = 2,01$

Da Tabela 6.1

$\Phi a = 0,9778$

$Pa = 97,78\%$

$Xb = \dfrac{31 + 33 + 39}{3} = 34,33$

$$\sigma b = \sqrt{\frac{(39 - 33)^2 + (39 - 33) \times (33 - 31) + (33 - 31)^2}{18}}$$

$$\sigma b = \sqrt{\frac{6^2 + 6 \times 2 + 2^2}{18}}$$

$$\sigma b = \sqrt{\frac{36 + 12 + 4}{18}}$$

$\sigma b = 1,70$

$Kb = 38 - 34,33$

$Kb = 3,67$

$Xb = \dfrac{3,67}{1,70} = 2,16$

Da Tabela 6.1:

$\Phi b = 0,9846$

Pb = 98,46%

$$Xc = \frac{23 + 29 + 39}{3} = 30,34$$

$$\sigma c = \sqrt{\frac{(39 - 29)^2 + (39 - 29) \times (29 - 23) + (29 - 23)^2}{18}}$$

$$\sigma c = \sqrt{\frac{10^2 + 10 \times 6 + 6^2}{18}}$$

$$\sigma c = \sqrt{\frac{100 + 60 + 36}{18}}$$

σ c = 3,30

Kc = 35 − 30,34 = 4,66

$$Xc = \frac{4,66}{3,30} = 1,41$$

Da Tabela 6.1;

Φc = 0,9207

Pc = 92,07%

Essas seriam as probabilidades de cada uma dessas três frentes terminarem nas datas fornecidas no cronograma, isto é, nas datas diferenciadas.

Imaginemos duas situações:

A – Como se fazia anteriormente, nivelando os recursos para menos e esticando-se os prazos para todos coincidirem em uma mesma data.

Nessa situação, as probabilidades (riscos associados) de todas **terminarem ao final da Parada** permaneceriam as mesmos, pois as incertezas eram de mesma magnitude.

Assim, a probabilidade de terminarmos a Parada no prazo total fornecido (39 dias), <u>diminuindo e nivelando os recursos</u>, seria:

Φ = Φa x Φb x Φc

Φ = 0,9778 x 0,9846 x 0,9207
Φ = 0,8864
P = 88,64%

Nesse exemplo, é possível perceber a teoria corroborando a prática. Enquanto a probabilidade de se executar o caminho crítico no tempo fornecido fosse de quase 98%, ao colocarmos a incerteza da frente de Tubulação terminando na mesma data, baixamos esta probabilidade para a casa dos 89%.

Na prática, o problema é ainda maior, pois como vimos, temos normalmente umas 10 Frentes de trabalho em uma Parada. Multiplicando todas as probabilidades, a probabilidade final vai diminuindo cada vez mais.

B – Como passamos a fazer, com prazos diferenciados.

Neste caso, as probabilidades passariam a ser:

Frente A: Não alterar nada, portanto permanece Pa = 97,78%

Frente B: A data fornecida é diferente da data realmente esperada para terminar. Assim, o valor de Kb muda. Tudo se passa como se déssemos mais prazo para um mesmo risco existente.

$K_b = 39 - 34,33 = 4,67$

$X_b = \dfrac{4,67}{1,70} = 2,75$

Da Tabela 6.1:

$\Phi_b = 0,9970$

Frente C: A data fornecida agora é bem diferente daquela fornecida inicialmente. Assim, o valor de K muda substancialmente.

$K_c = 39 - 30,34 = 8,66$

$X_c = \dfrac{8,66}{3,30} = 2,62$

Da Tabela 6.1:

$\Phi c = 0{,}9956$

Novamente, $\Phi = \Phi a \times \Phi b \times \Phi c$

$\emptyset = 0{,}9778 \times 0{,}9970 \times 0{,}9956$

$\emptyset = 0{,}9706$

$P = 97{,}06\%$

Nesse caso, permanece grande a probabilidade de se terminar a Parada no prazo.

Reforço então o que afirmo no capítulo 4 – Gerenciamento do Prazo. Eu faria hoje uma estimativa mais científica, Solicitaria a três pessoas diferentes e experientes; para cada Frente, os prazos: PESSIMISTA, MAIS PROVÁVEL e OTIMISTA.

Um ponto que deve ser observado, referido pelo especialista americano cujo treinamento eu assisti, é que as pessoas têm certa dificuldade em admitir prazos pessimistas compatíveis com a realidade. A tendência é "dourar a pílula". Temos, portanto, que insistir que o pessimista é pessimista mesmo, quando tudo der errado.

Tomado esse cuidado, eu tiraria a média dos PESSIMISTAS e teria o *Pessimista*; a média dos Mais Prováveis e teria o *Mais provável* e a média dos otimistas e teria o *Otimista.*

Colocaria nessas fórmulas descritas anteriormente e calcularia o prazo cujo risco fosse aceito pela Alta Administração. É bem mais científico do que deixar "gorduras" em frentes individuais, baseadas apenas na experiência e menor ou maior aversão ao risco do técnico que faz o planejamento. Assumir ou evitar riscos (assumindo os custos dessa ultima decisão) que impactam desta forma os resultados da Planta é competência da Alta Administração.

DISTRIBUIÇÃO BETA– ANÁLISE DE MONTE CARLO

Como descrevi anteriormente, a função que melhor representa a densidade da probabilidade de um determinado prazo ocorrer é a Curva de distribuição Beta, que tem o seguinte aspecto:

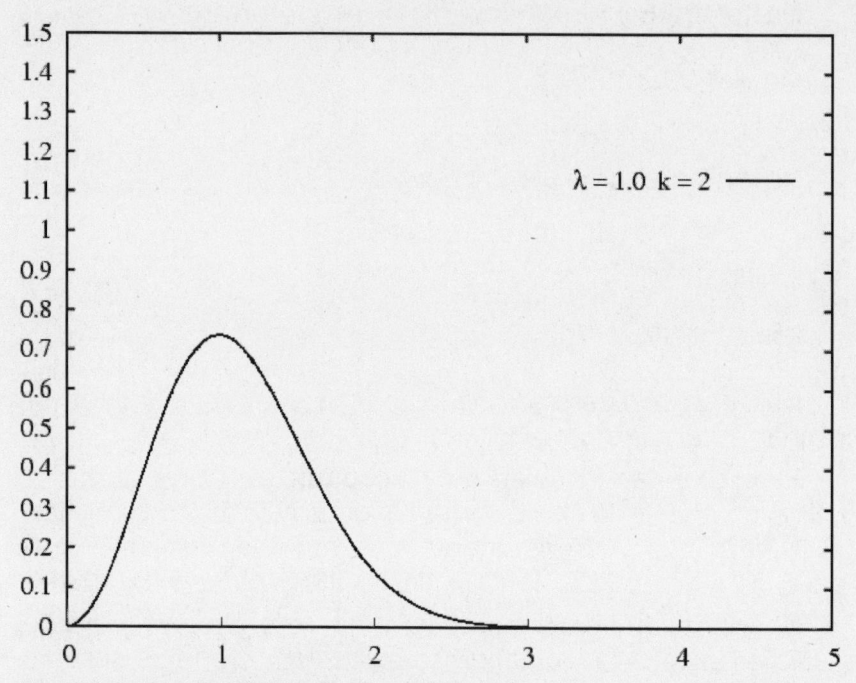

Figura 6.8 – Distribuição BETAI para λ = 1.0 e k = 2

Se quisermos utilizar essa distribuição em nossas estatísticas, temos que lançar mão de programas específicos de computador.

A determinação da média e desvio padrão é fácil. As fórmulas são:

$$\text{Média } (x) = \frac{(O + 4MP + P)}{6}$$

Onde   O = Prazo otimista
       MP = Prazo mais provável
       P = Prazo pessimista

$$\text{Desvio padrão } (\sigma) = \frac{P - O}{6}$$

A partir daí, o próprio programa faz o resto, informando-nos as probabilidades de o evento acontecer em qualquer número de dias.

Mas não nos enganemos. Para obtermos os prazos *Otimista*, *Mais provável* e *Pessimista*, vamos precisar de técnicos experientes. É uma tarefa para seres humanos; o computador vai apenas somar funções densidades de probabilidade, pois o número de operações matemáticas, no caso da distribuição Beta, é enorme e o que a máquina nos proporciona é rapidez.

Então, mais uma vez temos que obter três ou mais valores para cada um dos prazos (*Otimista, Mais provável e Pessimista*) e, a partir deles chegar, pela média ou consenso entre as partes, nos valores que iremos adotar.

A partir daí, o raciocínio é análogo ao que desenvolvemos para a Distribuição Triangular. A diferença é que, se desejarmos somar Três Tempos, por exemplo, temos que entrar no programa de computador com os valores *Otimistas*, *Mais prováveis* e *Pessimistas* de cada um. A máquina fará as contas, apresentando a curva de distribuição da soma das três probabilidades.

A partir da curva da densidade, o programa gera outra curva, tendo no eixo das abscissas (x) o prazo e no eixo das ordenadas a probabilidade acumulada, como da Figura 6.9:

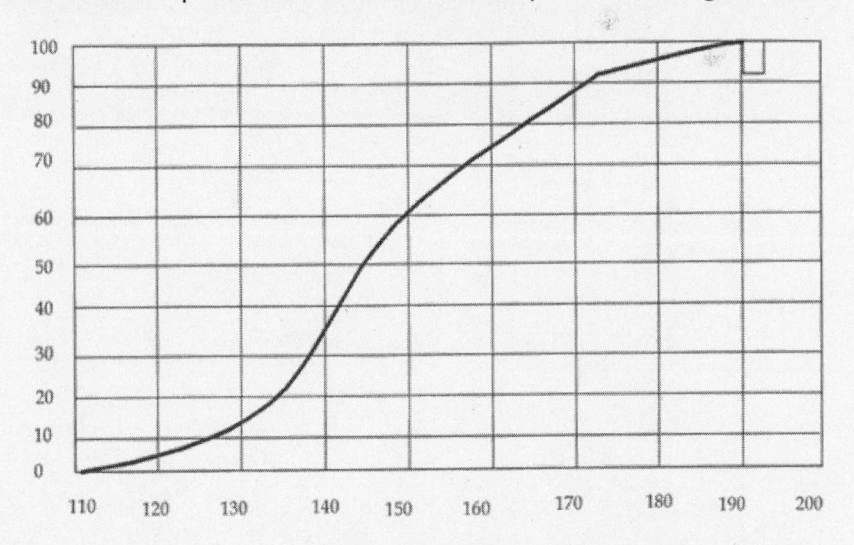

Figura 6.9 – Resultado da simulação de Monte Carlo – Probabilidade x n° de dias

Existem programas que permitem também que se altere a forma da distribuição, de acordo com os fatores λ e K escolhidos, que darão inclinações mais acentuadas ou menos acentuadas à curva.

Esses programas, como o "Crystall Ball" ou "Análise de Monte Carlo", permitem também que se entre com a Probabilidade e Impacto de cada risco e oportunidade, gerando curvas similares à da figura 6.9 , com todos esses fatores também incluídos na análise.

Então, uma vez estabelecido pela Alta Administração qual o risco que estamos dispostos a assumir, chega-se ao Prazo previsto para a Parada.

Mas, "cá pra nós", temos muito caminho a percorrer, muito o que entender de Paradas até chegar nesse tipo de sofisticação.

No estágio em que me encontro, preferiria começar com uma análise de distribuição triangular conforme explanado no tópico anterior, por frente de trabalho. Como diziam alguns de meus colegas quando estávamos "partindo" uma grande Unidade de Processo depois de uma grande Parada, "vamos devagar porque temos pressa!".

Eu iria devagar, porém sem retroceder, sempre buscando coisas novas. Uma grande caminhada, afinal, é constituída de uma grande quantidade de pequenos passos.

Capítulo 7

Gerenciamento da Qualidade & Recursos Humanos

Iniciamos este capítulo de forma muito simbólica, com os 14 princípios do Dr.Deming.

1. Estabeleça constância de propósitos para a melhora do produto e do serviço, objetivando tornar-se competitivo e manter-se em atividade, bem como criar emprego.
2. Adote a nova filosofia. Estamos em uma nova era econômica. A administração ocidental deve acordar para o desafio, conscientizar-se de suas responsabilidades e assumir a liderança no processo de transformação.
3. Deixe de depender da inspeção para atingir a qualidade. Elimine a necessidade de inspeção em massa introduzindo a qualidade no produto desde seu primeiro estágio.
4. Cesse a prática de aprovar orçamentos com base no preço. Em vez disso, minimize o custo total. Desenvolva um único fornecedor para cada item, em um relacionamento de longo prazo fundamentado na lealdade e na confiança.
5. Melhore constantemente o sistema de produção e de prestação de serviços, de modo a melhorar a qualidade e a produtividade e consequentemente, reduzir de forma sistemática os custos.
6. Institua treinamento no local de trabalho.
7. Institua liderança. O objetivo da chefia deve ser o de ajudar as pessoas, as máquinas e

dispositivos a executarem um trabalho melhor. A chefia administrativa está necessitando de uma revisão geral tanto quanto a chefia dos trabalhadores de produção.

8. Elimine o medo, de forma que todos trabalhem de modo eficaz para a empresa.
9. Elimine as barreiras entre os departamentos. As pessoas engajadas em pesquisas, projetos, vendas e produção devem trabalhar em equipe, de modo a preverem problemas de produção e de utilização do produto ou serviço.
10. Elimine lemas, exortações e metas para a mão de obra que exijam nível zero de falhas e estabeleçam novos níveis de produtividade. Tais exortações apenas geram inimizades, visto que o grosso das causas da baixa qualidade e da baixa produtividade encontra-se no sistema estando, portanto, fora do alcance dos trabalhadores.
11. Elimine padrões de trabalho (quotas) na linha de produção. Substitua-os pela liderança.
12. a) Remova as barreiras que privam o empregado do seu direito de orgulhar-se do seu desempenho. A responsabilidade dos chefes deve ser alterada de números absolutos para a qualidade.
13. Institua um forte programa de educação e autoaprimoramento.
14. Engaje todos da empresa no processo de realizar a transformação. A transformação é algo que compete a todos.

Embora todos os princípios anteriores se refiram a atitudes, podemos ver claramente que pelo menos nove deles dizem respeito ao <u>comportamento</u> e apenas no máximo cinco estão ligados a <u>processos</u>.

Para mim, Deming foi o grande "Guru" da Qualidade, o maior responsável pela "virada" na qualidade dos produtos japoneses a partir do início da década de 50 do século passado. A qualidade dos produtos japoneses, aliada a baixos custos de produção, uma característica do método do Dr. Deming, levou o Ocidente, no final da década de 80 e início dos anos 90, a uma nova revolução industrial, adotando, enfim, a maioria dos preceitos de Deming, tornando novamente competitivos os produtos americanos e europeus. Não é por acaso que no Japão, país símbolo de produtos e serviços de Qualidade, o prêmio nacional de Qualidade leva seu nome.

Da mesma forma, não é por acaso que coloco as "áreas de conhecimento" do PMI Qualidade e Recursos Humanos juntas, solidárias. Para mim, só existe garantia da qualidade se os colaboradores forem Educados, Treinados, Motivados e Respeitados.

Todos os manuais de gerenciamento são claros no ponto em que o sistema de <u>Garantia da Qualidade</u> é superior ao sistema de <u>Controle da Qualidade</u>.

O Controle de Qualidade é feito depois que o produto ou serviço passou por vários processos. Assim, detectar defeitos nessa fase custa muito dinheiro, além de o controle, em si, não garantir a qualidade. Já na Garantia da Qualidade, a ideia é que em cada processo haja um controle intrínseco, preferencialmente realizado pelo próprio executante. Como se vê, este último realmente é bem mais vantajoso.

E, como os japoneses demonstraram ao mundo, só se consegue um eficaz sistema de Garantia de Qualidade quando o próprio executante está comprometido com a Qualidade.

Claro, conseguir isso é um caminho árduo, que exige muita constância de propósitos, boa vontade e até mesmo amor ao próximo. Talvez por isso ainda convivamos, no Brasil, com práticas diretamente nascidas do Taylorismo, com seus formidáveis controles e coerção aos trabalhadores, sistema magistralmente mostrado por Charlie Chaplin em seu filme "Tempos Modernos".

Taylor e seu método tiveram muitos méritos, mas eram adequadas para a Primeira Revolução Industrial, no início do século 20. Quem continua apegado aos seus conceitos simplesmente não consegue competir com as Empresas modernas.

Assim, este capítulo terá um enfoque muito grande em *Pessoas*, embora dedique um tópico aos processos de controle, também necessários e que estão em um estágio bem superior no Brasil do que a Qualificação da mão de obra, ou o enfoque na Garantia da Qualidade.

O plano de Garantia de Qualidade citado na Tabela 2.1 do Capítulo 2 deste livro deveria abranger não só os processos, mas principalmente a questão da qualificação da mão de obra própria e contratada, que, como veremos, é um grande problema nas Paradas executadas no Brasil.

PESSOAL PRÓPRIO

Como os leitores devem ter lido no início deste livro, os meus agradecimentos são para uma fantástica equipe que tive a honra de liderar e que foi considerada pelo RH corporativo da grande Empresa para a qual trabalhei como "equipe de alto desempenho". Recebemos várias visitas de colegas, à época, da área ou não, para perceberem e entenderem como funcionava.

A verdade é que as pessoas da equipe já eram, individualmente, grandes profissionais. Para mim, não é mera coincidência que os dois engenheiros coordenadores à época são descendentes da primeira geração de japoneses imigrantes. No Brasil, no meu entendimento, o que mais falta, conforme já explanei no Capítulo 3 – Gerenciamento do Escopo & Integração, é *disciplina*. O problema agrava-se porque as pessoas confundem disciplina interna com disciplina externa. Muita gente nem gosta da palavra por associá-la a alguém exercendo uma liderança autoritária, sem diálogo. A disciplina que tenho e à qual me refiro é aquela incorporada ao indivíduo, que vem de dentro. E a melhor forma de educar as pessoas, inclusive para a disciplina, é o *exemplo*, aliado a um bom sistema de consequências. A disciplina, assim como a harmonia e a proatividade, vão se espalhando pela equipe e, muitas vezes, por toda a organização.

Cabe ressaltar que, por uma questão de justiça, além de uma ótima equipe do meu Setor tive o apoio entusiasmado de quase todos os envolvidos nas tais "Paradas de Sucesso", inclusive de meus gerentes superiores. Aliás, competência e comprometimento são características da grande maioria dos empregados da Petrobras, e os da Refinaria em questão são conhecidos pelo destaque nesses requisitos. Também tive uma ajuda sempre fraterna e positiva dos colegas, que à época, gerenciavam os órgãos de controle e acompanhamento de Paradas, na Sede da Empresa.

No entanto, como veremos a seguir, competência e comprometimento individuais não garantem uma equipe de alto desempenho. É preciso um pouco mais.

Tudo o que veremos vale tanto para pessoal próprio como para pessoal contratado; creio que um dos nossos maiores desafios é ter o mesmo desenvolvimento do pessoal das contratadas que temos nas pessoas empregadas na empresa "mãe".

PLANEJAMENTO ORGANIZACIONAL E MONTAGEM DA EQUIPE

Aqui chamamos esta fase de "administrativa", já com uma conotação de menos-valia em relação aos aspectos técnicos.

Na verdade, esta é uma parte fundamental, incluindo uma importante função de coordenação que, na época, denominamos de Apoio Logístico.

O Apoio Logístico é a área responsável pelo planejamento do "canteiro" próximo à Parada, com todas as facilidades: telefones, rede de informática, segurança patrimonial, rádios, instalações sanitárias, suprimento de materiais, refeitório e serviço médico. Além de planejar, é preciso instalar e, durante as fases de Pré-Parada e Parada, manter, com toda a qualidade requerida, esses serviços. Tenho certeza de que esses também são fatores críticos para o sucesso das Paradas.

Na Figura 7.1 pode-se observar um "layout" do canteiro de uma Parada.

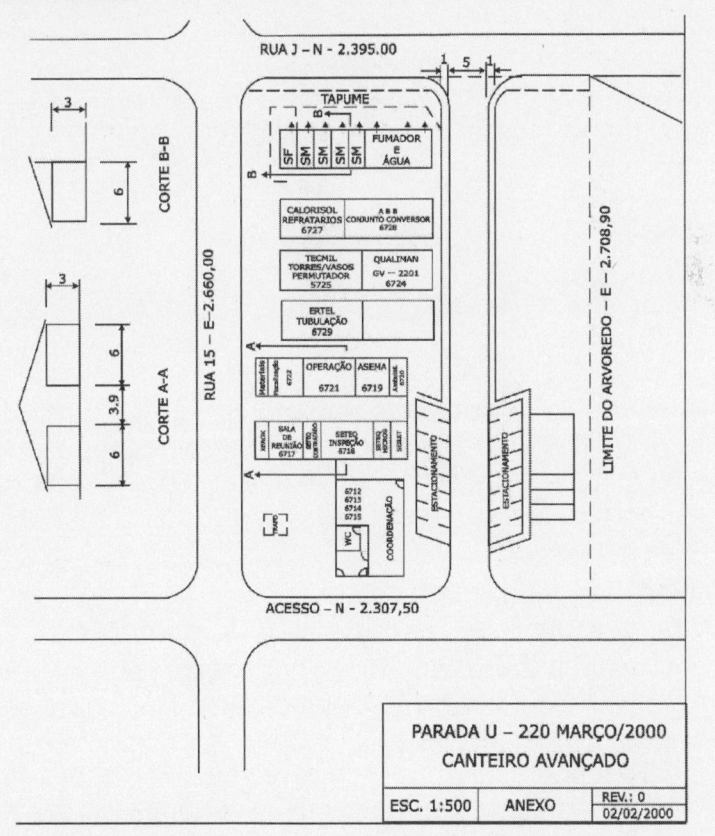

Figura 7.1 – "Layout" de um canteiro de Parada

Além do Apoio Logístico, é necessário nomear um Coordenador para cada frente de trabalho importante, além da coordenação noturna. Neste ponto é necessária uma habilidade imprescindível ao Coordenador geral da Parada (aliás, imprescindível para todos os Gerentes de Projeto), que é a habilidade de negociação. Isso porque parte dos coordenadores e fiscais é de seu próprio setor, mas a grande parte deve ser negociada com outros Setores: Caldeiraria, Mecânica, Elétrica e Instrumentação, Segurança, Operação, Engenharia, Inspeção de Equipamentos são as áreas de onde virão os recursos para o organograma de Parada, em alguns casos até para a Pré-Parada.

Normalmente, as plantas industriais têm a estrutura organizacional dita <u>Funcional</u>, como a da figura 7.2.

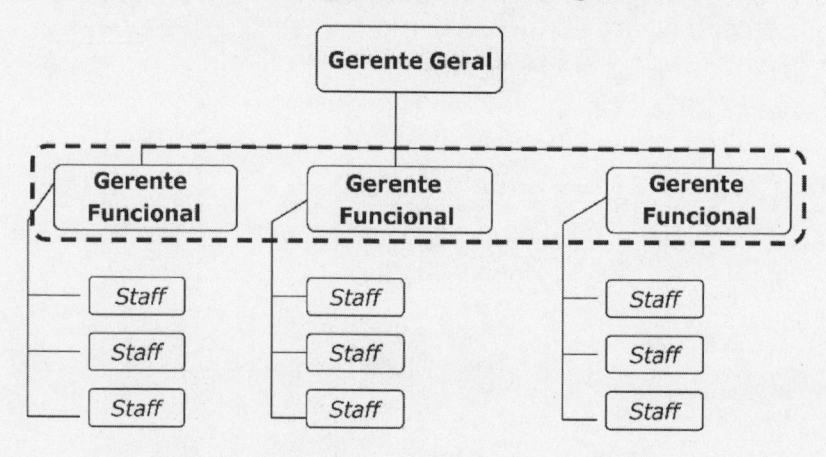

Figura 7.2 – Estrutura Funcional

Esse tipo de estrutura tem como vantagem uma boa eficiência na utilização das pessoas, já que lhes propicia crescimento técnico, Além disso, parece ser a mais adequada para conduzir os Processos dentro de uma Planta Industrial em regime de processo.

Dentre as funções destacadas em uma Planta, estão os Gerentes Funcionais de *Produção e de Manutenção*.

Uma Parada é um projeto, e, normalmente, o melhor que se pode fazer é nomear um Gerente de Produção como Gerente da Parada e o Chefe do Setor de Planejamento da Manutenção como Coordenador Geral, ficando este vinculado àquele nas fases de Pré-Parada e de Parada. Com isso, ganha-se importante apoio de uma das Gerências mais importantes de uma Planta

Industrial, e não se perde todo o "expertise" do pessoal de Planejamento. Outro arranjo possível é a Gerência da Parada ser ocupada pelo Gerente de Manutenção, porém o Gerente Setorial da Unidade de Processo que sofre a Parada fica a ele subordinado durante as fases de Pré-Parada e de Parada. O importante é que as duas áreas mais afetadas com a Parada tenham fortíssima representação nela, de forma que as duas Divisões fiquem comprometidas com o resultado da Parada.

O que não pode acontecer é uma estrutura do tipo "<u>matriz fraca</u>", como o da figura 7.3.

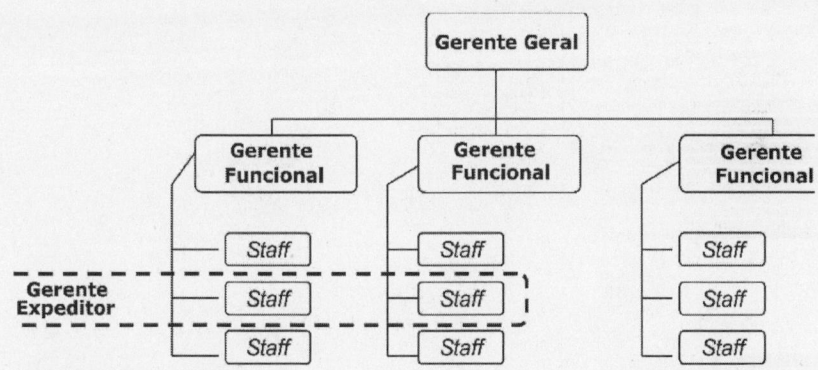

Figura 7.3 – Matriz fraca

Nesse caso, a literatura chama o Gerente do Projeto de "Gerente Expeditor". A maioria dos leitores já deve ter visto, como eu, Paradas organizadas dessa forma que tiveram grande insucesso. A razão para isso acontecer está baseada no fato de o Gerente da Parada, neste caso, ter pouca autoridade formal e, muitas vezes, ser "abandonado à própria sorte".

O mais importante é que todos os segmentos da Planta sejam levados de roldão, se entusiasmem com o objetivo comum de realizar uma Parada de sucesso, que garanta uma boa campanha para os processos fabris.

No Capítulo 3 – Gerenciamento do Escopo & Integração –, forneci dados para alguns importantes passos no sentido de ganhar esse comprometimento. Apresentar as práticas das vanguardeiras em Paradas, aproximar as áreas através dos "Grupos de Campanha" e ganhar o patrocínio do Gerente Geral são os mais eficazes, em minha opinião.

Na figura 7.4 mostramos um organograma de uma Parada. É válido ressaltar que esse é um organograma para uma Parada de grande porte, que envolve mais de mil pessoas. Paradas menores propiciam organogramas menos complexos (mais enxutos).

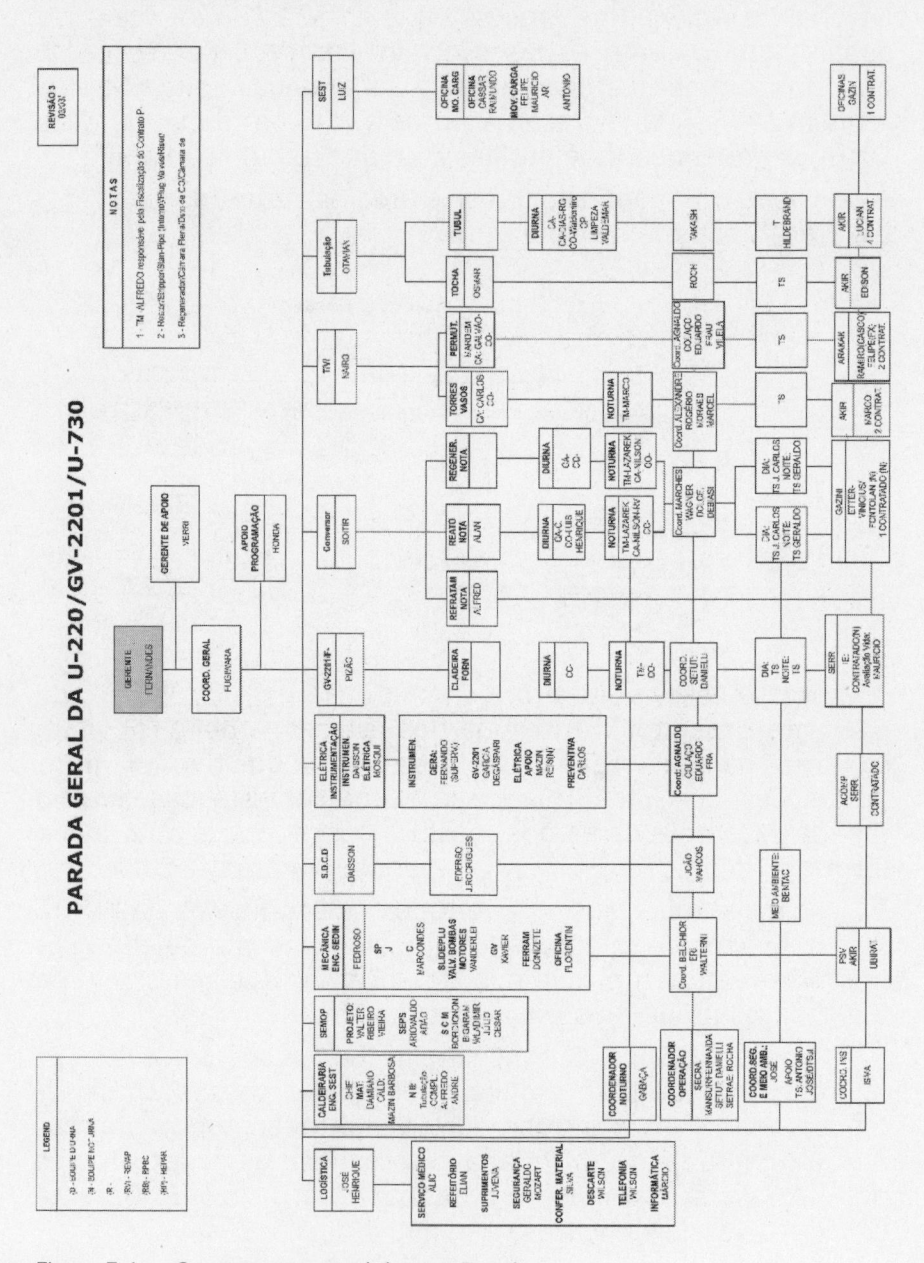

Figura 7.4 - Organograma geral de uma Parada

Nele podemos ver alguns pontos que devem ser considerados:

- Criamos a figura do "Gerente de Apoio". Quando o Gerente de Produção era o Gerente da Parada, o Gerente de Manutenção era o Gerente de apoio e vice-versa. A função do Gerente de Apoio é, em primeiro lugar, mostrar que ele, com a sua autoridade formal e liderança, está comprometido com a Parada. Pode, inclusive, fazer muito mais: por exemplo, em uma negociação difícil com a contratada ou com os empregados, ou ainda uma reclamação da comunidade, tomar para si a responsabilidade de conduzir a questão, liberando o Gerente e o Coordenador da Parada para a dura missão diária de cumprir ou adiantar a programação, sem acidentes ou incidente ambiental, executando serviços de qualidade, a baixo custo.

- Adotávamos uma matriz mista. Parte dos recursos era ligada unicamente ao Coordenador da Parada, e parte deles estavam em função matricial, coordenados pela direção da Parada, porém tecnicamente suportada pelo Gerente Setorial ou Supervisor (funcional) de sua área. É o caso de Inspetores de Equipamentos, Operadores de Processo, Técnicos de Segurança e Técnicos de Suprimento, além dos envolvidos da área administrativa, vinculados ao Apoio Logístico.

- Embora houvesse essa dupla interface, cada técnico das áreas Inspeção de Equipamentos, Segurança e Produção ficava designado para uma frente específica, sentindo-se também parte da equipe.

- Um cuidado muito grande que se deve ter ao montar o organograma é que, para os serviços noturnos, que ocorrem nos caminhos crítico e subcrítico, temos a tendência de colocar as pessoas um pouco menos capazes, pois queremos as melhores conosco, no horário diurno. Erro grave: se todos os melhores estiverem no horário diurno, não é de se admirar que o serviço não ande à noite com a mesma velocidade do que de dia. E pelo cronograma, uma hora à noite vale tanto quando uma hora de dia. Em nosso caso, sinalizávamos a importância do que estamos dizendo ao designar o melhor ou, quando não era possível, um dos melhores engenheiros de Parada para coordenar os serviços noturnos.

- Vejam que existe a figura de Coordenador de Logística, que reúne as áreas do Serviço Médico, Refeitório, Suprimentos, Segurança Patrimonial, Conferência de Materiais, Descarte de Resíduos, Telefonia e Informática. Se não houver esse Coordenador, ligado diretamente ao Coordenador Geral da Parada, o que vai acontecer é uma grande perda de energia dos Coordenadores dos Serviços e, ao mesmo tempo, não haverá alguém para centralizar e, principalmente, **priorizar** muitas demandas que surgem para as áreas citadas.

OUTRAS PRÁTICAS DE VANGUARDA

Atualmente, vemos que as empresas que têm maior sucesso em Paradas costumam adotar as seguintes práticas adicionais.

- Nos caminhos críticos, que exigem trabalhos noturnos, estão sendo adotados três turnos de trabalho, em vez de dois, como se praticava anteriormente. Apesar de ser criada uma interface a mais na passagem de mais um turno, essa prática traz as seguintes vantagens, que compensam amplamente a desvantagem mencionada:

    ✓ A legislação trabalhista é rigorosamente seguida.

    ✓ Há tempo suficiente (por exemplo, todos trabalham 10 horas) para uma passagem de serviços bem feita e sem interrupções.

    ✓ Temos, efetivamente, 24 horas de trabalho e não as 20 horas, como acontecia antes.

    ✓ A produtividade é maior, pois o pessoal está mais descansado e disposto.

- Utilização máxima das equipes de rotina nos serviços de Parada: é fato conhecido que o pessoal de rotina, por estar familiarizado com todas as regras, espaços físicos e, principalmente, com os equipamentos em geral, é mais produtivo e faz serviços de mais qualidade. Uma boa política é estabelecer, meio "na marra", dois ou três dias antes do início da Parada, um percentual fixo de trabalhadores de outras Unidades para ser remanejado para a Unidade que vai parar.

DESENVOLVIMENTO DA EQUIPE (PRÓPRIOS)

Na primeira Parada que coordenei, teve uma novidade. Uma reunião de um dia, no Clube da Refinaria, conduzida por especialistas em equipes, para todos os empregados próprios envolvidos na Parada (quase todos, como veremos a seguir).

Não foi fácil; alguns de nossos melhores técnicos (e alguns chegam a Gerentes) têm verdadeira aversão pelo contato humano emocionalmente mais próximo, e algumas pessoas-chave não compareceram. Houve até quem dissesse que "aquilo era coisa de viado".

Não perdemos, entretanto, a constância de propósitos. A agressão verbal faz parte da cultura da negação do novo. Entramos no clima com bom humor, batizando entre nós, do Planejamento, o evento com o apelido de A.V. (Atividade de "Viados") e tocamos em frente.

O objetivo dessa reunião foi vivenciar, em um ambiente mais tranquilo, menos hostil e mais lúdico, algumas das interações e dificuldades que a Equipe teria que passar durante a Parada e também o de integrar o time, já que, como vimos anteriormente, tínhamos pessoas de vários setores da Planta.

Alguns exemplos de atividades:

- Cada grupo tinha que construir uma pipa (ou papagaio, arraia, pandorga – o nome depende da região do país), mas não dispunha de todo o material necessário, sendo obrigatória a negociação com os outros grupos para a troca de material. Ao final, as pipas eram "empinadas". Bonito de se ver.

- Alternativamente à atividade anterior (fizemos em outra oportunidade), tivemos que montar um "boneco" de cartolina. Cada grupo recebe parte das especificações por escrito e monta a sua parte. O que ocorre é que, se não houver uma boa comunicação entre os grupos, o "boneco" não sai. Na figura 7.5 podemos ver fotos da montagem do boneco e dele já completo, após o trabalho da equipe.

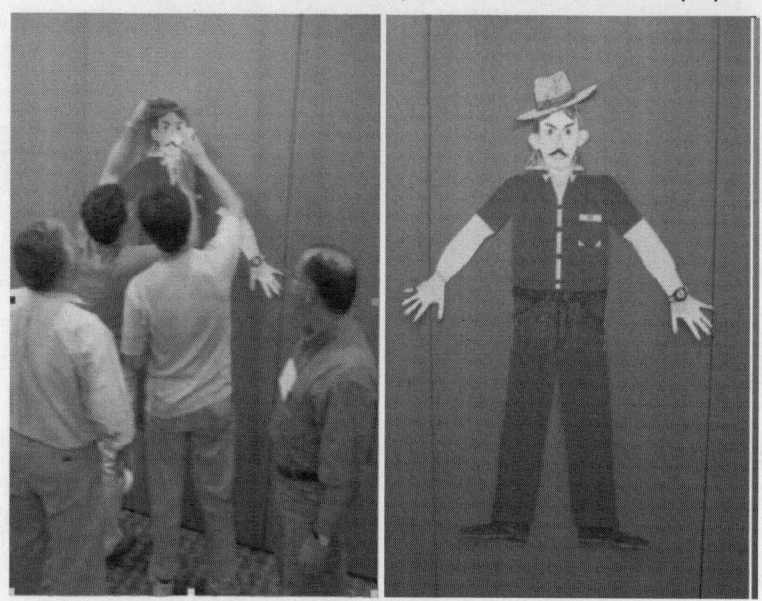

Figura 7.5 – Trabalho de equipe: montagem de um boneco de cartolina

- Amarra-se um balão (bexiga) no pé de cada participante, em um salão. Dá-se como instrução que cada um deve permanecer com o balão intacto. Quase todos partiram para arrebentar os balões alheios, quando, na verdade, não houve essa orientação. Mostra-se, então, a importância da comunicação e busca-se diminuir a competição entre os vários subgrupos que compõem uma equipe, indicando que todos ganham colaborando em vez de tentando destruir o trabalho do outro.

- Exercício do "campo minado": estímulo ao trabalho em equipe pela passagem de todos por um tabuleiro gigante de xadrez, no qual apenas um caminho pelas "casas" é seguro.

- Olhos vendados: uma pessoa de olhos vendados é orientada por outra a fazer determinada tarefa, utilizando-se de palitos pequenos, o que exige bastante habilidade, inclusive a de enxergar. Mostra-se aí a dependência mútua para realizar determinadas tarefas e a Parada, como um todo.

Ainda como desenvolvimento de equipe, fizemos varias reuniões com os colaboradores do próprio SEPLAM, nas quais foram incentivados o conhecimento mútuo e a definição dos **valores** da equipe. Essas reuniões desenvolveram bastante a capacidade de trabalharmos em equipe. Lembro-me que, entre os principais valores levantados por meio de votação múltipla, estavam "ÉTICA" e "GARRA", que de fato norteavam nossas atividades.

Qualquer pessoa que ocupa um cargo de Gerência, Coordenação ou Supervisão deve entender que o ser humano é o que um dos meus professores de Mestrado chamava de "caixinha de desejos". Uma vez satisfeita uma necessidade, aparece imediatamente outra. Em vez de se aborrecer com isso, o bom gestor compreende que é algo natural, típico do ser humano. Assim, trata de providenciar que seus liderados fiquem na parte mais alta da Pirâmide de Maslow, representada pela figura 7.6.

Necessidades do Ser Humano

(Pirâmide com os níveis, de cima para baixo: Auto-realização; Estima; Social/afeto; Segurança; Fisiológicas)

Figura 7.6 – Pirâmide de Maslow

A "pirâmide" mostra, e a prática gerencial confirma para a esmagadora maioria das pessoas, que a primeira necessidade que aparece é aquela ligada à sobrevivência do indivíduo e da espécie: Sono, Alimentação, Abrigo, Satisfação Sexual. Uma vez satisfeita essa necessidade, a próxima relaciona-se à segurança própria e de seus familiares. O indivíduo quer Estabilidade no emprego, Proteção contra doenças (ocupacionais ou não), Proteção contra violências. Satisfeitas essas duas necessidades, a próxima que aparece é a necessidade social, de pertencer a um grupo, de sentir-se parte de um todo. Minha experiência mostra que, em alguns indivíduos, essa necessidade é tão latente que parece sobrepujar as outras duas anteriores. Na verdade, se os valores do Grupo com o qual o ser humano tem que conviver não são os mais adequados, pertencer ao grupo está intimamente ligado à sobrevivência e à segurança. Vejam o caso dos presídios, por exemplo.

Satisfeitas aquelas necessidades, que chamamos de básicas, a nossa "caixinha de desejos" passa para as próximas etapas: A Estima, que tem a ver com Reputação, Conhecimento, pequenas "Mordomias". No topo da pirâmide encontra-se a Autorrealização, que tem a ver com a pessoa sentir-se *Útil*, deixando um *Legado* de realizações e de boa reputação.

O bom gestor passa, junto aos seus subordinados, por dimensões como Confiança mútua, Educação no sentido mais amplo da palavra (exemplo e sistema de consequências), Comunicação (por ser uma "área de conhecimento" do PMBOK, ganha um capítulo neste livro) e Limites & Disciplina. Discorro com maior abrangência sobre esses tópicos em meu livro "Gerenciamento pela Qualidade Total na Manutenção Industrial", da mesma editora. Não cabe, portanto, repetir o detalhamento desses aspectos comportamentais aqui.

Com todos esses aspectos, o gestor alcançará um equilíbrio estável entre as necessidades da empresa e as necessidades dos membros de sua equipe. Para isso, tem que compreender o que motiva o ser humano.

É importante também saber que, pela teoria de Herzog – outro estudioso do comportamento –, a qual também tivemos oportunidade de comprovar na prática como gestor, existem fatores que não são grandes motivadores por si só, mas se não estiverem bem, tornam-se propulsores da insatisfação, o que prejudica sobremaneira o desempenho do trabalhador. Higiene nos sanitários, Pagamento em dia, Desburocratização dos procedimentos administrativos estão entre esses fatores.

DEFINIÇÃO DE ATRIBUIÇÕES

Esse aspecto, tratado tanto pelo PMI como pelo IPA, no que eles chamam de *"definição de papéis"*, foi percebido como um fator muito importante logo na primeira Parada que coordenei.

De fato, se não houver uma clara definição de quem é o responsável pelo que, podem ocorrer duas situações indesejadas:

a) Uma pessoa acha que aquela atribuição é do outro, que por sua vez acha que é do primeiro ou de um terceiro. É o famoso "deixa que eu deixo"; a atividade ou função fica abandonada.

b) Duas ou mais pessoas pensam ser sua atribuição determinada tarefa ou função. É uma situação melhor do que a anterior, mas também dá problema pela duplicação de esforços e, às vezes, por provocar conflito entre as pessoas. A sabedoria popular diz que "cachorro que tem dois donos morre de fome".

A melhor forma de resolver o problema é elaborar, com a participação da equipe, uma "matriz de atribuição", como o conjunto que forma a Tabela 7.1.

ITEM	DESCRIÇÃO DAS ATIVIDADES	C.G	E.C.	F.G.	G.T.	F.C
1	**Providências Iniciais**					
1.1	Montar Book de todas os contratos da Parada, contendo n° do contrato, empresa, objeto, prazo, valor, nome do preposto, n° da ART, nome do Engenheiro Coordenador, nome do Fiscal Geral, nome dos Fiscais de campo, telefone e ramal interno	*				
1.2	Coordenar a primeira reunião com contratada	*	x	x		
1.3	Divulgar a Parada para o pessoal de *Staff* das contratadas	*	x			
2	**Mobilização e Planejamento**					
2.1	Receber a contratada quanto à instalação do canteiros e conteineres			*		
2.2	Analisar currículos do pessoal de *Staff*		*	x		
2.3	Abrir RDO especificando metodologia de preenchimento e estabelecer data de entrega da ART		*	x		
2.4	Autorizar entrada e saída de equipamentos e ferramentas da contratada		*	x		
2.5	Entregar do cumentos com ple men ta res de planejamento		*	x		
2.6	Reuniões semanais com o Chefe de obra, Técnico de Planejamento, Supervisor Geral e Coordenador de Qualidade, na fase de planejamento		*	x		

ITEM	DESCRIÇÃO DAS ATIVIDADES	C.G	E.C.	F.G.	G.T.	F.C
2.7	Realizar reuniões específicas sobre planejamento, fase de planejamento		*	X		
2.8	Passar orientações sobre a qualificação de executantes				*	
2.9	Passar orientações sobre o esquema de materiais e ressuprimento				*	
2.10	Discutir e aprovar o organograma da contratada		*	X		
2.11	Autorizar credenciamento de veículos da contratada	*				
2.12	Análise inicial das carteiras de trabalho de encarregados, executantes, técnicos especializados, inspetores de ENDs			X	*	
2.13	Cadastrar e emitir carteirinha de habilitação e qualificação da mão-de-obra das contratadas				*	
3	**Pré-parada**					
3.1	Acompanhar serviços de pré-parada		*	X		X
4	**Programação e Controle**					
4.1	Reunir-se diariamente com o pessoal de *Staff* da contratada, para tratar da programação		*	X		
4.2	Anotar serviços/providências no livro de passagem de turno	*	X	X		
4.3	Verificar qualidade e cumprimento da programação diária		*	X		
4.4	Verificação do nivelamento de recursos do MSP		*	X		
4.5	Verificar evolução do cronograma da frente dos serviços		*	X		
4.6	Verificação dos recursos alocados no campo, comparando os nivelamentos do MSP		*	X		
4.7	Cobrar emissão da curva "S" diariamente		*	X		
5	Fiscalização no Papel					
5.1	Manter pastas atualizadas de todos os documentos (contrato, correspondências, RDOs, BMs etc.)			*		
5.2	Responder RDOs		*	X		
5.3	Estabelecer esquema de apropriação dos serviços para subsidiar a emissão do BM			*		X
5.4	Verificação física das apropriações dos serviços, para emissão do BM			*		X
5.5	Verificação final das apropriações e emissão do BM (com apoio da programação)		*	X		
5.6	Cobrar GR e lista de pessoal		*	X		
5.7	Solicitar retirada de funcionário da contratada da área por falta de qualificação, problemas disciplinares ou de produtividade		*	X		
5.8	Repassar/discutir os procedimentos de execução				*	X
5.9	Solicitar o registro do HH real utilizado no RDO, conforme planilha da Petrobras		*	X		
5.10	Autorizar subcontratações, após consulta ao banco de dados do Setrat e envio de carta	*	X			
5.11	Decisão da aplicação da multa para contratada, com base no manual da Petrobras, consultar o Setrat	*.	X			
5.12	Decisão de conferir elogio à contratada	*	X			
5.13	Solicitação da lista de pessoal das contratadas, com respectivos exames médicos admissionais, assinados pelo médico de trabalho		*	X		
5.14	Emissão do BAD		*	X		
5.15	Emissão do TRD		*	X		
6	Fiscalização de Campo					
6.1	Quanto à qualidade final			X	*	X
6.2	Quanto à aplicação dos materiais			X	*	X
6.3	Quanto ao andamento dos serviços		X	X		X
6.4	Quanto à aplicação de procedimentos			*	X	X	X
6.5	Quanto à qualidade e produtividade do pessoal			*	X	X	X
6.6	Acompanhar execução da RIs				X		X

ITEM	DESCRIÇÃO DAS ATIVIDADES	C.G	E.C.	F.G.	G.T.	F.C
6.7	Quanto à qualidade e à quantidade de ferramentas					*
6.8	Quanto à qualidade e à quantidade de equipamentos					*
6.9	Controle no suprimento de horários, atentar para evitar dobras			*	x	x
7	Auditorias					
7.1	Auditar se equipamentos e ferramentas estão de acordo com os requisitos de segurança e na quantidade necessária		*		x	x
7.2	Auditar as instalações da contratada, conforme exigência contratual (canteiros, sanitários, refeitório)		*	x		
7.3	Auditar os registros das carteiras de trabalho, inclusive de contratadas - Sedap		*	x		
7.4	Auditar quantitativos de pessoal registrados em RDO			*		x
7.5	Auditar quanto às recomendações da APR e AIA - com apoio da Asema e Tecn. Segurança da Contratada		*	x		
7.6	Auditar serviços de ENDs - pelo Seteq				*	x
7.7	Auditar manuseio de consumível de soldagem				*	x
7.8	Auditar qualificação de mão-de-obra da contratada				*	x
7.9	Auditar cumprimento dos itens de meio ambiente		*	x		

Tabela 7.1– Matriz de atribuições

Observações quanto à matriz de atribuições:

- As iniciais correspondem aos seguintes cargos:
    - ✓ C.G. = Coordenador Geral da Parada.
    - ✓ E.C.= Engenheiro Coordenador de frente de trabalho.
    - ✓ F.G. = Fiscal Geral de frente de trabalho.
    - ✓ G.T. = Grupo técnico formado por engenheiros e técnicos das oficinas especializados.
    - ✓ F.C. = Fiscal de Campo.
- Notem que, para a maioria das atribuições, existe mais de uma pessoa que pode executá-la. O importante é que o responsável está indicado pelo asterisco (*) e os demais indicados apenas com (x). Isso quer dizer que o responsável (*) pode delegar para aqueles indicados(x), porém, como se sabe, o que se delega é a autoridade para fazê-la. A responsabilidade permanece sempre com o indicado por (*).

APOIO À PARTIDA

Uma Parada só é bem-sucedida se cumprir, entre outros requisitos, o prazo, incluindo o período chamado de "Partida" ou "Posta em marcha", ocasião em que, depois de terminada a manutenção nos equipamentos, são iniciados os procedimentos operacionais até que se alcance a carga nominal da Unidade de Processo.

Houve um tempo em que o pessoal de manutenção praticamente "abandonava" a Unidade, pois justificava que sua missão estava terminada.

Isso, infelizmente, ainda acontece. Não nas Paradas de Sucesso. Cada vez mais deve ocorrer integração entre Operação e Manutenção para que esse período ocorra sem sobressaltos. Lembremo-nos de que na manutenção foram realizadas milhares de tarefas, em sistemas e equipamentos sofisticados. Por melhor que tenha sido a qualidade dos serviços de manutenção, sempre haverá ajustes a serem realizados.

Além disso, a teoria da Confiabilidade nos diz que um equipamento, sistema e, principalmente, instrumento que tenha ficado "parado", mesmo que não tenha sofrido manutenção, tem uma probabilidade muito maior (de cinco a 10 vezes mais) de apresentar problemas do que se estivesse em operação. Em uma organização onde a Parada não é tratada de forma correta, uma frase comum do pessoal da Parada ante um defeito em algo que não tenha sofrido manutenção é: "Nesse equipamento não mexemos, não é escopo da Parada". Essa atitude, entretanto, não resolve o problema da fábrica, que necessita da Unidade produzindo

É indispensável, portanto, uma forte equipe de Manutenção dando apoio à partida.

Em nosso caso, a mais ou menos sete dias do término da fase de manutenção, eu indicava formalmente um Coordenador da Partida, geralmente um Engenheiro de Instrumentação ou Mecânico, áreas onde se concentram equipamentos e sistemas mais sofisticados. Iniciava-se então o que se chama "Pente Fino" em todos os sistemas e equipamentos, realizado por uma equipe mista, de operação e manutenção. No início, a equipe é pequena e vai aumentado à medida que a partida vai se aproximando, até ter-se um esquema do tamanho do organograma mostrado na Figura 7.7

Sucesso em Paradas de Manutenção

```
                    ┌─────────────────┐
                    │  COORD. GERAL   │
                    │     NAIRO       │
                    └────────┬────────┘
                             │
                             ├──────────────────┐
                             │         ┌────────┴────────┐
                             │         │   PENTE FINO    │
                             │         │    MARDEM       │
                             │         │    EDINALDO     │
                             │         └─────────────────┘
```

DIURNO — MARDEM

CALD/COMPL.
BALDUCI
DELMEDES
L. HENRIQUE

INSTRUM.
Grupo 1
Fernando + 2 IN + 1AJ
Daniele - 1 IN + 1 AJ

ELÉTRICA
PIMENTA
BERALDO

MECÂNICA
MARCIO MORTARI
1 Mecânico BR
1 Aj. Contr.,1 Lubr., 2 RV
Grandes Máquinas
Marcondes

INSPEÇÃO
ETTER

SESUP
VALDEMAR

FERRAMENTARIA
CONTRATADA

SDCD
G-1
ÉDERSON

SCMD
BORDIGNON

OFICINA
DIA - Chibin

MATERIAL — DAMIANO

APOIOS
SEILET/INSTR. - DAISSON - 20HS30MIN
SEDIN - PEDROSO - 20H30MIN

FAIXAS DE RÁDIO

OPERAÇÃO	22
MANUTENÇÃO	21

FERRAMENTARIA
7H45 às 20H30
20H30 às 8H

CENTRALIZAÇÃO CONTRATADAS
FUMADOURO

A equipe de instrumentação continuará com esquema durante quatro dias

OFICINA
7H45MIN às 18H30MIN (21 a 23/4)
18H30MIN às 4HORAS (21 a 22/4)

NOTURNO — LAZARECK

CALD/COMPL.
MARCO
NIVALDO

INSTRUM.
G-2
Ricardo + 2 IN + 1AJ
G3 1 IN + 1 AJ

ELÉTRICA
CARLOS

MECÂNICA
Vanderlei Cardoso
1 Mec. Contr.
1 Ajd + 2 RV

INSPEÇÃO
EDNEU

SESUP
CONTRATADA

FERRAMENTARIA
CONTRATADA

SDCD
G-2
JOSÉ RODRIGUES

OFICINA
NOITE - Maurício

Figura 7.7 – Organograma de apoio à partida

Assim, todo esforço despendido no período de manutenção é coroado com uma partida suave, segura e rápida.

O esquema de apoio à partida deve ser planejado antes do início da Parada, e o detalhamento do esquema e do organograma dev estar prontos no máximo até que estejam decorridos 1/2 do tempo da Parda. Deixar esse "planejamento" para o fim termina em improvisações que normalmente levam ao insucesso.

PESSOAL CONTRATADO

Temos acompanhado os custos de Paradas no Brasil e comparado com Paradas similares no exterior.

Em um estudo efetuado por um grupo designado especialmente para analisar os custos de Paradas de Manutenção no ramo de Petróleo, chegou-se à conclusão que o valor que se gasta em mão de obra hoje, no Brasil, é bastante parecido com o que se gasta nos países da Europa, nos EUA e na Ásia. Isso contrasta com a realidade de quinze anos atrás, quando o nosso custo de mão de obra era bem menor do que o dos outros.

Os trabalhadores do ainda chamado "primeiro mundo" ganham muito mais, da ordem de quatro vezes mais do que os trabalhadores brasileiros. Então, por que os nossos custos com mão de obra são parecidos?

Uma das quatro partes que faz à diferença é a questão dos impostos. Aqui se paga muito mais impostos sobre salários do que nos outros países analisados. É o chamado "Custo Brasil".

A grande diferença, entretanto, está no número de pessoas que faz a Parada. No exterior (Europa, Ásia e EUA), utiliza-se, aproximadamente, <u>um terço</u> do número de pessoas que usamos aqui. Assim, se em uma Parada de uma Unidade de Craqueamento Catalítico, aqui utilizamos cerca de 1.200 trabalhadores, lá utilizam, aproximadamente, 400. O que faz a diferença? Uma parte é o nível da Gerência, mas grande parte se dá devido ao baixo nível de qualificação dos profissionais de manutenção, principalmente os contratados. A tendência é tentar compensar a baixa qualificação dos executantes e até mesmo dos encarregados, aumentando-se a quantidade. Paradas de sucesso no futuro terão que ter menos gente e pessoas mais qualificadas, produzindo mais.

GERENCIAMENTO DENTRO DAS CONTRATADAS

Se temos muito a caminhar no que diz respeito às práticas nas indústrias proprietárias dos ativos objeto das Paradas, em minha opinião, na maioria das empresas que prestam serviços, existe uma longa avenida a ser trilhada.

É forte e arraigado o sistema "Comando e Controle", herdado da primeira fase da industrialização e que não funciona mais tão bem quanto antes. Os funcionários agora só se motivam a executar serviços de qualidade se desenvolvermos também a motivação intrínseca deles, que tem a ver com aprendizado, suas contribuições próprias, e sentir-se parte do todo.

Chega a ser inacreditável, mas os executantes são quase desconhecidos dos gerentes. É uma massa sem rostos, composta por números ou nomes sem nenhum significado.

Não me espanta a questão das greves estar cada vez mais séria nas grandes Paradas. Às vezes, fica-se procurando as lideranças desses movimentos e não se encontra ninguém para negociar. Minha opinião coincide com a da estudiosa Margaret J. Wheatley, que é a mesma do fundador da VISA, Sr. Dee Hock, que escreveu o livro "O Nascimento da Era Caordica". Escreve Wheatley na revista "Executive Excellence": "O mundo *real* é formado por redes autoorganizadas. Esse mundo sabe como se organizar por si mesmo, sem comando, controles ou carisma. A vida se auto-organiza como uma rede de relações interdependentes. Quando as pessoas se identificam com interesses ou paixões em comum, elas se organizam e descobrem uma maneira de fazer com que as coisas que elas querem aconteçam".

E certamente, a maioria dos trabalhadores de hoje, no Brasil, não tem como interesse e paixão em comum o sucesso da Parada. Muitas vezes, é justamente o contrário.

O que tenho visto é a gerência não ocupar-se com um mínimo de motivação de sua equipe, nem explicando quais os objetivos do trabalho e qual a importância dele para a empresa e até mesmo para o país. E depois essa mesma gerência fica atônita diante dos movimentos grevistas, da falta de interesse e de paixão pelo trabalho mostrado pelos executantes.

Uma prática interessante, por exemplo, é a de ministrar treinamentos e outorgar certificados aos empregados, preparando-os para outros trabalhos quando terminar a Parada. Isso mexe com a necessidade de aprendizado e crescimento.

Utilizamos essa prática nas obras de construção de duas grandes Unidades de Processos, conforme certificado mostrado na figura 7.8. Anexo ao certificado, o trabalhador recebia a relação dos cursos que tinha efetuado durante a obra.

Obviamente, pela duração da Parada não é possível realizar a quantidade de treinamento que foi feita durante uma grande obra. No entanto, alguma coisa <u>sempre</u> pode ser feita.

BR
PETROBRAS

Certificado
Destaque em Segurança, Meio Ambiente e Saúde

A PETROBRAS - Petróleo Brasileiro S.A., através de seus órgãos ENGENHARIA/IEABAST/IERN e REPLAN/EM, confere a

empregado da empresa

o presente certificado como reconhecimento por seu desempenho nos aspectos de Segurança, Meio Ambiente e Saúde, no exercício de suas atividades no Empreendimento de Ampliação da REPLAN (unidades de Coque, HDT, unidades Auxiliares e Interligações), finalizadas em 2004.

Luiz Alberto Verri
REPLAN/EM

Fernando Vicente Casassola
ENGENHARIA/IERN

Para obtenção deste certificado o portador atendeu aos seguintes requisitos:

Trabalhou sem provocar acidentes pessoais;

Trabalhou sem provocar danos aos equipamentos e instalações;

Trabalhou sem provocar dano ao meio ambiente;

Trabalhou sem necessidade de retreinamento em SMS;

Trabalhou sem cometer atos de indisciplina;

Trabalhou durante mais de seis meses sem faltar mais de quatro dias.

Figura 7.8 – Certificado fornecido aos trabalhadores – frente e verso

Embora em uma Parada tenhamos muito menos tempo para essa prática, qualquer coisa que se faça no sentido de reconhecer o trabalhador ajuda a motivação intrínseca florescer. No caso do exemplo, não houve greve na montagem dessas Unidades, fato inédito para a época, nas grandes obras da Empresa. Acredito piamente que isso se deve a uma série de medidas que tomamos para motivar os trabalhadores, entre elas a de conferir o certificado mostrado na figura anterior.

O caminho não é se lastimar e blasfemar contra os trabalhadores. A trilha é dura, mas não há outra a ser trilhada. A administração moderna, com os preceitos do Dr. Deming, tem que chegar às empresas prestadoras de serviços. Quanto mais se apegarem desesperadamente às crenças de que a culpa é toda do trabalhador, menos capacidade terão de responder aos desafios dos novos tempos.

Os tomadores de serviço podem ajudar bastante nesse processo, como veremos mais adiante e também no Capítulo 8 – Gerenciamento do Suprimento & Contratação.

QUALIFICAÇÃO DA MÃO DE OBRA

No que diz respeito à qualificação da mão de obra das empresas prestadoras de serviço, eu acredito que a melhor metáfora para a situação é uma plateia de um grande espetáculo, onde todos estão em pé, sendo que poderiam estar sentados, pois há lugares disponíveis. Ninguém senta porque os outros não o fazem. Dessa forma, todos ficam prejudicados, assistindo ao espetáculo de pé. Alguns chamam isso de falta de cidadania, outros de falta de civilização. Eu prefiro achar que o que falta mesmo é visão de futuro empresarial.

A situação pode ser representada pela figura 7.9.

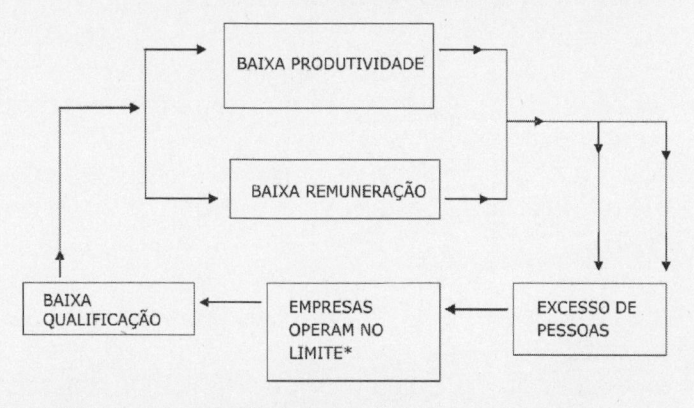

Figura 7.9 – Ciclo de baixa qualificação da mão de obra em Paradas

* A expressão "Empresas operam no limite" se aplica a quase tudo. No limite físico de seus executivos, de seus engenheiros, limite financeiro (é só observar quantas já saíram do mercado por maus resultados financeiros), limite das horas extras e, também, no limite de recursos para qualificação.

Como sair do circulo vicioso? A resposta, para mim, está clara: deve-se aumentar a qualificação da mão de obra.

Existe, no Brasil, um plano específico para isso, idealizado e suportado pela Associação Brasileira de Manutenção (ABRAMAN), em parceria com o SENAI. Esse programa, dentro do Programa Nacional de Qualificação e Certificação (PNQC), nasceu em 1992 e tem como objetivo aumentar a qualificação da mão de obra no Brasil através da certificação dos profissionais. Ocupações certificadas: Mecânico, Eletricista, Caldeireiro, Caldeireiro montador, Instrumentista, Inspetor de eletricidade, Inspetor de mecânica e Mecânico de lubrificação. Ocupações também já implantadas em 2014: Instrumentista reparador, Montador de andaime e Inspetor de instrumentação.

O profissional precisa passar por uma prova prática, em laboratórios especialmente montados para isso (são 43 CEQUALS – Centros de Qualificação – em todo o país, entre Unidades fixas e Unidades móveis), simulando com bastante precisão uma situação prática.

Infelizmente, o número de profissionais qualificados, ainda que em número expressivo (11.479 até dezembro/2007; 13.000 até abril/2008), face os esforços que a ABRAMAN, vários tomadores de serviços e algumas prestadoras de serviços vem empreendendo nesse sentido, ainda está bastante abaixo das necessidades do país, especialmente em Paradas.

Baixa qualificação conduz a baixa produtividade que, por sua vez, conduz a baixos salários. E aí ficamos nós, com aqueles verdadeiros batalhões de empregados de baixa qualificação, tentando "tirar leite de pedra", sofrendo com os constantes sobressaltos durante as Paradas: Greves, acidentes, tumultos etc., etc., etc. (quem vive o drama sabe do que estou falando).

Os dirigentes das Contratadas se queixam (com razão) sobre o fato de que aqueles profissionais que se qualificam ficam "de salto alto", disputados a peso de ouro entre as empresas e recusando-se a realizar tarefas de pouca complexidade e alto esforço físico.

Tudo não passa, entretanto, de uma questão de mercado, da lei de oferta e procura. Quando tivermos quase todos ou todos os trabalhadores certificados (sou um otimista), esses problemas naturalmente acabarão. A oferta chegará próxima da procura, e os trabalhadores se conscientizarão.

Lembro-me de ter visto mais de uma vez uma historia que circula na Internet: Um engenheiro brasileiro foi realizar determinado trabalho na Suécia, e ficou combinado que um colega da fábrica sueca daria uma carona todos os dias de carro até a fábrica. No primeiro dia eles chegaram cedo, o estacionamento estava vazio; o sueco estacionou o carro bem longe do portão e foram caminhando até a entrada. Após três dias com o mesmo procedimento, o brasileiro não se aguentou. Perguntou: "Noto que você sempre estaciona longe da entrada; aqui cada um tem sua vaga determinada?" Ao que respondeu o sueco: "Não, o que se passa é que nós estamos chegando cedo, temos tempo para caminhar sem nos atrasar. Deixo então as vagas mais próximas para os colegas que chegarão mais tarde e terão menos tempo!"

Cidadania? Civilização? Ou bobeira, como podem pensar vários de nossos "espertos" colegas brasileiros? Afinal, "pouco peixe, o meu pirão primeiro", não é assim? Eu acho que espertos mesmo são eles, os suecos, os povos escandinavos. É só verificar os índices de criminalidade, de desenvolvimento humano (IDH), de baixa corrupção, o funcionamento dos transportes coletivos, o funcionamento dos três poderes (Judiciário, Legislativo e Executivo) para comprovar quem é mais esperto. O bom futuro é de quem pensa no coletivo.

O que tem a ver essa história dos países escandinavos com a qualificação da mão de obra dos profissionais em uma Parada de Manutenção no Brasil? Muita coisa. Temos que subir de patamar, passar para o pensamento no coletivo para que possamos ter, individualmente, uma vida melhor. E ao invés de olhar apenas para o próprio umbigo no curto prazo, se todas as empresas partissem para a certificação em massa, todos ganhariam.

Obviamente a ABRAMAN e o SENAI também têm pontos de melhoria; acertar esses pontos é tarefa de todos nós, que militamos na área de manutenção.

Como existe o livre arbítrio, cada empresa prestadora de serviço pode optar ou não pela certificação de seu pessoal. O que os tomadores de serviços podem fazer é exigir, através de cláusulas cada vez mais eficazes, a certificação de percentuais cada vez maiores de trabalhadores, como, aliás, já faz pelo menos uma empresa no Brasil, a ArcelorMittal, anteriormente Companhia Siderúrgica de Tubarão (CST).

Na figura 7.10 podemos ver a evolução do percentual certificado em uma Parada do ano de 2006 em uma das Refinarias em que trabalhei.

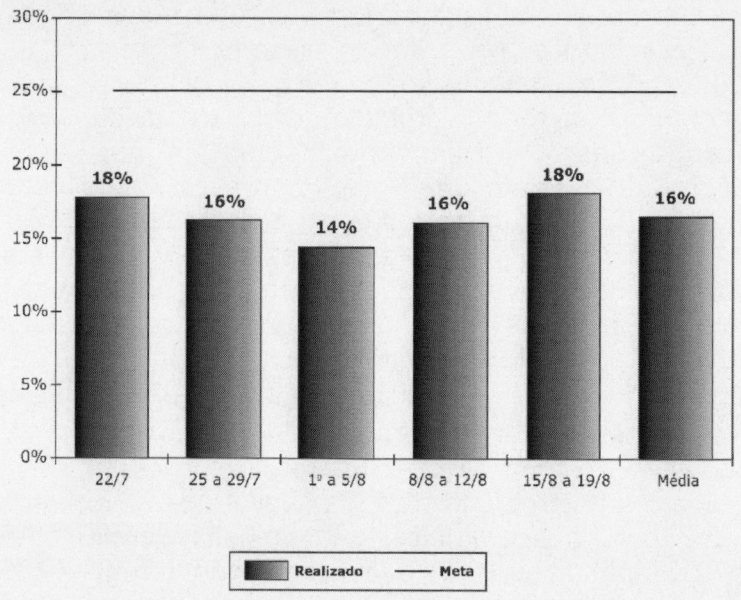

Figura 7.10 – Evolução do percentual de profissionais qualificados durante uma Parada

No gráfico nota-se que, no decorrer da Parada, embora nossa meta fosse 25% (o que ainda é baixo), o máximo que conseguimos foi 18%.

O que ocorreu, e ainda ocorre com frequência, é que as cláusulas contratuais não são suficientes duras para, de fato, obrigar as empresas a certificarem seus profissionais de forma que eles possam trabalhar na tomadora de serviço. Na situação atual, o custo da qualificação é maior que o benefício contratual. Temos que ajudar a mudar essa realidade. O melhor caminho é o do amor, da concórdia e da harmonia. Minha experiência, porém, mostra que em algumas ocasiões, o único caminho que resta é o da dor, do confronto. E essa questão da qualificação do pessoal me parece ser uma delas.

Uma prática que adotamos naquelas Paradas de sucesso referidas no Capítulo 1 foi a de cadastrarmos os soldadores e os respectivos processos de solda com suas características, para os quais estavam qualificados. Cada soldador recebia um número (sinete) e todas as soldas eram identificadas.

Na Tabela 7.2 vemos um exemplo do controle que era efetuado.

Sinete	Nome	Processo	Lim. Espessura do MB	Lim. Diâmetro do MB	Lim. Progressão	Lim. Polaridade	Ângulo
1	João Carlos Couto	Eletrodo	≤ 9,2 mm	≥ 73 mm	Ascendente	CC+/CC-	Todas
3	Amaro José da Silva	Arco	≤ 22 mm	≥ 25,4 mm	Ascendente	CC-	Todas
3	Amaro José da Silva	Eletrodo	≤ 10 mm	≥ 73 mm	Ascendente	CC-	Todas
3	Amaro José da Silva	Eletrodo	≤ 10 mm	≥ 73 mm	Ascendente	CC-	Todas
4	Newton Lima Teixeira	Arco	<11 mm	≥ 25,4 mm	Ascendente	CC-	Todas
4	Newton Lima Teixeira	Eletrodo	≤ 17,4 mm	≥ 73,0 mm	Ascendente	CC+/CC-	Todas
4	Newton Lima Teixeira	Eletrodo	≤ 12,4 mm	≥ 73,0 mm	Ascendente	CC+/CC-	Todas
5	Custódio Pereira	Eletrodo	≤ 36,6 mm	≥ 73,0 mm	Ascendente	CC-	Todas
5	Custódio Pereira	Eletrodo	Ilimitado	≥ 73,0 mm	Não	CC-	Pos. H

Tabela 7.2 - Controle de soldadores de uma refinaria de petróleo.

Todos os soldadores que passavam na refinaria, próprios ou contratados, eram cadastrados no sistema. Somente o fato de cada solda ter um responsável devidamente identificado já melhorava muito a qualidade. E era possível retreinar, evitar a admissão em novas Paradas, enfim, *agir* para que a qualidade da mão de obra da soldagem fosse boa. Isso é o que eu chamo de garantia da qualidade.

Outra ideia simples que tivemos e que apresentou resultados positivos foi o de relacionar, para cada oficial (caldeireiro, mecânico, eletricista etc.) os procedimentos para os quais o seu <u>encarregado ou supervisor</u> julgava estarem aptos. Para isso, eles (encarregados e supervisores) é que assinavam o registro de qualificação. Em caso de se flagrar serviço executado com baixa qualidade, o que fazíamos era tirar o encarregado da área, aquele mesmo que havia afiançado a qualidade do oficial. Costumava ter um efeito multiplicador muito grande. Essa última prática, porém, é um paliativo. A grande saída é a Certificação da ABRAMAN.

OUTROS PROCESSOS DE QUALIDADE

No que diz respeito a processos de garantia e controle de qualidade não relacionados diretamente com a motivação e qualificação de pessoas, eu diria que estamos em uma situação bem melhor. Existe mesmo uma tradição nisso, felizmente. Vamos passar pelos mais importantes.

RASTREABILIDADE DE MATERIAIS

Consiste na qualificação dos fornecedores, exercendo forte controle através de inspeção em todas as fases do processo de fabricação, e avaliando continuamente o desempenho de fabricação dos diversos fornecedores.

Com os sistemas informatizados que dominam os processos de compra, de entrega e de aplicação do material, é relativamente seguro garantir a qualidade do material aplicado através da rastreabilidade. Certamente existem exceções, o que no meu entender apenas confirma a regra geral.

CALIBRAÇÃO DE EQUIPAMENTOS E INSTRUMENTOS

Também está bastante disseminada a cultura de calibração de equipamentos e instrumentos, com certificados de calibração, uso de instrumentos padrões e registros para rastreabilidade. Praticamente todas as especialidades estão atuando nessa área, com destaque para a área de Inspeção de Equipamentos. Noto que há espaço de melhoria nas áreas de Elétrica, Mecânica e Instrumentação.

VERIFICAÇÃO DE DOCUMENTOS

Nessa área, que compreende o controle de revisões, a rastreabilidade de documentos etc., estamos, a meu ver, a meio caminho. Os procedimentos são bons, a área de Inspeção de Equipamentos é bastante rigorosa e ocupada com essa questão, mas aqui falta o que temos martelado ao longo deste livro: constância de propósitos e disciplina. Esses quesitos, como vimos anteriormente, não são obtidos através de procedimentos. Quando melhorarmos a motivação e a disciplina interna, certamente daremos um salto também nesse item.

TESTES HIDROSTÁTICOS

Bastante disseminados na indústria, com padrões na maioria das vezes adequados e já entranhados na cultura da execução, felizmente.

PLANO DE QUALIDADE

Garantir a qualidade não é apenas uma questão de ter um plano. É inegável, porém, que parar e pensar no que vamos fazer para garantir a qualidade dos serviços de nossa Parada ajuda bastante.

A meu ver, um Plano de Garantia de qualidade deveria conter:

- Estratégias para motivação e treinamento dos trabalhadores para a Qualidade. Já discorremos bastante sobre esse tema durante todo este capítulo. Gostaria, porém, de destacar duas práticas simples que normalmente não são feitas e que poderiam ajudar muito.
    - ✓ Reunião de alinhamento e "Brainstorming" sobre a Parada, sobre as relações com os trabalhadores, sobre a segurança, com os empregados indiretos ou STAFF da contratada.
    - ✓ Palestra motivacional de duas horas com encarregados e executantes, demonstrando os objetivos da Parada e a importância dela para o país. Reforço para a Segurança.
- Plano de "Kitting". Como o nome diz, relata como garantiremos as sequências de montagens nos caminhos críticos através da marcação das peças, separação e condicionamento (em "kits") para que entrem com rapidez na sequência correta de montagem.
- Gestão à vista – Indicadores: quais indicadores acompanharemos, quais as metas e "benchmarking", número. de resserviços, serviços realizados por turno de trabalho, absenteísmo, horas extras, são indicadores bastante relacionados com a Qualidade.

- Estudo de "construtibilidade": estudos e projetos de andaimes especiais; de movimentação das maiores cargas ou cargas repetitivas; de montagens provisórias importantes, como por exemplo, dispositivo de abafamento de ruído de sopragem de vapor em caldeiras. Pensar nessas coisas com antecedência aumenta bastante a probabilidade de que sejam efetuadas com qualidade.

- Todos os processos previstos na seção imediatamente anterior deste livro (Rastreabilidade de materiais, Calibração de equipamentos e instrumentos, Verificação de documentos, Testes hidrostáticos).

- Testes especiais para equipamentos mecânicos, elétricos e de instrumentação.

- Estabelecimento de pontos de inspeção, ou "hold points", para todos os processos de trabalho.

- Sistema de Verificação da Qualidade a ser adotado (por amostragem total, pela contratada, pelo tomador de serviço, por terceiros). Detalhar o plano.

CONCLUSÃO DESTE CAPÍTULO

Ressalto que não vejo outra saída para melhorar as nossas Paradas que não seja uma dura, e por vezes demorada, mudança cultural, principalmente no que tange à qualificação da nossa mão de obra e de nosso gerenciamento.

Como dizia meu pai, "às vezes as pessoas não plantam árvores porque pensam: vai demorar muito para crescer". O fato, porém, é que plantando ou não plantando, o tempo passa igual. E se plantarmos, certamente as coisas melhorarão.

Capítulo 8

Gerenciamento do Suprimento & Contratação

O PMBOK coloca em uma mesma "área de conhecimento" tanto a área de Suprimento de Equipamento e Materiais como a de Contratação de Serviços.

No caso de grandes indústrias no Brasil, e especificamente em Paradas, são disciplinas gerenciadas por pessoal com "expertise" diverso, por isso vamos separá-las neste capítulo.

De qualquer forma, é necessário estabelecer, a partir de 18 meses antes da Parada (campanha de 48 meses) e a partir de 10 meses antes da Parada (campanha de 12 meses), uma estratégia de contratação e de suprimentos.

Em primeiro lugar, é necessário identificar o que vai ser feito utilizando recursos próprios e o que vai ser contratado. A partir daí, é elaborado um planejamento das licitações (serviços). No caso de equipamentos e materiais, tendo como "entrada" a situação do mercado elabora-se o que vai ser comprado no mercado local e o que vai ser comprado no mercado internacional. Qualquer que seja a estratégia, é preciso identificar, de antemão, os equipamentos críticos (completamente indispensáveis e com prazos de entrega maiores) e emitir, rapidamente, os respectivos Pedidos de Compra. Nesta edição de 2014, quero acrescentar algo que não havia na primeira edição e segunda reimpressão: Noto, por informações de meus alunos e nas consultorias em empresas, que essa questão de Suprimentos e Contratação é cada vez mais crítica e importante, por isso merece tratamento especial. Os prazos de contratação foram vistos no Capítulo 2. Para Suprimentos de Bens, segue este adendo:

É preciso ter um plano específico de suprimentos. Vejamos dois deles, um de uma indústria cimenteira, cuja campanha é por volta de seis meses e outro de uma refinaria, cuja campanha é de 48 meses.

a) Campanha de seis meses:

- Emitir e aprovar as Ordens de Compra dos materiais críticos – 180 a 150 dias antes.
- Emitir e aprovar as Ordens de Compra materiais dos materiais não críticos (> 60 dias) 100 a 80 dias antes.
- Emitir e aprovar as Ordens de Compra dos materiais não críticos (< 50 dias) 70 a 60 dias antes.
- Receber materiais – 30 a 15 dias antes.

Os processos de compra devem ser iniciados nos seguintes prazos, de acordo com o tipo de equipamento:

b) Campanha de 48 meses:

<u>Até 18 meses antes:</u> Bombas de grande porte; Caldeiras; Compressores; Fornos; Permutadores (Aços Especiais); Reatores.

<u>Até 12 meses antes:</u> Bombas em geral; Painel de Instrumentação; Centrífugas; Partes do Reator; Permutadores e suas partes; PSV.

<u>Até nove meses antes:</u> Acumuladores Elétricos; Banco de Capacitores; Bandejas para Torres; Bombas de pequeno porte; Cabos de Instrumentação; Cabos Elétricos; Casco Permutador.

SUPRIMENTO DE BENS

Hoje, a tendência é aproximar a atividade anteriormente conhecida como "MATERIAIS" ou "Serviço de Materiais", da área de "Suprimento de Serviços", ainda conhecida como "Contratação", formando um Departamento dentro da empresa normalmente chamado de "Suprimento de Bens e Serviços". Os pontos importantes para o suprimento de bens (materiais e equipamentos) são:

QUALIFICAÇÃO DE FORNECEDORES:

É necessário um sistema que selecione os fornecedores de acordo com a garantia da qualidade de seus produtos. É sabido que a qualidade de nossos processos depende da qualidade dos produtos de nossos fornecedores. Assim, há a necessidade de um processo cuidadoso de verificação da qualidade de nossos fornecedores. Uma boa forma é verificar a experiência anterior do fornecedor, para quem forneceu e como foi a qualidade do fornecimento. Mas cuidado: Tradição é importante, mas não é tudo. Já tive péssimas experiências com fornecedores tradicionais e boas experiências com fabricantes entrantes no mercado. Nesse último caso, se tivermos pessoal próprio que detenha conhecimento técnico e gerencial sobre a fabricação dos produtos, podemos certificar o fornecedor através de um processo de visitas, verificação de equipamentos de fabricação e diálogo com técnicos do fabricante. Pode ser uma boa opção em um mercado aquecido.

FORNECIMENTO DE PROTÓTIPOS:

Na verificação, é importante que verifiquemos se não estamos comprando, mesmo que seja de um fornecedor tradicional, um protótipo cujo grau de complexidade ou tamanho nunca tenha sido antes experimentado pelo fornecedor. Algumas poucas vezes não conseguimos fugir dessa situação pela própria característica da evolução e do mercado. Sempre que possível, eu evito esse tipo de situação em Paradas. Tive algumas péssimas experiências recebendo equipamentos que eram, na verdade, protótipos. A nossa Planta Industrial pode estar sendo utilizada como laboratório sem que saibamos disso, o que não é bom.

INSPEÇÕES PERIÓDICAS:

Para os equipamentos e materiais críticos e/ou especiais, é imprescindível estabelecer um cronograma de inspeções, de preferência com uso misto de pessoal próprio e contratado (existem empresas especializadas em inspeção na fábrica). Ambos têm conhecimentos, algumas vezes, complementares. Um efetivo plano de Inspeção de Fabricação ajuda tanto na qualidade do que está sendo comprado como na garantia do prazo. Minha experiência diz que o ditado "o olho do dono engorda a boiada" é bastante válido. A maioria dos fornecedores trata com mais rapidez e qualidade pedidos que tenham inspeções frequentes por parte do cliente.

SOBRE-ESPECIFICAÇÕES:

Um dos meus Gerentes superiores (provavelmente, o que mais me ensinou na arte de gerenciar) dizia: "Tome cuidado com as atitudes de fulano porque ele é muito técnico". Demorou um pouco para eu entender que o que ele queria dizer com aquilo era que existem pessoas que não têm um mínimo de sensibilidade e flexibilidade na vida profissional atuando como se estivessem ainda nos bancos acadêmicos. Dessa forma, às vezes uma mesma especificação é utilizada tanto para um equipamento que vai sofrer condições super-especiais de operação como para todos os outros, que vão enfrentar condições bem mais amenas. Resultados: os prazos de entrega tornam-se enormes e, os itens, mais caros. Já me aconteceu de não encontrar nenhum fabricante, nacional ou internacional, que se dispusesse a fabricar um compressor com uma determinada especificação de material da carcaça, considerada praticamente impossível de fabricar.

CONTROLE DE MATERIAIS:

Tendo em vista a importância da chegada de material no tempo adequado, é necessário um rigoroso *"follow-up"* de materiais.

O melhor exemplo de acompanhamento de materiais que encontrei vem de uma fábrica de Papel e Celulose do sul da Bahia.

Um dos engenheiros de planejamento dispunha, basicamente, de duas ferramentas:

a) Uma lista de tudo que havia sido pedido, *on-line*, que apresentava o *status* de cada item pedido: descrição, número do pedido interno, número de item, número da ordem de compra externa, data do pedido, prazo de entrega, datas previstas para inspeção (se houver), data prevista para a chegada e finalização da situação propriamente dita. Por um sistema de cores, rapidamente podia-se visualizar a situação: :

- Emitida a ordem de compra;
- Agendada data de inspeção;
- Material vai chegar no prazo;
- Material vai atrasar;
- Material na fábrica.

O pessoal de suprimentos era responsável pela atualização semanal da planilha. O engenheiro citado ainda fazia auditorias periódicas para verificar o nível de fidelidade das informações.

b) Da planilha acima referida saía um resumo com uma ótima informação gerencial, atualizada semanalmente. O modelo é como o da tabela 8.1 a seguir.

Data	Número de itens			Situação em:			
	Pedidos	A pedir	Estão no site	No site antes da Parada	Garantidos no Prazo	Não chegarão no prazo	

Tabela 8.1 – Modelo de tabela: resumo da situação dos materiais para a Parada

SUPRIMENTO DE SERVIÇOS

O termo "parceria" está muito desgastado no Brasil; tem sido desmoralizado inúmeras vezes tanto pelos que usam essa palavra quando por aqueles que querem designar uma relação comercial em que a outra parte entra com o maior ônus.

Parece-me que quando uma pessoa, seja de que lado for (contratada ou contratante), utiliza essa palavra, está pensando metaforicamente, como dizia um amigo meu, que está convidando a outra parte para uma grande festa na qual ele vai fantasiado de órgão sexual masculino e a outra parte vai fantasiada de nádegas! A maioria das vezes a outra parte, quando ouve a palavra "Parceria", pensa o mesmo, ou seja, ele (a outra parte) é que vai fantasiado de órgão sexual masculino e a primeira parte vai de nádegas. Ora, anatomicamente é impossível que dê certo, não é mesmo? Os dois entram "armados", esperando uma brecha para literalmente "colocar". Assim, ninguém chega a nenhum lugar de sucesso.

Proponho o resgate do termo Parceria, que vem da palavra Parceiro, de PAR, igual. Ou seja, as duas partes têm que querer ganhar, mas têm que entender que a outra parte está ali para ganhar também. E juntos conseguem fazer o que cada um, sozinho, não conseguiria.

Muitas pessoas têm me dito, ao longo de minha carreira como Fiscal e Gerente nos mais diversos níveis dentro de uma grande empresa tomadora de serviço, que eu sou uma pessoa diferente, que consegue perceber o outro como igual. Talvez seja porque, no tempo em que fiquei fora dessa fantástica empresa dos sonhos dos brasileiros tive, entre outras, a trepidante experiência de ser o Sócio-Diretor de uma empresa prestadora de serviço no ramo de Engenharia e Manutenção. Penso que depois disso consegui enxergar e vivenciar coisas que ainda não tinha enxergado ou vivenciado.

E, principalmente, que como seres humanos, somos iguais. Quando os acionistas e empregados de uma empresa dona de ativos importantes quer diminuir o prazo, está cuidando de seus interesses. Dessa forma, é justo que a prestadora de serviços também queira ter seu lucro e zelar pelos seus interesses. Eu já ouvi vários ex-colegas, gerentes e fiscais, dizerem que "tal empresa só pensa no lucro". No entanto, isso é natural, pois é aí que está garantida a sobrevivência da empresa.

Por outro lado, também não se pode exagerar. Realmente há prestadores de serviços que passaram para mim, ao longo de todos esses anos, a nítida impressão de realmente só estarem interessados no curto prazo. Não pode ser por aí. Isso, por si só, já cria uma grande barreira formada pela incompreensão entre os dois lados.

Há, ainda, fiscais e gerentes que têm o discurso muito ríspido, mas agem de forma leniente na prática, "deixando o barco correr". Eu sempre preferi ter um discurso pacífico, não arrogante, e uma prática dura, toda vez que foi necessário. O importante não é falar mal da empresa contratada, é fazer com que cumpra o que está estabelecido nos contratos. E para isso, às vezes é preciso ser duro.

Uma coisa fundamental, válida para qualquer tipo de relação humana, é a clareza. Como veremos no Capítulo 9 – Gerência da Comunicação –, nem sempre basta estar escrito para estar entendido. Em minha prática, eu sempre fazia questão de explicar os pontos nevrálgicos do contrato, olho no olho do gerente, diretor ou proprietário da empresa contratada. Assim, fica muito mais fácil agir de acordo com o necessário posteriormente.

O ideal mesmo é que os dois lados entrem não só visando o interesse próprio, mas também o interesse do outro. O sucesso de um lado, afinal, costuma levar ao sucesso do outro lado.

É por isso que a principal prática difundida pelo PMBOK (PMI) nos processos de contratação é a de <u>proteger a relação entre as partes</u>. Vamos precisar de uma boa relação para atravessar com sucesso todas as fascinantes, porém às vezes espinhosas, etapas da Parada.

TIPOS DE CONTRATO - RISCOS

Uma percepção que todos temos que ter é a questão do risco na área de contratação.

Imaginemos que vamos contratar uma construção de um muro em volta de nossa casa recém-construída, e chamamos um pedreiro para negociar a forma de contratação. Podemos pagar por dia trabalhado ou por empreitada (preço global). No primeiro caso, quem corre o risco somos nós, os proprietários. Temos que pagar as horas do profissional independente do evento que ocorra, já que o pedreiro, nesse caso, estará à nossa disposição. As horas, esteja a obra andando ou não, deverão ser pagas. Já no segundo caso (empreitada ou preço global), o risco é do pedreiro. Qualquer evento inesperado (uma pedra no local em que será construído o alicerce, por exemplo) deveria ser risco dele. Por isso, quando comparamos, se multiplicarmos o valor do dia do pedreiro pelo número de dias estimado para a construção do muro, o normal, o certo, é informar um valor <u>menor</u> do que aquele estipulado para a realização do mesmo muro por empreitada. Infelizmente, muitas pessoas não percebem isso, tanto do lado do tomador de serviço quanto do lado da contratada. Duas situações são comuns:

a) Quem contrata faz as contas e parte do princípio que está sendo roubado, já iniciando mal a relação comercial. Não percebe que, no preço, está incluído o risco do contratado.

b) A contratada dá um preço global, mas tem a atitude de não assumir, para si, nenhum risco; qualquer fato inesperado (que deveria estar considerado na parcela referente ao risco) pode ser cobrado à parte, também favorecendo a má relação entre as partes.

Uma vez clara a questão dos riscos, vamos aos tipos de contratos, de acordo com o PMBOK.

CONTRATO POR ADMINISTRAÇÃO OU CUSTO REEMBOLSÁVEL

Os custos da contratada são reembolsados pelo tomador do serviço. Nesse caso, o risco maior é do tomador de serviço; a possibilidade de o fornecedor ter prejuízo fica bastante diminuída.

O PMBOK coloca as seguintes variações para esse tipo de contratação:

a) Custo reembolsável mais taxa fixa:

Segundo o PMI, a forma mais comum de contratação por custo reembolsável nos EUA. A filosofia é de que a contratada não está cobrando nenhuma taxa referente ao risco, e tem como vantagem, para o tomador de serviço, o fato de que custos excedentes ao custo planejado não irão gerar lucro adicional para a contratada.

b) Custo reembolsável mais taxa de administração:

São os famosos "contratos a preço de custo", nos quais o tomador de serviço paga todas as despesas mais um percentual sobre elas. Assim, quanto mais o fornecedor gasta, mais ele ganha.

Devido ao fato de esse contrato ser muito ruim para o tomador de serviço (consumidor), está proibido nos EUA. Em minha opinião, deveríamos bani-lo também no Brasil.

c) Custo reembolsável mais bônus

Esse tipo de contrato paga todos os custos mais uma taxa fixa e um bônus por desempenho superior ao esperado.

O incentivo ajuda a contratada a manter seus objetivos alinhados com os objetivos do tomador de serviço.

Além dessa última vantagem, não deve existir nenhum valor referente ao risco embutido no preço.

Em tópico específico, eu sugiro, com algumas adaptações, um tipo de contrato parecido com este, com um compartilhamento dos riscos.

CONTRATO POR PREÇO UNITÁRIO

É um tipo de contrato não muito utilizado no Brasil. Na verdade, "unitário" não é o mesmo que "por item". Para o PMI, unitário é por unidade de medida, como m2, tonelada, m3, metro linear e até por Homem x Hora.

Nesse tipo de contrato, há muita incerteza quanto ao custo final do empreendimento. Além disso, em alguns casos é muito difícil de medir.

CONTRATO POR PREÇO GLOBAL

É a forma mais comum de contratação de projetos de capital em todo mundo. Paga-se um valor global pré-estabelecido. O risco deveria ser todo da contratada, e o grau de definição do escopo, na ocasião da contratação, deveria ser alto.

Infelizmente, não é o que ocorre no Brasil. Pelos problemas citados no Capítulo 3 – Gerenciamento do Escopo & Integração –, muitas vezes faz-se a contratação por preço global com um grau de definição muito baixo. Isso, além da cultura dos nossos contratados, gera os indefectíveis pleitos em todos os eventos, sejam Paradas de Manutenção ou Empreendimentos de Capital.

Esse tipo de contrato recebe os nomes, em inglês, de "Lump Sum" e "EPC" (Engineering + Procurement + Construction – em português, seria Projeto de Detalhamento + Suprimento + Construção e Montagem).

Quando o fornecedor detém a tecnologia (a construção e a montagem de uma subestação, por exemplo), e entrega a Unidade funcionando, esse tipo de contrato recebe o nome de "Turn-Key" (literalmente, "gire a chave", ou "ligue").

Existe uma variação desse tipo de contrato, que é a introdução de um bônus por desempenho de prazo. É algo bastante utilizado na Empresa para a qual trabalhei.

Pelos motivos apontados no segundo parágrafo desse tópico, eu penso que esse modelo está esgotado, e que temos que partir para outra forma de contratação. Acredito que os tomadores de serviço estão pagando o risco duas vezes; a primeira embutida no valor contratual e a segunda, através dos famosos "pleitos".

ORDEM DE COMPRA

Normalmente unilateral, assinada apenas pelo tomador de serviço. Já vi, no passado, ser bastante utilizada pelas empresas em processos de contratação. Hoje não deveria haver mais espaço para um contrato desse tipo, unilateral, mas infelizmente ainda o encontramos em algumas empresas.

Há quatro tipos de contratação descritos pelo PMBOK e mais um tipo de contrato, não citado pelo PMBOK, porém bastante utilizado no Brasil. Vamos a ele:

CONTRATAÇÃO POR ITEM (SERVIÇO)

Uma variação do contrato a preço global: a remuneração da contratada se dá através de pagamento pelos serviços especificados, por preços unitários. Os serviços podem ser por unidade de serviço (mobilização da equipe, por exemplo), ou por unidade métrica (m2 de chapa trocada, por exemplo). Neste último caso são estimados os quantitativas, de forma que se tem um valor contratual global. O fato de haver um valor contratual global é o que o diferencia do _Contrato por Preço Unitário,_ citado pelo PMBOK e também neste livro.

É a forma hoje preponderante de contratação no Brasil para serviços de manutenção Industrial, inclusive em Paradas. Teoricamente, o risco seria da contratada, mas, na prática, qualquer aumento do escopo ou fato imprevisto é repassado, parcial ou totalmente, para o tomador de serviço.

Apresenta, portanto, os mesmos problemas citados no contrato a preço global; temos que partir para outra forma de contratação.

CONTRATAÇÃO NA PRÁTICA

Em 1997 viajei para os Estados Unidos da América em companhia de um Gerente de uma prestadora de serviço (cada empresa pagou a passagem assim como a estadia de seu respectivo empregado) para visitar, a convite, uma grande empresa americana, prestadora de serviço das mais variadas espécies, com forte presença no segmento de Paradas de Manutenção.

A empresa em questão estava realizando uma grande Parada de Craqueamento em uma refinaria no estado de Missouri, que pertencia a uma das então chamadas "Sete irmãs" no ramo do Petróleo.

A ideia era mostrar várias práticas inovadoras em Paradas, já que a tal empresa norte-americana estava em vias de associar-se (provavelmente comprar a maior parte do capital) com a empresa nacional, esta, na ocasião, a maior prestadora de serviços de manutenção no Brasil.

Claro que aproveitei para ver, além das tais técnicas de vanguarda (corte de chapas grossas por hidrojato e "implosão" de refratamento de reatores e ciclones), outros pontos importantes daquela Parada.

O que mais chamou a minha atenção foi o alto índice de produtividade, a qualificação do pessoal e o baixo número de pessoas envolvidas na Parada. Posteriormente, li vários relatórios de colegas que visitaram Paradas nos EUA e na Europa, os quais também relatavam coisas semelhantes.

Para mim, parecia quase inacreditável; os trabalhadores vinham para a refinaria em veículo próprio (havia um imenso estacionamento), traziam seu almoço de casa (alguns, um simples lanche) e ganhavam bem. Eu perguntei a vários deles, e lembro-me que o valor mais comum praticado era de U$ 15,00 (quinze dólares) por hora. Isso levava a que o trabalhador comum em uma Parada, naquela época, considerando a realização de 50 horas extras no mês, ganhasse U$3.825,00 por mês, ou R$ 8.568,00/mês, ao câmbio de hoje (setembro/2014). Os colegas que visitaram uma Parada em Refinaria na França, em 2002, divulgaram a informação de que o salário *mínimo* praticado na Parada visitada era da ordem de € 1.140/mês, o que, combinado com a mesma quantidade de horas extras (50) e a taxa de câmbio na mesma data, equivaleria a um salário de cerca de R$ 3.306,00/mês. Considerando os impostos sobre salário (maior na Europa que nos EUA), o fato de o valor europeu ser salário **mínimo** e o retorno e garantias que o Estado francês dá aos trabalhadores em comparação com o Estado americano, a diferença entre os dois valores não é tão grande como parece, apesar de, claro, refletir a desvalorização que o euro vem sofrendo.

O que esses salários têm em comum é que são muito, mas muito maiores do que os praticados no Brasil, ainda mais contabilizando apenas 50 horas extras ao mês, ao passo que os trabalhadores brasileiros são obrigados, em muitos casos, a realizar entre 100 a 150 horas extras por mês,.

Por outro lado, a reciprocidade: na refinaria que visitei, os trabalhos efetivos no campo começavam regularmente às 8 horas; existiam sanitários portáteis e minibebedouros nos locais mais afastados e/ou mais altos, de forma que o pessoal só parava de trabalhar próximo ao meio-dia; revezavam-se todos em um local onde existia uma mesa comprida com bancos de madeira. Apanhavam seus lanches, faziam a refeição, descansavam um pouco e, aproximadamente às 13 horas voltavam ao trabalho, ficando lá até às 18 horas, quando eram rendidos, apenas no caminho crítico, pelo pessoal noturno. Para quem conhece Paradas no Brasil, esse ritmo de trabalho é completamente diferente, e é uma das fortes razões pelas quais se consegue fazer Paradas com aproximadamente 1/3 do número de pessoas, quando comparado com Paradas no Brasil.

Exploramos bastante o assunto "como sair dessa" no Capítulo 7 – Gerenciamento da Qualidade & Recursos Humanos. Como disse, podemos ajudar enquanto tomadores de serviço através da forma de contratação e pelo desenvolvimento de parcerias verdadeiras.

Os primeiros contratos de manutenção de Paradas eram puramente por Homem x Horas, ou Hxh. Quanto mais gente a contratada colocava à disposição, mais se pagava. Havia pouco comprometimento dos executantes e gerentes das contratadas.

Posteriormente, os contratos passaram a ser por item unitário, m2 de chapas, toneladas de tubulação, m2 de refratamento, e assim por diante. O problema é que o grau de definição era baixo e os recursos alocados, sempre subdimensionados pelas contratadas. Consequências: maus resultados.

Houve época de contratação mista, parte por preço global baseado em um escopo presumido e parte por itens para complementar o que, eventualmente, não havia sido corretamente dimensionado. Ocorriam os mesmos problemas da contratação anterior além de uma tendência de a contratada encontrar mais trabalhos por itens e menos do escopo global.

Todas essas formas de contratação têm algo em comum: os objetivos das duas partes são conflitantes. O dono dos ativos quer realizar pouco serviço, com pouca gente, no mínimo prazo. O contratado ganha mais dinheiro à medida que coloca mais gente (no caso de Hxh) ou realiza mais serviço com pouca gente, não importando o prazo (no caso, por itens ou preço global).

A forma atual de contratação na maior empresa do país tem muitos méritos: contratos de longo prazo (tipicamente quatro anos + prorrogação de quatro) abrangendo Paradas em todo o Brasil. Estimam-se, por analogia ou para parametrização, os Hxh que serão necessários nas Paradas ao longo deste tempo. Existem contratos para as frentes principais: Torres, vasos e permutadores; Fornos e caldeiras; Conjunto Reator - Regenerador e Tubulação. Quando o escopo está definido pelo planejamento, as duas partes negociam e chegam a um total de Hxh que será utilizado. Multiplicam-se os Hxh pelos valores contratuais unitários (na verdade, o que foi licitado) e fecha-se um "pacote" de preço global, com cláusula de bônus por adiantamento do serviço e por itens de segurança. Essa última forma de contratação tem as seguintes vantagens:

- Aproxima os objetivos das partes e aumenta o comprometimento da contratada, já que o preço é global após conhecido o microdetalhamento. Se acabarem antes, com menos gente, os dois lados ganham.

- Permite um planejamento, preparação e fôlego financeiro para as contratadas, já que os contratos são de longo prazo, abrangendo várias Paradas.

Acredito, entretanto, que esse modelo está se esgotando porque logo as duas partes descobrirão que o mais importante, para a questão do custo e do preço, é a negociação de quantos Hxh serão alocados para a frente. Dessa forma, na negociação, o tomador de serviço estima certa quantidade de Hxh; a estimativa da contratada é sempre muito menor. Após intensas negociações, chega-se a um valor que não é o mais provável, mas que representa o resultado de quem foi mais efetivo na negociação.

Quando começa a Parada, a situação se inverte: o tomador de serviços quer o máximo possível de recursos (no mínimo, o que fora combinado) e a contratada vai, lentamente, alocando os recursos (no máximo, o que fora combinado). A relação, do começo ao fim, é conflituosa.

Outro inconveniente que vem ocorrendo é que, quando o fiscal é rígido e exigente (como deve ser mesmo), muitas contratadas preenchem o número total acertado com mão de obra ainda menos qualificada utilizando como base a "desculpa verdadeira" de que o mercado está aquecido e, por isso, não se encontra mais mão de obra qualificada.

Vamos voltar ao ponto de minha visita na tal Parada de uma refinaria americana. Para meu espanto, os contratos eram por Hxh (custo reembolsável) mais taxa fixa com bônus por desempenho. Esse mesmo padrão é repetido em várias Paradas em refinadores europeus, o que foi verificado através de visitas de ex-colegas.

Nessa época (1997), os contratos na Refinaria onde eu trabalhava eram por item, migrando para preço global. E eu me perguntava: Qual a vantagem, para o executante, em terminar a Parada antes do prazo ou no prazo estimado? Quase nenhuma, eu pensava. Quanto mais rápido e melhor ele trabalhasse, mais cedo perderia aquele emprego. Praticamente, a única motivação era "ficar com um bom nome na praça", para futuras Paradas. Convenhamos, isso não é muito. Na verdade, é pouco.

Foi aí, inspirado pela minha visita aos EUA e pela constatação acima descrita que introduzimos, nas Paradas da Refinaria, a cláusula de bônus por desempenho, com repasse obrigatório de metade do bônus para os executantes. Salvo eu estar mal informado, esta foi a origem dos contratos de Parada com bônus por desempenho na empresa em que eu trabalhava.

Imaginamos uma fórmula simples, mais ou menos assim:

Onde: $$Bônus = \left[\frac{Te - Tr}{Te} \times \cdot Fs \cdot F\right.$$

Te = Tempo estimado em dias

Tr = Tempo realizado em dias

Fs = Fator de segurança: Criamos uma tabela que relacionava percentuais subtrativos inicialmente com número de acidentes com e sem afastamento; depois com as respectivas taxas de frequências.

Posteriormente, verificou-se que esse fator de segurança, relacionado diretamente com acidentes, funcionava bem nos EUA, mas não era adequado para a realidade brasileira uma vez que se iniciou um processo de sub-relatos de acidente, às vezes convenientes para todas as partes (Gerente e/ou fiscal do contrato, empresa prestadora e até para o(s) empregado(s) acidentado(s) que não via(m) sob suas costas a responsabilidade de ter retirado o bônus de seus companheiros), mas não condizente com o foco na verdade, valor felizmente muito forte na grande empresa onde trabalhei durante todos esses anos. Alteramos então para relacionar o FS com o I.P.S. – Índice de Práticas Seguras.

A minha sugestão de forma de contratação será vista aqui, nas próximas páginas. Explicarei outra forma de introduzir a questão da Segurança na cláusula de bônus.

Fq =Fator de qualidade – Na época, outra tabela relacionava o número de Não Conformidades verificadas através de uma comissão de auditoria da qualidade e/ou por resserviços apontados pelo fiscal com percentuais subtrativos.

Vc = Valor contratual

Uma observação importante a respeito da fórmula: é necessário testá-la através de simulações e cuidar para que o valor do bônus não fique nem desproporcional para mais em relação ao contrato, nem desprezível a ponto de causar o desinteresse da contratada.

Uma boa referência é: qual o valor do lucro cessante (quanto o tomador do serviço vai ganhar com o adiantamento)?. O valor ganho de bônus não deve ultrapassar, digamos, 30% do lucro cessante, e não deve ser menor do que 5 ou 10% dele.

A seguir, algumas colocações a respeito dessa experiência com cláusula de bônus para a realidade brasileira.

a) Apesar de suas imperfeições e ineditismo, estou seguro de que funcionou, ajudando a realizar as tais Paradas de Sucesso. Alguns consultores do IPA ("Independent Project Analysis") afirmam, com base em seu respeitável banco de dados, que cláusulas de bônus não ajudam a melhorar o desempenho em prazo, além de adicionarem custos. Admitem, entretanto, que ajudam a melhorar o desempenho em segurança, desde que haja a garantia de que parte substancial seja realmente repassada aos empregados. Eu pondero que a base de dados do IPA é formada, primordialmente, por projetos (e Paradas) realizados na América do Norte, onde o trabalhador já tem mais autoestima do que o trabalhador brasileiro. Ao se desafiar os trabalhadores, supervisores e Gerentes brasileiros com essa cláusula, penso que conseguimos atingir uma motivação baseada na autorrealização, o que faz com que alcancemos bons resultados.

b) Por mais leonina que pareça, estou convencido de que é necessário colocar uma observação, na cláusula respectiva, de que o "bônus só será devido se efetivamente ocorrer o adiantamento, não importando a parte responsável por fato que determine o não cumprimento ou não adiantamento do prazo". Minha convicção é baseada em experiências anteriores a estas, terríveis, nas quais a relação entre as partes se transformava em verdadeiras batalhas registradas nos RDO's (Relatório Diário de Obra). Nestas, a atenção dos protagonistas principais (Gerente do contrato, Fiscal, Preposto e Gerente da contratada) é desviada dos objetivos comuns para provar qual parte é a responsável por fatos que prejudicaram o desempenho. Prefiro agir assim, sendo rígido, sem negociação, e, ao final, caso julguemos (geralmente através de uma comissão nomeada) que houve extremo empenho da contratada e esta foi prejudicada, de fato, por ação da Tomadora de serviços, concede-se sempre, "por mera liberalidade", um ou dois dias de abono. Se não colocarmos a observação vista no início deste tópico, haverá conflitos durante toda a Parada.

c) As fórmulas contratuais, em geral, evoluíram para, em vez de um percentual relativo ao prazo e dois negativos com relação à Segurança e à Qualidade, três percentuais positivos. O argumento é bastante razoável: ao perceber a perda do prazo, a tendência da equipe contratada é relaxar na segurança e qualidade, pois o bônus está perdido mesmo; da mesma forma, alto índices de acidentes ou retrabalhos podem dar a percepção de que não valerá a pena adiantar a Parada, pois já houve perdas na segurança e na qualidade. Apesar da força dos argumentos acima, confesso que, na condição de Gerente Geral de Refinaria, ou mesmo Gerente de Empreendimentos, funções que fizeram com que eu ficasse mais afastado do dia a dia da contratação, eu me sentia incomodado com o fato de as contratadas quase sempre ganharem algum bônus, algumas com atrasos consideráveis nos seus objetos contratuais; outras, com alto índice de acidentes.

Sugestões para esta forma de contratação

Por mais experiências que eu tenha tido e por mais conhecimentos que tenha adquirido estudando e frequentando cursos sobre projetos, os quais incluíam a parte de contratação, quero afirmar que não tenho respostas para tudo. Na verdade, continuo aprendiz a vida toda (graças a Deus).

Este prólogo, com súbito rasgo de humildade que brota do meu coração, é para dizer que Gerenciar Projetos, e especificamente, Paradas, é algo muito difícil; acertar na forma de contratação é um dos grandes desafios.

Ainda assim, com alguma incerteza do que realmente devemos fazer, penso que temos que ousar. "Quem não arrisca não petisca" e "Quem não morre não vê Deus", dizia uma pessoa muito importante na minha vida.

Tenho certeza de que fiz uma bela carreira na Petrobras, entrando em dezembro/1989 (na segunda vez) como Engenheiro de Equipamentos, sem cargo de chefia ou gerência e alcançando, em abril/2005, a função de Gerente Geral de uma grande refinaria. Credito boa parte desse sucesso à ousadia em propor e implementar coisas novas, o que fazia com que eu estivesse sempre aprendendo e encontrando, com isso, alguma forma de aplicação prática.

Assim, sinto-me em condições de, apesar de todas as minhas imperfeições e da dificuldade do tema, sugerir fortemente uma nova forma de contratação em Paradas para este momento específico pelo qual passa o Brasil (grande demanda x pouca mão de obra qualificada).

Eu faria um contrato de custos reembolsáveis mais taxa fixa com fórmula de bônus e ônus. Confesso que causa certo "frio na barriga", mas temos que confiar em parceiros sérios, que também estejam dispostos a investir na qualidade das relações e no futuro do nosso país, além, é claro, de correr atrás da rentabilidade, que é a garantia da sobrevivência das empresas.

O contrato teria, aproximadamente, as seguintes características:

- *Custos reembolsáveis – "livro aberto"*:
    - ✓ Salários e encargos do pessoal direto – executantes e encarregados.
    - ✓ Salários e encargos de pessoal indireto alocado na obra: Gerente ou preposto; Supervisores; Técnicos de Planejamento; de Segurança; Pessoal administrativo etc.
    - ✓ Aluguel de máquinas e equipamentos.
    - ✓ Material de consumo, inclusive EPI's e material de escritório.
    - ✓ Transporte de pessoal e de equipamentos e materiais, dentro, para o "site" e saindo do "site".
    - ✓ Apoio de informática, telefonia e rádios.
    - ✓ Metade das despesas com certificação do pessoal nos seis meses que antecedem a Parada.
    - ✓ Despesas gerais na obra, como manutenção do canteiro, correio, xerox etc.

Observação importante: Não deve haver, de forma alguma, "taxa de administração" sobre nenhum custo reembolsado. Quem já construiu edifícios de apartamentos a "preço de custo" mais taxa de administração pode atestar que não é uma boa forma de contrato, pois os interesses são conflitantes. Quanto mais a contratada gasta, mais ganhará a título de taxa de administração.

- *Custos cobertos pela parcela fixa:*
  - ✓ Bônus por desempenho nos itens que compõem a formula da parcela fixa, inclusive para o gerente da obra (deve constar no contrato a obrigatoriedade de distribuir "x" % da parcela fixa aos empregados).
  - ✓ "Overhead" da sede da empresa contratada.
  - ✓ Lucro da contratada.
  - ✓ Metade das despesas com certificação do pessoal nos seis meses que antecedem a Parada.
  - ✓ Visitas de diretores, consultores e demais técnicos da Contratada à obra.
- *Custos cuja forma de remuneração deve ser melhor dissecada por advogados e economistas tributaristas:*
  - ✓ Impostos e taxas, de modo geral.
  - ✓ Custos financeiros devido ao tempo decorrido entre o desembolso da contratada e o efetivo reembolso pela tomadora de serviço.

Certamente, esse é apenas um esboço. Um bom "Brainstorming", envolvendo Gerentes e fiscais experientes da tomadora de serviço e Gerentes prepostos de algumas contratadas, fará com que a grande maioria dos principais custos e pontos não seja esquecida.

Na licitação, portanto, após bem esclarecidas as dúvidas e colocadas em uma minuta contratual, a proposta se limitará ao preço fixo "F" da fórmula abaixo:

$P = F - 0{,}3F_p - 0{,}2F_c - 0{,}2F_q - 0{,}3F_s$

Onde:
P = Preço cobrado
F= Valor FIXO (da proposta)

F_p = Fator de prazo

$$K1(\%) = \frac{Tfr - Tfp}{Tfp}$$

Onde:

K1(%) = Parâmetro de prazo

Tfp = Tempo final previsto

Tfr = Tempo final realizado

O fator de prazo seria calculado da seguinte forma:

K1	K1 ≤ -2,5%	-2,5% < K1 ≤ 1,0%	1,0% < K1 ≤ 5,0%	5,0% < K1 ≤ 10%	K1 > 10%
Fp	-0,4	0,0	0,5	0,8	1,0

Para efeito do prazo, tem que ser o prazo total da perda de produção, incluindo a Parada e Partida. Por duas razões:

a) A tomadora de serviços só ganha dinheiro se existir produção; assim, não pode repassar o que não ganhou.

b) A contratada tem, ao contrário do que o senso comum possa indicar, bastante influência no tempo de paralisação e, principalmente, no tempo de partida. Na paralisação, agilizando a Pré-Parada e os dispositivos que facilitem a paralisação. Na partida, a qualidade de seus serviços é fundamental para uma boa partida; além do que, durante a Parada, os recursos humanos de apoio à partida são, em sua maioria, dela. Isso incentivaria a contratada a deixar seus melhores homens na equipe de apoio; o contrário do que ocorre hoje.

Fc = Fator de custo

$$K2(\%) = \frac{Cfr - Cfp}{Cfp}$$

Onde:

K2(%) = Parâmetro de custo

Cfp = Custo final planejado

Cfr = Custo final realizado

O fator de custo (custos aqueles reembolsáveis) seria calculado da seguinte forma:

K2	K2 ≤ -5,0%	-5% < K2 ≤ 10%	10% < K2 ≤ 25%	25% < K2 ≤ 40%	K2 > 40%
Fc	-0,2	0,0	0,4	0,7	1,0

Notem que, nesse fator, a situação é um pouco mais "folgada" para a contratada. Isso se deve ao fato de que o controle sobre custo é mais difícil do que o controle sobre o prazo, já que a cultura, nas Paradas, (correta) é que o grande custo seja o lucro cessante associado ao prazo.

As próprias entidades internacionais reconhecem isso. A margem de -5% a +10% é a recomendada como adequada para um *orçamento definitivo*, como vimos no Capítulo 5 – Gerenciamento de Custos.

Fq = Fator de qualidade

$$K3(\%) = \frac{Nq}{Nt} \times 100$$

Onde:

K3(%) = Parâmetro de qualidade

Nt = Número total de executantes e inspetores

Nq = Número de empregados diretos certificados e qualificados pelo PNQC da ABRAMAN.

O fator de qualidade seria calculado da seguinte forma:

K3	K3 ≥ 90%	78% ≤ K3 < 90%	65% ≤ K2 < 78%	50% ≤ K3 < 65%	K3 < 50%
Fq	0	0,3	0,5	0,8	1,0

Uma dúvida que pode surgir refere-se à questão dos "ajudantes", hoje tão utilizados, para cujo cargo não existe programa de certificação. Eu (e muitos colegas bastante conhecidos na área de Manutenção) imagino que esta função tem que acabar. Um dos meu gerentes dizia que um dos grandes problemas da produtividade, no Brasil, é que todos, inclusive os executantes, querem ter um "escravo", resquício do nosso passado escravagista. Concordo com essa tese. Se a contratada quiser contratar ajudantes, pode; porém, eles entrariam na fórmula acima como "não certificados".

Para resolver o problema do primeiro emprego (sempre lembrado e necessário para as boas relações com a comunidade), poderia haver uma cláusula de permissão de um percentual máximo de empregados (5 a 10%) que não entrassem na estatística, desde que comprovassem ter curso Técnico e/ou do Senai e/ou do PROMINP e/ou de Qualificação da comunidade (*). Fica a critério de cada gestor definir que tipo de formação quer incentivar, de acordo com as características regionais e cultura organizacional da empresa. Pode, inclusive, alterar o seu entendimento de "Qualificado" para outra certificação que não seja a do SENAI/ABRAMAN.

(*) As empresas com responsabilidade social têm promovido cursos de qualificação profissional para a comunidade no entorno da planta industrial visando evitar a mobilidade das pessoas de fora, que utilizam os equipamentos sociais das cidades vizinhas, e, com isso, promovendo também a geração de emprego local.

Fs = Fator de segurança

$$Fs = \frac{Fps + Fac}{2}$$

O Fs seria calculado da seguinte forma:

Fps = Parâmetro de Práticas Seguras

Ips = média do percentual de atos e situações seguras durante toda a vigência da Parada.

A verificação é feita através de auditorias comportamentais, realizadas por especialistas. No denominador entra o número de colaboradores e situações observadas e, no numerador, o número de colaboradores e situações considerados em atos e condições "seguros".

São vistos itens como uso de EPI's; Trabalho em altura; Esforço inadequado; Movimentação de cargas; Uso de ferramentas e equipamentos; Existência e conhecimento de APR's (Análise Preliminar de Risco); Organização e limpeza etc. No Capítulo 10 – Gerenciamento da Segurança –, falaremos mais sobre auditorias comportamentais.

O Ips seria a média das observações durante toda a Pré-Parada, paralisação, manutenção e partida. O intuito é sempre divulgar os resultados parciais para correções por parte da contratada.

O fator de práticas seguras seria calculado da seguinte forma:

Ips	Ips ≥ 90%	80% ≤ Ips < 90%	70% ≤ Ips < 80%	60% ≤ Ips < 70%	Is < 60%
Fps	0	0,3	0,5	0,8	1

O Fac, como segue:

Ia = 0,8 x T.F.C.A + 0,2 x T.F.S.A

Onde:

Fac = Parâmetro de Acidente

TFCA = Taxa de Frequência de Acidentes com Acidentados

TFSA = Taxa de Frequência de Acidentes sem Afastamento

Ia = Índice de Acidentes

O parâmetro de acidentes geraria um fator de acidentes, calculado da seguinte forma:

Ia	0	0 < Ia ≤ 1	1 < Ia ≤ 2	2 < Ia ≤ 3	Ia > 3
Fac	0,0	0,3	0,5	0,8	1

De posse do Fps e do Fac, calcularíamos o Fs (média simples dos dois).

Notem que, nessa fórmula, diminui-se a pressão sobre a ocorrência de acidentes, o que leva ao sub-relato; ao mesmo tempo, evita que uma empresa tenha vários acidentes de gravidade e ganhe um bom valor em Segurança, o que, pela teoria das probabilidades, não seria difícil de ocorrer caso adotássemos somente o Índice de Práticas Seguras.

Poderia ser estabelecido, também que em caso de acidente, o Fs ou Fac (nova discussão interna) assumiria o valor de 1 (um).

Tendo-se Fp, Fc, Fq e Fs e o valor "F" contratual, chegaríamos ao preço a ser pago à contratada.

Observações Importantes sobre o Tipo de Contratação Proposta:

- Gerenciar projetos (e Paradas são projetos) não é algo matemático, embora existam muitas ferramentas de matemática utilizadas para o gerenciamento. Assim, tenho certeza de que essa fórmula pode ser melhorada e adaptada à realidade de cada um, e também aperfeiçoada à medida que é utilizada. O que mais importa é a filosofia: a contratada só tem bons ganhos se o dono dos ativos também tiver, e vice-versa.

- Todos os que lidam com Paradas sabem que estamos diante de um grande problema (atrasos, excesso de pessoal, acidentes, serviços de baixa qualidade, altos custos). Então, assim como vale a pena desenvolver protótipos e realizar experiências, gastando milhões de dólares para resolver problemas técnicos, vale a pena também investir na resolução dos problemas de que trata este livro.

- Penso que seria oportuno pensar-se em um adiantamento para a contratada para diminuir os custos financeiros. Não tenho certeza nem do quanto nem do quando. Isso poderia ser discutido dentro de cada empresa.

- Reparem que, embora a questão do meio ambiente seja de suma importância hoje em dia, em minha opinião a contratada tem pouca ação sobre esse item. Descartes maiores ou menores de líquidos, sólidos e gases são muito mais determinados pelos procedimentos *operacionais* de paralisação e de partida do que pelos serviços da contratada. No entanto, se alguma condição específica existe, em que a atitude da contratada seja fundamental para o resultado do meio ambiente, pode-se acrescentar mais um fator à formula.

- A fórmula contempla um bônus para diminuições significativas de Prazo e de Custo, mas só tem ônus do caso de Qualidade e de Segurança. Isso porque Segurança e Qualidade máximas são <u>obrigações</u> inerentes à contratada, enquanto adiantar prazos ou reduzir custos implica em um esforço além da obrigação, pois ambos dependem de estimativas feitas.

- Como os leitores mais experientes já perceberam, o grande "nó" que pode gerar um conflito é o estabelecimento do prazo e do custo previstos.

Minha proposta para resolver isso é, primeiramente, contratar uma terceira parte que seja, de fato, uma "PILOT COMPANY". Esta também deve fazer o planejamento de prazo e de custo. Digo "de fato" porque existem várias empresas no mercado que se intitulam especialistas em planejamento, mas na verdade são meras locadoras de mão de obra; não detêm o "expertise".

Como recomendamos no Capítulo 6 – Gerenciamento dos Riscos –, cada uma das partes: Proprietária do ativo, Contratada e "Pilot" faria seu planejamento, e depois, em reunião conduzida pela "Pilot" se procuraria obter o consenso para os prazos e custos Mais Prováveis, Otimistas e Pessimistas. Utilizando-se as fórmulas de análise de risco quantitativo, e de acordo com o grau de aversão ao risco do tomador de serviço, estabelece-se uma probabilidade de sucesso (eu gosto do número 85%) e chegaríamos, por meio dos cálculos ou programa de computador, aos valores estimados. É claro que este valor da probabilidade a ser adotada já deveria constar no contrato, pois quanto maior a probabilidade que adotarmos, maior a chance de atingirmos as metas e, portanto, menor o preço fixo do contrato.

Em segundo lugar, eu já deixaria previamente contratado um consultor do IPA ("Independent Project Analysis"), identificado no Capítulo 2 – Conceitos do IPA e do IPM –, o qual exerceria a função de árbitro em caso de não haver consenso entre as três partes. De acordo com documento produzido por advogados da Petrobras, a arbitragem não pode ser vista como panaceia para tudo, porém, tem evidentes vantagens se comparada com uma causa perante o Judiciário, que são:

a) Confidencialidade, não expondo as divergências entre os parceiros.

b) Neutralidade: Ao buscar uma entidade que não tenha a cultura organizacional de nenhuma das partes, e de país diferente, é natural que o árbitro seja neutro em relações às partes.

c) Conhecimento Técnico: O IPA é reconhecido pelo seu conhecimento técnico; ao contrário das partes, não tem nenhum interesse comercial em indicar esta ou aquela estimativa como melhor.

E eu acrescentaria a essas vantagens, *rapidez.*

É claro que a questão de arbitragem, pelo IPA, deverá constar do contrato. Além da transparência, minha opinião é que esse fato auxiliará muito na questão do consenso inicial, pelo temor da contratada de que o árbitro vá estabelecer metas ainda mais desafiadoras do que se pode obter pelo consenso.

Deve constar claramente no contrato que não haverá pleitos, os famosos "claims". Deve ser um contrato de confiança entre as partes.

Uma última observação: tudo o que escrevi sobre essa fórmula de contratação pode parecer algo ousada ou diferente demais. No entanto, nada mais representa do que a adaptação de uma forma ainda mais arrojada de se realizar obras ou Paradas: A "Aliance". Através desta, as empresas envolvidas (Proprietária, Contratadas, "PILOT") fazem um consórcio, ou uma "joint-venture" cujos objetivos são os mesmos do projeto: Prazo, Custo, Qualidade, Segurança e respeito ao Meio Ambiente. O organograma é montado de forma mista, de forma que o melhor homem é escolhido para cada função, não importa de que empresa seja originário.

Assisti à apresentação, em Seminário Internacional do PMI, seção europeia, em que foi exposto o trabalho considerado a melhor obra de planta de Hidrotratamento no mundo, com prazos, custos, índices de segurança e operabilidade (que reflete a qualidade) fantásticos. Pois bem, a proprietária era uma Refinadora Alemã; a Pilot Company era a Flúor Daniel da Holanda e ainda tinha três sócias empresas prestadoras de serviços: uma na área civil e complementar, uma na área mecânica e caldeiraria e uma na área de elétrica e instrumentação, sendo uma alemã, outra espanhola e outra italiana. Um dos segredos do sucesso, segundo o apresentador, por sinal o Gerente do Projeto, funcionário da Flúor Daniel, era a cláusula: "No clains allowed" (Não será permitido nenhum tipo de pleito).

PLANO DE CONTRATAÇÃO

Um plano de contratação de uma Parada tem que conter os seguintes pontos principais:

- Quais serviços serão realizados por equipe própria e quais serviços serão contratados.
- Qual(is) será(ão) a(s) forma(s) de contratação.
- Estratégia a ser adotada para alertar os possíveis parceiros dos pontos importantes a serem observados na composição da proposta.
- Estratégia a ser adotada para garantir a qualidade.
- Critério de seleção de empresas convidadas.
- Estratégia a ser adotada para que as contratadas trabalhem com segurança.
- Critérios de julgamento das propostas (Técnico/Comercial, apenas Comercial ou apenas Técnico).

ENCERRAMENTO DE CONTRATOS ("CLOSE-OUT")

Essa atividade não está bem equacionada nas Paradas realizadas no Brasil. Não existe um processo formal de fechamento.

Um dos problemas é que muitas questões não resolvidas são deixadas de lado, acarretando um "passivo" de pendências para quando terminar a Parada, algo que se arrasta por meses e meses depois de encerrada a Parada. Nesse ponto, novamente falta disciplina para resolver e registrar tudo o que pode ser resolvido durante a Parada.

Uma contratação só pode ser considerada encerrada quando:

- Todo escopo estiver completado.
- Onde couber, os desenhos "as built" forem entregues.
- O valor devido tenha sido pago, sem contestações.
- Uma sessão conjunta de "lições aprendidas" tenha sido realizada, com respectivo plano de ações para o futuro.

SUPRIMENTOS & BUROCRACIA & PODER

Nesse tempo (2008-2014) em que venho prestando consultoria em Paradas para as maiores empresas brasileiras assim como em alguns países vizinhos, noto, em algumas delas, um problema agudo que eu não via ocorrer na empresa para a qual trabalhava até me aposentar, no final de 2007.

Trata-se da existência de objetivos às vezes totalmente conflitantes entre OPERAÇÕES e SUPRIMENTO. Nessas empresas, as duas áreas se constituem de Diretorias distintas, ou estão subordinadas a Diretorias distintas. A orientação, para o pessoal de Suprimentos, é: "gastar o menos possível". Para o pessoal de Operações, é: "produzir o máximo possível".

Ocorre que, muitas vezes, esses objetivos são conflitantes, às vezes radicalmente conflitantes. Parece que Deming e o seu Quarto Princípio: "Nunca compre com base apenas no preço inicial e sim com base no ganho total para a organização" ainda não chegou a essas empresas.

O problema é agravado pela extrema desconfiança que existe entre as partes, o que gera uma burocracia infernal que diminui a produtividade por várias razões a ela (burocracia) associadas. Relatos de amigos que viajam para a Europa e Japão e minha própria observação dizem que a coisa que mais chama a atenção nesses países é a atmosfera geral de confiança e tranquilidade. Isso melhora muito a qualidade de vida deles.

Claro que vão dizer que lá não há tantos bandidos como aqui, tanta corrupção. É verdade, eles têm um sistema educacional e, principalmente, um sistema de consequências que age positivamente na cultura, não resta dúvida.

No entanto, não podemos ficar paralisados, deixando de produzir melhor por desconfiança. Eu, pelo menos, me recuso a viver acuado, com medo de tudo e de todos.

Ao apontar um problema, temos que apresentar soluções. Para mim, além da desconfiança que gera a burocracia excessiva, há outro componente, o do PODER. Os dois diretores muitas vezes parecem medir forças. E, veja, se temos um organograma com SUPRIMENTOS e OPERAÇÕES sem nenhuma conexão nos níveis hierárquicos intermediários e de primeira linha, fica muito difícil administrar e resolver bem os conflitos. Como não vai se levar um problema, digamos, de compra de um pequeno motor para ser resolvido pelo Presidente da empresa, o conflito fica sem solução e quem perde é a Empresa, como um todo.

Para esses casos, vejo duas soluções, ambas praticadas em empresas ágeis e que ainda preservam a relação de poder das duas áreas:

ACORDO DE SERVIÇOS:

Já que existem, de fato, duas forças às vezes conflitantes nos altos níveis hierárquicos, uma das soluções é construir um acordo de serviços, uma espécie de contrato, **a ser celebrado por "site"** (algo global, genérico, não vai ajudar muito), que seja fruto de debates e conversas entre as duas áreas, em um nível mais operacional. Esse acordo poderia incluir pontos como:

- Métodos de escolha de fornecedores.
- Prazos praticados para todas as fases de Suprimentos.
- Informações requeridas de parte a parte.
- O melhor compromisso possível entre Preço e Qualidade.

ÓRGÃOS LOCAIS DE SUPRIMENTOS:

Outra forma de melhorar bastante essa questão é a criação de órgãos locais de suprimentos, subordinados matricialmente ao Gerente do "site" e ao Gerente Funcional da área de Suprimentos.

Esses órgãos devem seguir as orientações gerais do Suprimento Corporativo através de um Manual de Suprimentos, mas estarão muito mais sensíveis às necessidades dos "sites".

Pode-se também estabelecer os limites de competência ($$ do valor do item comprado) dos órgãos locais de forma que, a partir de determinados valores, a competência passe para o órgão corporativo de Suprimentos.

Este é o modelo seguido pela empresa onde eu trabalhava. Funcionava razoavelmente bem.

UMA ÚLTIMA PALAVRA SOBRE O PROBLEMA

Em meus cursos, tenho dito que, se a compra de equipamentos ou a contratação de serviços pelo menor custo inicial fosse algo realmente bom, nós faríamos o mesmo em nossa vida pessoal.

Como escolhemos nossos eletrodomésticos? Nossos carros? Nossos mecânicos? Nossos pedreiros? Se não praticamos licitações baseadas apenas no menor preço em nossa vida particular (porque sabemos que "o barato sai caro"), por que vamos fazê-lo nas empresas? Convido-os a fazerem essas perguntas dentro de suas respectivas empresas. Espero que as perguntas levem a reflexões positivas, no sentido de que seja praticado o *melhor* preço, e não o *menor* preço.

Como falei mais acima, coragem e boa sorte!

Capítulo 9

Gerenciamento da Comunicação

Tenho a nítida impressão de que a importância da Comunicação é subestimada nos ambientes industriais. Parece-me que as pessoas acham que, uma vez falado e/ou escrito algo, já está automaticamente compreendido. Ou pior, muitos não falam nem escrevem nada e desejam que os outros entendam. Como? Talvez a explicação seja freudiana: no útero materno não é preciso falar nada, pois o organismo da mãe supre o feto de todas as suas necessidades. Também no primeiro ano de vida, pela entonação do choro, a mãe muitas vezes já sabe o que o bebê quer. Na vida adulta, entretanto, as coisas não funcionam assim. O mundo não gira à nossa volta, atento a todos os nossos desejos.

É ai que entra a capacidade de Comunicação. Quanto melhor nos comunicarmos, maior é a chance de conseguirmos que as outras pessoas façam aquilo que esperamos delas. Não é algo garantido, mas uma boa comunicação é o primeiro passo.

Por esse motivo, o PMBOK colocou a Comunicação como uma "área de conhecimento" junto a outros itens cuja importância não é por ninguém negligenciada. Como exemplo, o Prazo e o Custo do Projeto (em nosso caso, da Parada).

FORMAS DE COMUNICAÇÃO

COMUNICAÇÃO VERBAL X ESCRITA X TELEFÔNICA

Em primeiro lugar, é preciso ter em mente que mais de 50% do que comunicamos aos outros, segundo os estudiosos no assunto, é feito através da linguagem corporal e/ou pelo exemplo. Assim, uma comunicação por escrito ou por telefone tem que ser bem mais clara do que uma comunicação verbal, pois só dispomos de menos de 50% do "canal". No caso da comunicação por escrito, é preciso "caprichar", explicar detalhes, usar gráficos, desenhos. Quando a comunicação é por telefone e o assunto é realmente importante, costumo repetir para o interlocutor, ao final da conversa: "Bem, então o que combinamos foi o seguinte:" e faço um resumo dos pontos abordados na conversa. Melhor ainda é perguntar para o outro como ele resume o resultado do nosso telefonema, mas, nesse caso, estamos diante de um forte bloqueio cultural que pode vir até a atrapalhar a Comunicação: A pessoa do outro lado pensa: "Será que ele acha que eu sou burro?" Pronto. Está bloqueado o canal de comunicação. Fica então, a critério de cada um,, conhecendo a pessoa com quem está falando, assumir a posição que desejar.

Outro ponto importante: para comunicações críticas, que podem alterar o rumo de nossa Parada, temos seguramente que utilizar redundância: comunicar verbalmente, porque as pessoas entendem melhor; e por escrito (e-mail, bilhete, informativo, relatório) para que fique registrado. Digo isso porque percebo que temos uma espécie de memória seletiva: lembramos o que é mais conveniente para a gente. Tendo essas informações críticas por escrito, ajudamos a garantir (por estar escrito) que a memória não será tão seletiva assim.

Existe outro ponto que parece ser consenso entre as pessoas que entendem de comportamento humano: notícia ruim sempre deve ser dada verbalmente, de preferência "cara a cara". Parece mais difícil, mas funciona muito melhor do que dar uma notícia ruim por meio de um correio eletrônico ou de um bilhete.

A comunicação é particularmente importante para o Gerente ou Coordenador da Parada, que deve atuar como uma espécie de "intérprete" entre a Alta Administração/Gerência Geral e o Escritório Central da Empresa, que normalmente falam a linguagem dos <u>números,</u> e a Equipe da Parada, que normalmente fala a linguagem das <u>coisas</u>.

Existe um consenso de que a comunicação verbal, "cara a cara", é a mais rica forma de comunicação. Por outro lado, também é a mais pobre, por ser realizada através de comunicados impressos. Existe a seguinte graduação entre elas, conforme observamos na Figura 9.1 a seguir.

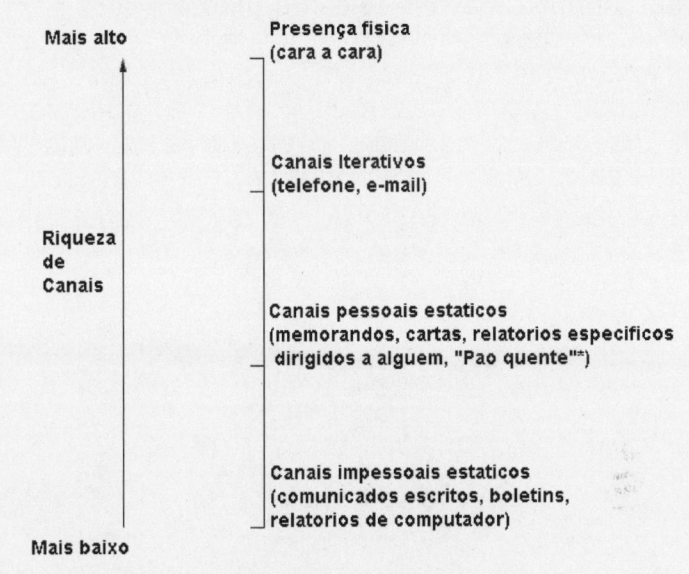

```
Mais alto ↑          Presença física
                     (cara a cara)


                     Canais Iterativos
                     (telefone, e-mail)
Riqueza
de
Canais
                     Canais pessoais estaticos
                     (memorandos, cartas, relatorios especificos
                     dirigidos a alguem, "Pao quente"*)


                     Canais impessoais estaticos
                     (comunicados escritos, boletins,
                     relatorios de computador)
Mais baixo
```

Figura 9.1 – Gradação entre as formas de comunicação

Olhando a gradação da figura 9.1, percebo que o Pão Quente (*) atingiu grande parte de seus objetivos porque era escrito à mão, de maneira bastante informal, algumas vezes cheio de grifos e sinais para chamar a atenção, como por exemplo:

ATENÇÃO

* O "Pão Quente" foi um informativo escrito à mão, pelo próprio Coordenador da Parada, naquelas descritas no Capítulo 1. O objetivo do "Pão Quente" era fazer com que as notícias chegassem ao maior número de pessoas o quanto antes, com clareza e transparência. A ideia era ser algo mais rápido do que a chamada "rádio peão", que como todo mundo sabe, "aumenta, mas não inventa". Isso era conseguido distribuindo-se dezenas de cópias, colocando-as rapidamente nas mãos dos supervisores e nos quadros de aviso (cópias devidamente ampliadas, para facilitar a leitura).

Assim, por exemplo, se havia um acidente, antes que o moral da turma fosse atingido pela falta de informação, ou, pior, pelo aumento do que havia acontecido, informávamos, com rapidez, a descrição do fato, como estava o colega acidentado e quais eram as perspectivas (prognóstico). Também era muito útil quando determinada frente de trabalho estava atrasada. Antes que todos se conformassem com o atraso, levando suas frentes também a se atrasarem, escrevíamos qual era o tamanho da "defasagem" e que medidas estávamos tomando para recuperar e manter o prazo original. Fizemos muitas Paradas de Manutenção utilizando tal informativo e nenhuma delas atrasou. Para mim, não foi coincidência.

A seguir, um exemplo do "Pão Quente", chamando a atenção para uma frente que, potencialmente, poderia ser fonte de atraso.

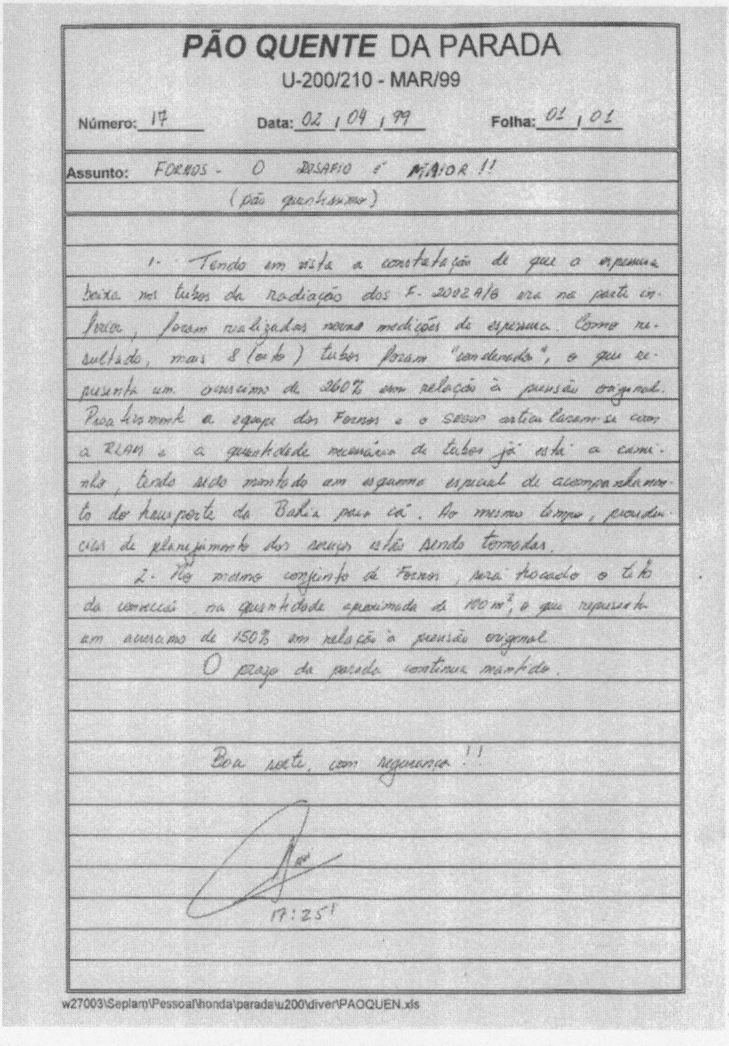

PÃO QUENTE DA PARADA

U-200/210 - MAR/99

Número: 17 Data: 02 / 04 / 99 Folha: 01 / 01

Assunto: FORNOS - O DESAFIO É MAIOR !!
(pão quentíssimo)

1. Tendo em vista a constatação de que a espessura baixa nos tubos da radiação dos F-2002 A/B era na parte inferior, foram realizadas novas medições de espessura. Como resultado, mais 8 (oito) tubos foram "condenados", o que representa um acréscimo de 260% em relação à previsão original. Paralelamente a equipe dos Fornos e o SESUP articularam-se com a RLAM e a quantidade necessária de tubos já está a caminho, tendo sido montado um esquema especial de acompanhamento do transporte da Bahia para cá. Ao mesmo tempo, providências de planejamento dos serviços estão sendo tomadas.

2. No mesmo conjunto de Fornos, será trocado o tijolo da convecção na quantidade aproximada de 100 m², o que representa um acréscimo de 150% em relação à previsão original.

O prazo da parada continua mantido.

Boa noite, com segurança!!

17:25'

w27003\Seplam\Pessoal\honda\parada\u200\diver\PAOQUEN.xls

Figura 9.2 - "Pão Quente", informativo de Parada

Com os "correios eletrônicos", é relativamente simples tornar o contingente próprio da manutenção informado com rapidez. Basta querer.

Hoje, eu colocaria mais figuras no "Pão Quente" se tivesse que comunicar-me com a força de trabalho. O executante entende mais a linguagem dos símbolos e figuras do que a linguagem das palavras.

Também hoje (2014) não se pode negligenciar o uso dos celulares e "smartphones", via SMS ou "WhatsApp". Um de meus alunos, da Cerâmica Porto Belo, fez um belo trabalho de comunicação (não por acaso, com excelentes resultados para a empresa) utilizando mensagens no celular, como vemos na figura 9.3 a seguir.

No futuro, vamos utilizar todas as novas formas de comunicação que surgirem e forem por nós julgadas exequíveis. Tranquilidade total e conformismo, só quando estivermos no caixão!

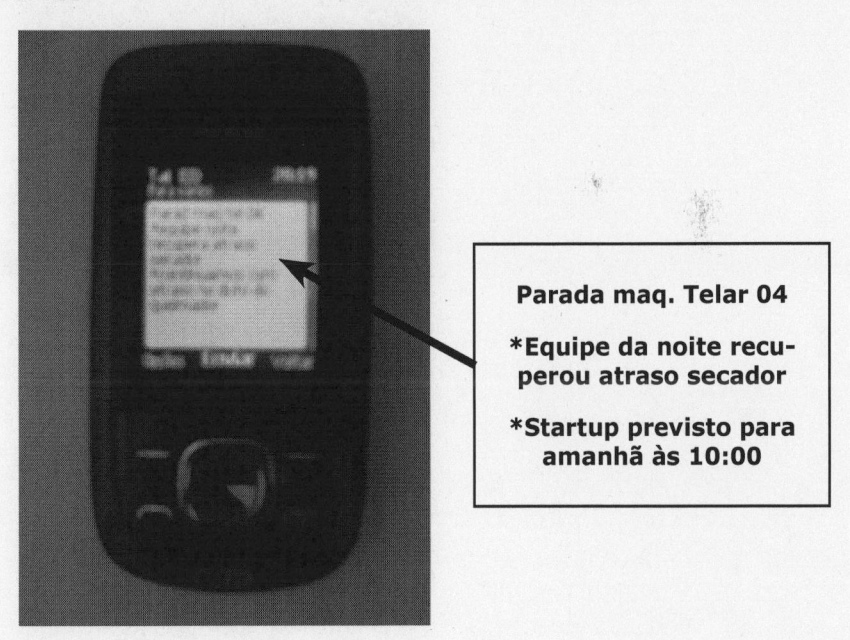

Parada maq. Telar 04

*Equipe da noite recuperou atraso secador

*Startup previsto para amanhã às 10:00

Figura 9.3: "Pão Quente" eletrônico

Um ponto importante na comunicação verbal é buscar a empatia daquele que nos ouve. Assim, não é por acaso que, quando vamos conversar informalmente com o pessoal no "chão da fábrica", falamos, inicialmente, de assuntos sobre os quais possamos buscar alguma identificação: futebol, família, peças que estão sendo manuseadas naquele momento etc.

COMUNICAÇÃO FORMAL X INFORMAL

Quase todos conseguem distinguir uma informação formal de uma informal. A formal não precisa necessariamente ser escrita e a informal não precisa necessariamente ser verbal. Vamos dar alguns exemplos de cada espécie.

a) Exemplos de Comunicação Formal:
- ✓ Memorando.
- ✓ Carta.
- ✓ Gerente ou Presidente do Sindicato ou Supervisor reúne todos para dar um aviso importante.
- ✓ Dialogo Diário de Segurança (DDS).
- ✓ Reuniões.
- ✓ Entrevistas com hora marcada.
- ✓ Videoconferências.

b) Exemplos de Comunicação Informal:
- ✓ E-mails (sem anexos formais).
- ✓ Conversas individuais.
- ✓ "Conversas de corredor".
- ✓ "Pão Quente"
- ✓ Bilhetes.
- ✓ Exemplo*.
- ✓ Linguagem corporal.
- ✓ "Radio Peão" ("grapevine", em inglês).
- ✓ SMS.
- ✓ WhatsApp.

*Em mais de 90% do tempo total de trabalho estamos, mesmo que virtualmente, nos comunicando. A forma como uma pessoa age, quando isso toma forma e passa a ser conhecido pelos demais, é uma poderosa ferramenta de comunicação pelo exemplo.

Vejam, os filhos imitam até mesmo os gestos dos pais. Filhos adotados costumam ficar "parecidos" com os pais porque imitam o jeito de falar, de andar, de colocar os braços, de cruzar as pernas, as expressões faciais e assim por diante.

Por isso, devemos ter muito cuidado com os exemplos que estamos dando. Ao gritar com uma terceira pessoa ou mentir ao telefone na presença de um membro de sua equipe, você está, implicitamente, comunicando que é daquela forma que as coisas devem ser feitas.

Em geral, as pessoas gostam de receber notícias boas de maneira formal e as notícias ruins de maneira informal. Tenha sempre isso em mente nos processos de comunicação.

REUNIÕES

São tão frequentes em qualquer projeto e por certo nas fases de planejamento, Pré-Paradas e Paradas, que merecem uma atenção especial.

Em primeiro lugar, se os "Grupos de Campanha" funcionarem bem, como descrevemos no Capítulo 3 – Gerenciamento do Escopo & Integração –, a chamada "Reunião de Abertura", ou "Kickoff Meeting", confunde-se com uma das reuniões do Grupo de Campanha. Pela nossa figura 2.1 do Capítulo 2 – Conceitos do IPA e do PMI –, os preparativos oficiais da Parada começam 18 meses antes da data marcada para o início da paralisação. Este é um bom momento para convidar muitas pessoas. Aquelas que mais influenciam vão saber, no "Planejamento Integrado", principalmente no momento do Gerenciamento do Escopo, Prazo, Custo, Segurança e Contratação, que é o momento de:

- Comunicar os objetivos macros da Parada.
- Constituir os diversos grupos que irão desenvolver trabalhos específicos (Estudos de Construtibilidade; Plano de Segurança; Plano de Qualidade; Análise de Riscos para a Parada etc.).
- Distribuir a matriz de atribuições da fase de planejamento para comentários.
- Cobrar o que já deve ter sido feito (Plano "lições aprendidas" da Parada anterior; Plano de

Contratação; Plano de Comunicação etc.), ou, alternativamente, já fazer a apresentação desses planos.
- Obter compromissos individuais e do grupo quanto ao congelamento do escopo ("digam os serviços que desejam até a data tal ou se calem para sempre").

Voltando às reuniões em geral, eu gostaria de colocar os pontos que acho mais importantes a respeito:

- Só convoque uma reunião quando esta for absolutamente necessária.
- O objetivo de cada reunião tem que ser claro, cristalino.
- Estabeleça uma política para reunião: Periodicidade; Duração; Redação da ata etc.
- Comece e termine no horário. É a única forma de estabelecer a pontualidade e já ajuda na tão necessária *disciplina*.
- Encoraje a participação dos mais tímidos.
- Segure um pouco os que falam demais.
- Seja objetivo e encoraje a objetividade.
- Não deixe que um assunto "emperre" a reunião. Discuta-o ao final, com um grupo menor.
- Não use muito nem deixe que usem muito a palavra "Problema".
- Imediatamente após a reunião, uma ata deve ser confeccionada, contendo, dentro do que foi conversado, os seguintes pontos: Ação ou Decisão Importante, responsável e data.

Na Tabela 9.1 temos o exemplo de uma ata de reunião "enxuta". Como foi realizada durante a Parada, não há data para cada ação, pois as datas eram sempre "imediatas".

	Ação ou decisão importante	Responsável
1	Acertar estratégia para realização de teste, Gama-sacn na T-2002, dia 30/4.	Ariovaldo
2	Analisar serviços de tubulação/Revamp, que necessita de acompanhamento mais efetivo no período noturno, e passar para o Gabaça.	Ariovaldo
3	Verificar com outras coordenações a disponibilidade de soldados para Inconel.	Fugiwara
4	Prever Inspetor de Equipamento para eventual necessidade de acompanhamento de teste hidrostático nos fornos no período noturno.	Akira

	Ação ou decisão importante	Responsável
5	Negociar com a Tecmil a questão do fechamento das dessalgadoras e equipe para desraqueteamento.	Gabaça/Verri
6	A partir deste final de semana, será desmobilizada a equipe noturna de caldeiraria de oficina.	Inf/Gabaça

Tabela 9.1 - Exemplo de ata de reunião "enxuta"

Com a confecção da ata, a reunião passa a ser, de fato, uma reunião formal, com a vantagem de ninguém esquecer ou deixar de lado o que foi tratado. O fato de ser "enxuta" estimula a leitura, pois só contém o que interessa.

EXCESSO DE INFORMAÇÕES

O PMBOK diz que temos que ter um número de canais de comunicação = $(n^2-n)/2$, sendo n o número de pessoas envolvidas em uma Parada.

Eu discordo disso. Em uma grande Parada, por exemplo, que é o tipo de empreendimento objeto deste livro, se contabilizarmos somente o pessoal próprio, chegaremos a uma media de 50 pessoas envolvidas. Nesse caso, precisaríamos de $(50^2-50)/2 = (2500-50)/2 = 1225$ canais de comunicação (só para pessoal próprio)!

Eu penso como o descrito a seguir, representado pela figura 9.4.

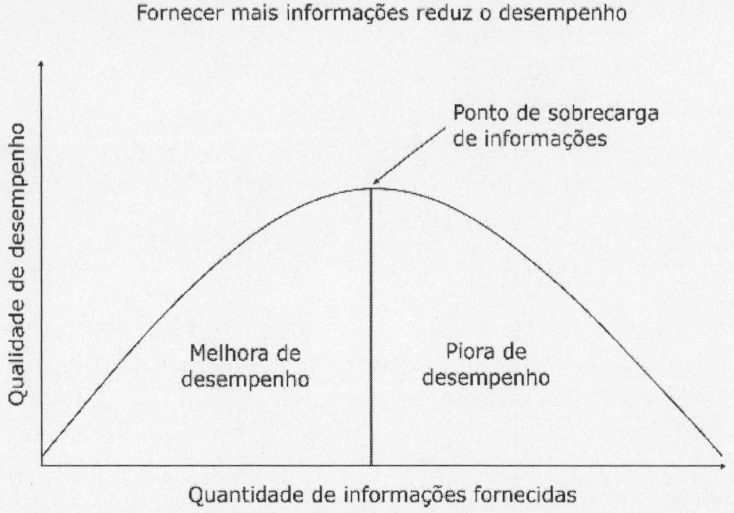

Figura 9.4 – Qualidade x Quantidade de informações fornecidas

Isso porque:

- Mediante a sobrecarga de informações, os colaboradores podem se concentrar exclusivamente na compreensão.
- Depois da sobrecarga de informações, os colaboradores têm mais informações do que conseguem compreender.
- Neste ponto, precisam começar a selecionar as informações sobre as quais vão pensar.
- Quanto mais informações você lhes dá, mais tempo e energia eles têm que despender selecionando.
- "Selecionar" significa roubar recursos da "compreensão", o que resulta em desempenho mais fraco.

Segundo os especialistas no assunto, a chave para melhorar a comunicação é manter constante o número de pessoas que faz a comunicação e melhorar a qualidade da comunicação, como mostrado nos exemplos anteriores.

Com isso, os supervisores, encarregados e colaboradores da linha de frente (executantes):

- Usarão mais informações, pois colaboradores sem sobrecarga usam 25% mais informações que colaboradores sobrecarregados, segundo Chewning.
- Conseguirão se lembrar de mais informações, pois comunicações de alta qualidade são lembradas 75% mais, segundo David.
- Terão melhor desempenho, pois comunicações de alta qualidade aumentam a solução de problemas em 100%, segundo Mayer.

PLANO DE COMUNICAÇÃO

A 18 meses da Parada, já é hora de elaborar um Plano de Comunicação. Um bom Plano de Comunicação deve levar em conta os "ruídos" de cada tipo de comunicação, também conhecidos como barreiras. Ruídos ou barreiras à comunicação são quaisquer coisas que distorçam, distraiam ou, ainda, façam com que a mensagem sofra perdas em seu significado original.

São exemplos de ruídos:

- Linguagem e Cultura.
- Nível de inteligência e conhecimentos diferenciados.
- Autoridade e reputação ruins do emissor.
- Situações de alta emoção.
- Distancia física ou equipe dispersa fisicamente.
- Distância no tempo, nas fases de campanha, Pré-Parada e Parada.

Existem algumas regras importantes em um plano de comunicação:

1) A alta gerência requer informações mais objetivas e com menor frequência.
2) A alta gerência prefere visões gerais do progresso do projeto e a apresentação de problemas isolados <u>com as possíveis soluções recomendadas</u>.
3) Os gerentes funcionais gostam de detalhes imediatos (o que vai acontecer na minha área?), com informações sobre o progresso do Projeto, o impacto sobre as projeções e atualizações de recursos.
4) Os membros da equipe precisam de informações detalhadas uns dos outros, que orientem suas decisões.
5) Os clientes e grupos de usuários devem ser informados regularmente sobre o progresso e questões específicas do projeto.
6) Os grupos de apoio e representantes externos devem compreender como seus papéis e tarefas influenciam o projeto.
7) O gerente do projeto deve estar atento ao equilíbrio no fluxo de informações. Sem excessos nem escassez.
8) Quando houver dúvidas, os membros da comunidade devem ser perguntados sobre o tipo de informações que necessitam e como preferem recebê-las.

A tabela 9.2 mostra que um Plano de Comunicação pode ser feito através de uma tabela, em que se coloca: quem recebe a informação; de que forma (oral, escrita, relatório, reunião), qual o conteúdo, o nível de detalhe e a frequência.

EMPREENDIMENTO COQUE/HDT II DA REPLAN
PLANO DE COMUNICAÇÃO

QUEM	MEIO	CONTEÚDO	NÍVEL DE DETALHE	FREQUÊNCIA
EXECUTANTES E SUPERVISORES	1 – MURAL ("PÃO QUENTE")	1 – Situação das frentes; marcos alcançados; planejamento para vencer dificuldades; aprendizado com acidentes e quase acidentes	1 – Alto	1 – Mínima a cada 3 dias
	2 - VERBAL ("PALANQUE")	2 – Assuntos relacionados com Segurança ("Big DDS"); atividades mais relevantes do dia; APRs dos principais serviços	2 - Alto	2 - Diária
EQUIPES DO EMPREENDIMENTO E DA ENGENHARIA	1 – VERBAL - REUNIÃO	1 – Situação das frentes; marcos alcançados; planejamento para vencer dificuldades; aprendizado com acidentes e quase acidentes	1 – Alto	1 – Semanal
	2 – RELATÓRIO ESCRITO	2 – Avanço físico- financeiro; número de acidentes; observações importantes	2 - Médio	2 - Quinzenal

Tabela 9-2 A – Plano de Comunicação: primeira parte

QUEM	MEIO	CONTEÚDO	NÍVEL DE DETALHE	FREQUÊNCIA
GERENTE GERAL DA REPLAN ("SPONSOR")	1 – VERBAL - INFORMAL	1 – Toda informação relevante	1 - Alto	1 – Mínimo semanal
	2 – VERBAL - REUNIÃO	2 – Situação geral	2 – Baixo	2 – Quinzenal
	3 – RELATÓRIO ESCRITO	3 – Avanço físico- financeiro; número de acidentes; observações importantes	3 – Médio	3 - Quinzenal
COMITÊ DE GERENTES *	1 -VERBAL – REUNIÃO	1 - Avanço físico-financeiro; acidentes; dificuldades/providências	1 – Baixo	1 –Mensal
	2 – ESCRITO – RELATÓRIO	2 – Dados de 1 com maior nível de detalhe	2 – Médio	2 - Mensal
Empregados da REPLAN	CORREIO ELETRONICO – ASCOM	Informações Gerais	Baixo	Bimestral
Rede interna de interessados	CORREIO ELETRONICO	Informações relevantes sobre o Empreendimento	Baixo	Mensal ou quando oportuno
Gerentes da REPLAN	CORREIO ELETRONICO	Informações relevantes sobre o Empreendimento	Baixo	Mensal ou quando oportuno
GERENTE EXECUTIVO E DIRETOR DE CONTATO	ESCRITO – RELATORIO E SE NECESSÁRIO VERBAL	Avanço físico-financeiro; acidentes; dificuldades/providências	Baixo	Trimestral

* Gerente de Empreendimentos+ Gerente local da ENGENHARIA+Gerente Geral da REPLAN + Gerente Geral da ENGENHARIA + Gerente do ABAST/Implantação de Empreendimentos + Gerente de contato do CENPES

Tabela 9.2B – Plano de Comunicação: segunda parte

BOAS PRÁTICAS DE COMUNICAÇÃO EM PARADAS

Embora nas Paradas referida no Capítulo 1 – Paradas de Sucesso –, nós tenhamos utilizado bastante a comunicação, o que ajudou a conseguir aqueles bons resultados, precisamos, para o sucesso de Paradas no futuro, de um pouco mais de qualidade na comunicação. Além disso, é necessário, também, elaborar o plano (o que não era feito), e mais do que isso: segui-lo.

Hoje, eu recomendo o seguinte plano para uma grande Parada de Manutenção.

PARA A FORÇA DE TRABALHO (EQUIPE) – *PRÓPRIOS + CONTRATADOS.*

- Reunião de abertura ("Kick-off meeting") 18 meses antes da Parada, para campanha de 48 meses e a 10 meses da Parada, para campanha de 12 meses. Uma vez, sem os indiretos da contratada.
- Entre a reunião de abertura e até dois meses antes da Parada, reuniões todos os meses, também sem os indiretos da contratada.
- Apresentar o plano formal da Parada, com os objetivos e principais serviços – uma vez entre dois a três meses antes da Parada, para todo o público de interesse da Planta e do Corporativo da Empresa.
- Entre dois e um mês antes da Parada, reunião quinzenal já com os indiretos da contratada.
- Entre um mês antes da Parada e até a Parada, reuniões semanais com equipe própria e indiretos da contratada.
- A dois meses da parda, o primeiro "Pão Quente", comunicado informal a toda a equipe fornecendo, em linhas gerais, os principais pontos da Parada: objetivos, principais serviços, empresas contratadas, organograma e o que mais se julgar oportuno. Informativo simples, sem muitos detalhes para não ficar extenso. Onde for possível, utilizar diagramas e figuras.
- Na semana que antecede a Parada, informação verbal para todos os diretos (encarregados e executantes da Parada) em turmas que couberem em um local disponível (auditório, "tenda da Parada" etc.). Explicar, com figuras e gráficos, os objetivos

da Parada e enfatizar a questão da segurança, também com figuras.

- Também na semana que antecede a Parada deve estar pronto um "mini book" com as informações sobre a logística da Parada. Telefones úteis, fotos e figuras elucidativas, lista de responsáveis com respectivos telefones, cronograma resumido, descrição do caminho crítico, disposição de resíduos, etc. Esse "mini book" deve ser distribuído para todos os participantes da Parada.

- Durante a Parada, reunião de acompanhamento duas vezes por semana, com a participação apenas do Gerente da Parada, Coordenador geral da Parada, Coordenadores das frentes, Gerentes funcionais das áreas envolvidas, (Produção, Setorial da Planta de Processo, Manutenção, Setoriais de mecânica, Elétrica e Instrumentação, Segurança e Inspeção, RH, Serviços de Apoio e Suprimentos). Nessa reunião deverão ser mostradas, objetivamente, as curvas de avanço físico de cada frente, o gasto até o momento, se houve ou não acidentes com e sem afastamento.

- Durante a Parada, reunião diária do Coordenador da Frente, Fiscais próprios e indiretos da respectiva frente para balanço do dia e providências proativas para o dia posterior.

- Durante a Parada, comunicados informais ("Pão Quente" e "Pão Quente eletrônico) dirigidos a toda a força de trabalho, próprios e contratados, com o uso e abuso de figuras, desenhos (à mão) e diagramas. Ampliar e colocar, em "Jornal Mural", em local de grande acesso.

ALTA ADMINISTRAÇÃO E GERENTES FUNCIONAIS

- A dois meses da Parada, relatório detalhado com o plano geral da Parada. Tomar o cuidado de colocar um resumo com as informações principais na primeira parte do relatório. Quem quiser e puder, deve ler todo o relatório. Os que não puderem e/ou não quiserem, devem ler apenas o resumo.

- Recebem também cópia do "Pão Quente" e do "Pão quente eletrônico", em todas as fases.
- Durante a Parada, informações verbais objetivas, com avanço físico, números a respeito de custos, principais problemas e soluções implementadas, ou a implementar. Nas refinarias da Petrobras existe o hábito de uma reunião diária logo pela manhã (7h30min) na qual participam todos os Gerentes (inclusive o Gerente Geral), técnicos seniores e supervisores. O coordenador do turno que está saindo deve relatar os principais acontecimentos das últimas 24horas. Aproveita-se essa reunião para, em dois dias de semana, o coordenador geral da Parada relatar as informações. Nas indústrias em que essas reuniões não acontecem, outra solução deve ser adotada. Por exemplo, um espaço na reunião semanal dos Gerentes com o Gerente Geral.
- Semanalmente, o "Pão Quente" informa, por escrito, o avanço de cada frente, em comparação com o tempo decorrido, o eventual número de acidentes e, para as Paradas do futuro, eu colocaria também o percentual de trabalhadores certificados, por Empresa, e o custo apurado até a data. Esse "Pão Quente" iria apenas para a Alta Administração, Gerentes Funcionais, Coordenadores de Frente, os quais, a seu critério, transmitiriam as informações para as suas respectivas equipes.

CLIENTES E ACIONISTAS

- É importante informar aos clientes e representantes dos acionistas (Presidente e Diretores do Conselho; ou no caso da Petrobras, que é muito grande, o Diretor de contato, gerente executivo e gerente gerais corporativos), com a antecedência adequada para cada tipo de indústria, que a Unidade "tal" vai parar para manutenção geral, após uma campanha de "x" meses, e que o prazo estimado é de "tantos" dias. Essas informações devem ser emitidas por relato objetivo do Gerente Geral da Unidade para a Sede da empresa, ou Conselho Diretor, os quais se encarregarão de repassá-las aos clientes.

- Em caso de imprevisto de grande impacto, acidente maior ou grave, ou um eventual atraso da Parada, a informação deve ser imediatamente comunicada, de forma verbal (telefone), do Gerente Geral do "site" para a pessoa da Sede ou do Conselho Administrativo designado pelo Diretor de contato ou Presidente (conforme o porte). Esse tipo de comunicação só pode ser repassado pelo Gerente Geral do site assim como só pode ser recebido pela pessoa designada ou seu substituto formalmente designado. Esta pessoa receptora encarrega-se, a seu critério, de informar aos outros atores importantes (outros Executivos e/ou clientes).

COMUNIDADE

Nas Paradas de grande porte, que envolvam centenas ou até milhares de contratados, que vão impactar o meio antrópico (conjunto de pessoas que vivem próximo ao local de trabalho), a decisão de comunicar à comunidade é sempre delicada. Se a comunicação for feita de forma detalhada, a pressão por compras locais e o uso da mão de obra local será grande. Da mesma forma, as reclamações por qualquer fato novo nas cidades, mesmo que não relacionados aos trabalhadores temporários, serão sempre constantes. Se não houver comunicação, ou se esta for feita "por cima", pode-se evitar uma pressão direta, mas sempre haverá um descontentamento da comunidade, principalmente na questão do uso de mão de obra externa às cidades do entorno da Planta. Esse uso é inevitável, pela quantidade e qualificação dos colaboradores envolvidos, mas, de acordo com a minha experiência, dificilmente é entendido pela comunidade.

Minha posição é a de que, mesmo com todo o quadro descrito anteriormente, é necessário comunicar. Uma empresa que tenha bom relacionamento com a comunidade no seu entorno, algo hoje imprescindível, terá um canal de comunicação, geralmente algo como um "painel da comunidade". Uma experiência muito boa que pode ser citada é a da Refinaria Presidente Bernardes de Cubatão, que consiste em convidar mensalmente os líderes da comunidade para reuniões de interesse mútuo, tais como patrocínios e campanhas de esclarecimento. Esse é o melhor fórum para comunicar os objetivos gerais da Parada e as informações principais para a comunidade (duração, número de pessoas envolvidas, importância para o país etc.).

Então, seria uma comunicação verbal, feita pelo Gerente de Comunicações ou Gerente de Relações Institucionais, que já teria normalmente uma reunião mensal com os lideres da comunidade. A critério do Gerente Geral poderia ser escrito algo em papel para ser entregue na ocasião, novamente abusando das imagens e diagramas.

Uma boa relação com a comunidade contempla, ainda, cursos de formação nos moldes daqueles citados no Capítulo 8 – Gerenciamento do Suprimento & Contratação. Assim, a questão da geração de empregos no local é parcialmente solucionada.

Ao final do empreendimento, há uma nova comunicação, os objetivos alcançados, o percentual de utilização de mão de obra local, incluindo o primeiro emprego, e os cuidados que foram tomados para um menor impacto na comunidade.

Capítulo 10

Gerenciamento dos *Stakeholders*

Em 2013 o PMI atualizou o PMBOK. Essa atualização contemplou mais uma área do conhecimento: *Stakeholders*. Em algumas versões, vemos essa palavra ser traduzida como "partes interessadas" (eu mesmo já traduzi assim), mas a tradução é pobre. O significado da palavra, em inglês, é: "aqueles que dão suporte à estrutura do Projeto", o que é muito mais forte do que simplesmente "partes interessadas". Assim, daqui para frente utilizarei a palavra em inglês, pois me parece muito mais complicado escrever sempre "aqueles que dão suporte à estrutura do Projeto".

O PMBOK define *Stakeholder* como "indivíduo, grupo ou organização que pode afetar ou ser afetado pelo Projeto ou até mesmo se sentir afetado por uma decisão, atividade ou resultado do Projeto".

A metodologia do PMI propõe, ainda, que sejam percorridas, para cada um deles, as seguintes etapas:

- Identificação
- Impactos Potenciais
- Suportes em Potencial

Ênfase especial é dada à necessidade de COMUNICAÇÃO com os *Stakeholders*. Penso que esta parte – *Stakeholders & Comunicação* – está exaustivamente contemplada no Capítulo 9 deste livro – Gerenciamento da Comunicação.

Nosso propósito, aqui, é identificá-los, ressaltar aqueles mais importantes e recomendar as práticas necessárias para uma Parada de Sucesso quando for necessário.

STAKEHOLDERS EXTERNOS

São aqueles clássicos, bastantes conhecidos dos Planos Estratégicos:

CLIENTES

No caso de Gerenciamento de Paradas, não há muito o que se fazer em relação a interações junto ao clientes. É claro que devemos estar conscientes e motivar à força de trabalho com o aspecto do impacto de nosso Sucesso (ou insucesso) sobre os clientes da empresa. Mas não há nenhuma interação direta com esse público.

COMUNIDADE

Quanto maior o porte de uma Parada, maior o impacto causado sobre o público. Devemos, portanto, interagir com este último, como explicado no capítulo destinado à comunicação.

Em Paradas de grande porte, a sua organização deve contemplar um agressivo programa de visitas a prováveis locais onde se hospedarão os executantes da Parada, certificando-os. Durante a Parada, devem ser realizadas visitas periódicas (auditorias) para verificar se, por um lado, os empregados de empresas contratadas estão bem instalados e, de outro, se não estão incomodando a vizinhança.

Ter canais de comunicação com políticos e líderes comunitários e empresariais é uma ótima maneira de monitorar os eventuais impactos do pessoal sobre a cidade, tanto os positivos como negativos.

FORNECEDORES

Devemos entender que o bom fornecedor não é aquele que deseja o lucro fácil e imediato, mas o que tem o interesse de nos fidelizar, garantindo o seu negócio em longo prazo. Um bom fornecedor, como o aqui definido, deve ser bem tratado e cultivado. Pode ser um bom suporte ao nosso Projeto/Parada. Por outro lado, um mau fornecedor deve ser riscado do nosso cadastro, pois pode sempre causar impactos negativos ao Projeto/Parada.

ÓRGÃOS GOVERNAMENTAIS

É uma boa prática realizar uma análise formal dos requisitos dos diversos órgãos governamentais, pois eles podem impactar seriamente o nosso Projeto/Parada e, em alguns casos, podem dar também suporte positivo em casos extremos. Alguns exemplos:

- Cuidar para que as contratadas cumpram todas as leis trabalhistas. Um descuido pode resultar em embargo da Parada.
- O mesmo cuidado e eventual impacto existe com relação às exigências dos órgãos ambientais.
- Os órgãos de Segurança Pública devem ser contatados previamente para eventual apoio em caso de greves e/ou tumultos.
- Não se esquecer dos avisos ao DRT com relação aos regimes diferenciados de trabalho.
- Assegurar que as empresas contratadas estão pagando seus impostos corretamente. Especial atenção ao Imposto Sobre Serviço de Qualquer Natureza (ISSQN). É necessário que a empresa "mãe" se certifique para qual(is) município(s) é devido este imposto, além de instruir as empresas contratadas.

ACIONISTAS

Não há relação direta do Gerente da Parada com os Acionistas, mas sim com seus representantes, que são os Diretores e Gerentes da Empresa. Esse público será tratado a seguir.

STAKEHOLDERS INTERNOS

No caso de Paradas, toda a atenção aos *Stakeholders* internos é necessária. No Capítulo 2 deixo bem claro que obter o comprometimento de todos é **fundamental**.

Devemos identificar, para todos os descritos a seguir, duas classes de "atores" na Parada: os que "compram" o Projeto entusiasticamente e os que são francamente contrários a ele, seja porque veem a Parada como inimiga potencial por absorver seus recursos e seu tempo ou até mesmo por ciúme profissional.

Para os que "compram" devemos estabelecer alianças, cultivar a relação e pedir, explicitamente, o seu apoio. Sempre que possível devemos externar, publicamente, a nossa satisfação pelo entusiasmo e apoio dessas pessoas.

Quanto aos "inimigos", devemos sempre fazer o primeiro movimento de aproximação. Afinal, fora da rotina somos nós, os Gerentes de Projeto, que estamos provocando as mudanças, às vezes mal vistas pelas pessoas que não compreendem a extrema necessidade e importância da Parada. Uma atitude de não beligerância e até de amizade por parte do Gerente de Projeto para com essas pessoas pode ajudar muito em alguns momentos. Em outros, não. Como "água mole em pedra dura tanto bate até que fura", é claro que também não se deve perder nenhuma oportunidade para explicar ao "inimigo", e se possível a seu superior hierárquico, a importância da Parada e do engajamento de todos.

GERENTES FUNCIONAIS, INCLUINDO O GERENTE DO COORDENADOR DA PARADA

Além dos membros da equipe do projeto, os Gerentes Funcionais são os mais importantes *stakeholders* da Parada. O suporte adequado deles é um dos fatores principais para determinar o sucesso da Parada. Nos Capítulos 2 e 3 descrevemos várias técnicas para comprometê-los, com destaque para a apresentação referente às boas práticas de uma Parada.

EQUIPE DO PROJETO DE PARADA

Tratamento justo, feedbacks constantes e ser claro sobre o que se espera deles são os requisitos mais importantes para esse público. Muitas outras ações estão descritas no Capítulo 7 – Gerenciamento da Qualidade & Recursos Humanos.

FORMADORES DE OPINIÃO

Em uma empresa, quase sempre encontramos Técnicos de nível médio e Engenheiros que, apesar de não exercerem cargos oficiais de chefia, têm muita influência sobre os demais empregados, seja pelo seu conhecimento técnico, pela sua postura ética ou por outra peculiaridade. Cabe ao Gerente da Parada identificar esses profissionais e comprometê-los através de sua inclusão na lista dos que recebem informações sobre a Parada e, quando for o caso, pela solicitação de sua opinião, que deve ser ouvida com atenção e vontade de utilizá-la.

EXECUTANTES DAS CONTRATADAS

Penso que já abordamos bastante esse público nos Capítulos 7 – Gerenciamento da Qualidade & Recursos Humanos e 8 – Gerenciamento do Suprimento & Contratação. Só mais uma palavra sobre esses autênticos pilares de sucesso: devemos tratá-los com respeito e consideração, exatamente como gostamos de ser tratados.

SUPRIMENTO, SEGURANÇA, INFRAESTRUTURA

Esses *Stakeholders* têm em comum os seguintes pontos:

- Em geral estão longe da estrutura formal que organiza a Parada (às vezes, até fisicamente)
- Suas contribuições (ou falta de) podem determinar o sucesso ou fracasso da Parada.

Considerando os dois aspectos citados, é preciso que seja criado um plano específico de envolvimento. Convidá-los para uma atividade lúdica de aproximação costuma ser um bom começo. Pedir a ajuda dos Gerentes Funcionais, cobrar constantemente e ser amável sempre são outras práticas que vão nos ajudar nessa, às vezes, difícil tarefa.

CONCLUSÃO

Quero aqui lembrar o caso já contado no Capítulo 2, do aluno que me convenceu sobre o fato de que "obter o comprometimento de todos" é o fator supercrítico entre os fatores críticos da Parada em vez da "boa definição do escopo", que está explicitada na primeira edição deste livro como sendo o fator supercrítico.

Não é apenas uma questão de importância; mas de precedência. Obter o comprometimento de todos, referindo-se aos *stakeholders* internos, é absolutamente necessário para uma boa definição precoce do escopo. E sem uma boa definição do Escopo, "babau" (aprendi que um livro técnico não deve conter palavrões...)

Capítulo 11

Gerenciamento da Segurança

Uma Parada de Manutenção é um evento que oferece muitos riscos à integridade física das pessoas. O perigo de uma Parada deve-se ao fato de se introduzir um grande número de pessoas em uma área reduzida, para trabalhar sob pressão com relação ao cumprimento do prazo, manuseando muitos equipamentos perigosos.

Como afirmei no Capítulo 1 – Paradas de Sucesso –, até o final da década de 90, no Brasil, uma Parada era considerada "vencedora" quando o prazo era cumprido, a qualidade da campanha assegurada, o custo ficasse razoavelmente dentro do previsto (poderia até ultrapassar um pouco), e não tivéssemos muitos acidentes ou acidentes muito graves. Quando digo muitos acidentes, estou, efetivamente, referindo-me a um número considerável de acidentes. Por exemplo, mais de dez acidentes com afastamento. Aqueles sem afastamento não eram nem mesmo computados para fins de estatística. E quando digo acidente muito grave, refiro-me a uma fatalidade, amputação de membro, ou coisa parecida.

Felizmente, como repetia outro gerente que me ensinou muito, "o bafo mudou". No século XXI, a sociedade como um todo e as empresas, particularmente, passaram a não tolerar acidentes com afastamento (meta = zero) assim como poucos acidentes sem afastamento (por exemplo: máximo permitido = 10). Hoje em dia (2014) nem mesmo acidentes sem afastamento são tolerados em algumas organizações. Dedicamos, portanto, um capítulo voltado ao Gerenciamento da Segurança, embora esta não seja uma "área de conhecimento" do PMI.

O acidente ocorre quando os riscos transformam-se em perigos e ainda rompem todas as barreiras que o sistema, constituído por administração e empregados, coloca para evitar o acidente ou perdas, de um modo geral.

A figura 11.1 ilustra a situação descrita.

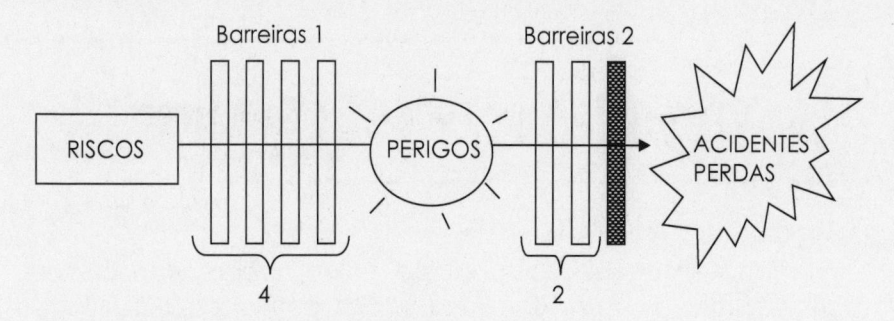

Figura 11.1– Riscos x Perigos x Acidentes

Para um melhor entendimento da diferença entre um risco e um perigo, tomemos como exemplo a situação a seguir. Se estivermos em um circo e um leão estiver em uma jaula, este fato representa um risco. Se o animal escapar da jaula por qualquer razão, o fato torna-se um perigo.

A cada barreira mostrada na figura 11.1 que é "quebrada", a probabilidade do acidente ou perda material aumenta. Vamos considerar o exemplo de uma peça pesada que tivesse caído de uma altura e atingido a cabeça de um trabalhador, que não usava capacete.

Examinemos cada barreira existente para impedir que o fato descrito aconteça. Além disso, vamos identificar qual a probabilidade de que cada barreira seja derrubada, conforme tabela 11.1.

BARREIRA	PROBABILIDADE DE SER DERRUBADA
Procedimento de trabalho em altura	1% (não existir) *
Uso de rodapés em andaimes e plataformas	5% (não ter) *
Organização da frente de trabalho	20% (não haver)
Cuidados dos executantes e supervisores	15% (sem cuidados) *
Colaboradores utilizando Epis	5% (sem capacete)
Localização do Colaborador	4% (no local onde caiu)

Tabela 11.1– Probabilidade associada a cada barreira

Com todas essas barreiras funcionando adequadamente, a probabilidade de ocorrer um acidente é muito baixa, quase nula.

No exemplo:

P = P1 x P2 x P3 x P4 x P5 x P6

P = 0,01 x 0,05 x 0,2 x 0,15 x 0,05 x 0,04

P = 1 x 10^{-2} x 5 x 10^{-2} x 20 x 10^{-2} x 15 x 10^{-2} x 5 x 10^{-2} x 4 x 10^{-2}

P = 30.000 x 10^{-12}

P = 0,00000003 ou 0,000003%

Ou 0,03 ppm

Vamos supor agora que:

Não existam procedimentos para trabalho em altura*

Sem procedimento, não há rodapés nos andaimes*

Apesar de haver organização, os supervisores e executantes não estão atentos*

Todas as outras condições estão OK, ou seja, dentro da exigência.

Nesse caso, as probabilidades de risco das situações marcadas com asterisco passam a ser de 100%, e a probabilidade de acidente passa a ser:

P = P1 x P2 x P3 x P4 x P5 x P6

P = 1,0 x 1,0 x 0,15 x 1,0 x 0,05 x 0,04

P = 0,0003 ou 0,03%

Ou 300 ppm

Consideramos que temos dezenas ou até centenas de milhares de situações que apresentam risco inerente a uma Parada; passar a probabilidade de 0,03 PPM para 300 PPM é uma situação indesejável.

Assim, bloquear todos os pontos que poderiam vir a "furar" as barreiras é o que buscamos nas Paradas de hoje. É difícil, mas não é impossível.

PRÁTICAS SEGURAS (BARREIRAS)

Contamos com um verdadeiro "arsenal" de práticas seguras, as quais vão constituir-se nas barreiras para que o acidente não ocorra. Vamos discorrer sobre as mais importantes.

RESPONSABILIDADE DA LINHA

Entre 1978 e 1981 tive a oportunidade de trabalhar na Isocianatos do Brasil, no segundo Polo Petroquímico, em Camaçari – BA. Naquele momento, o modelo das Petroquímicas era o "tripartite": um sócio brasileiro; um sócio estrangeiro (geralmente o detentor do know-How) e o governo brasileiro, geralmente através da Petroquisa.

Por pura sorte minha, o sócio estrangeiro nessa fábrica era a Dupont, líder mundial nas questões de segurança Industrial.

Entre todos os ensinamentos que pude captar nesses três anos de administração Dupont, o que me pareceu mais efetivo com relação à Segurança Industrial é responsabilizar fortemente a linha, ou a corrente hierárquica. O principio fundamental é que a responsabilidade flui verticalmente através da organização.

No caso de uma Parada, os elos principais dessa corrente são:

Para a tomadora de serviço:

Gerente/Coordenador da Parada → Engenheiro Coordenador → Fiscal Geral → Fiscal.

Para a contratada:

Gerente → Engenheiro → Supervisor → Executante

Observe que, nesses elos, o profissional de Segurança Industrial não está envolvido. Isto porque a segurança é de responsabilidade dos membros envolvidos, não apenas dá área de SMS (Segurança, Meio Ambiente e Saúde).

Essa prática tem as seguintes vantagens:

- Geralmente quem mais conhece sobre o serviço executado está em uma dessas linhas; por isso tem mais condições de pensar sobre o que pode ocorrer e tomar as medidas preventivas.

- A corrente é que tem efetivo poder sobre qualquer um dos seus membros. Técnicos de Segurança podem orientar, apoiar, mas não têm a autoridade formal. Quando apenas os Técnicos de Segurança estão comprometidos, são vistos como uns "chatos",aqueles que atrapalham o andamento da parada.

- Ao estabelecer a responsabilidade da linha e cobrar essa responsabilidade, as pessoas passam a estar mais comprometidas com a Segurança Industrial.

- A política ainda muito difundida de responsabilizar mais fortemente os Técnicos de Segurança, mesmo que efetiva, exigiria um verdadeiro "batalhão" de Técnicos de Segurança, pois são centenas, às vezes milhares de pessoas executando tarefas em um curto período de tempo.

É por essa razão que as reuniões de segurança com a contratada devem ser encabeçadas pelo Engenheiro Coordenador da Tomadora de Serviço e pelo Gerente ou Preposto da Empresa Contratada.

A experiência tem mostrado que essa prática é mais efetiva do que delegar Segurança apenas ao pessoal de SMS.

AUDITORIAS COMPORTAMENTAIS

Outro conceito muito importante, vindo também da mesma empresa (Dupont), é a aplicação de auditorias comportamentais. Em uma Parada, tal fato é beneficiado pela alta concentração de executantes e pelo efeito multiplicativo de cada abordagem.

De certa forma, mesmo sem utilizar o nome ou ter um programa específico, todos nós sempre fizemos auditorias comportamentais. Ao verificar como está se desenrolando um determinado trabalho, o supervisor ou gerente muitas vezes observa algum ato ou condição insegura e atua no sentido de eliminar isso. A diferença está na intensidade e na padronização de como tal procedimento é realizado. Deve ser considerada também a existência de treinamento específico sobre o que deve ser observado.

O melhor é conseguir que a contratada também entre no programa. Assim, Gerentes, Engenheiros, Fiscais e Supervisores dos dois parceiros são igualmente treinados e capacitados a realizar as auditorias. Estabelece-se uma meta diária ou semanal para cada função. As auditorias devem ser registradas, o que pode ser feito através de um simples cartão impresso ou em um programa informatizado. A ideia é controlar a realização e elaborar as estatísticas referentes aos tipos de desvios mais comuns e a que estão relacionados.

Existe até uma pirâmide, como a da Figura 11.2, que relaciona quantidades de desvios a vários tipos de incidentes e acidentes. Pela estatística revelada pela literatura, a cada 30.000 desvios teremos um acidente grave ou fatalidade.

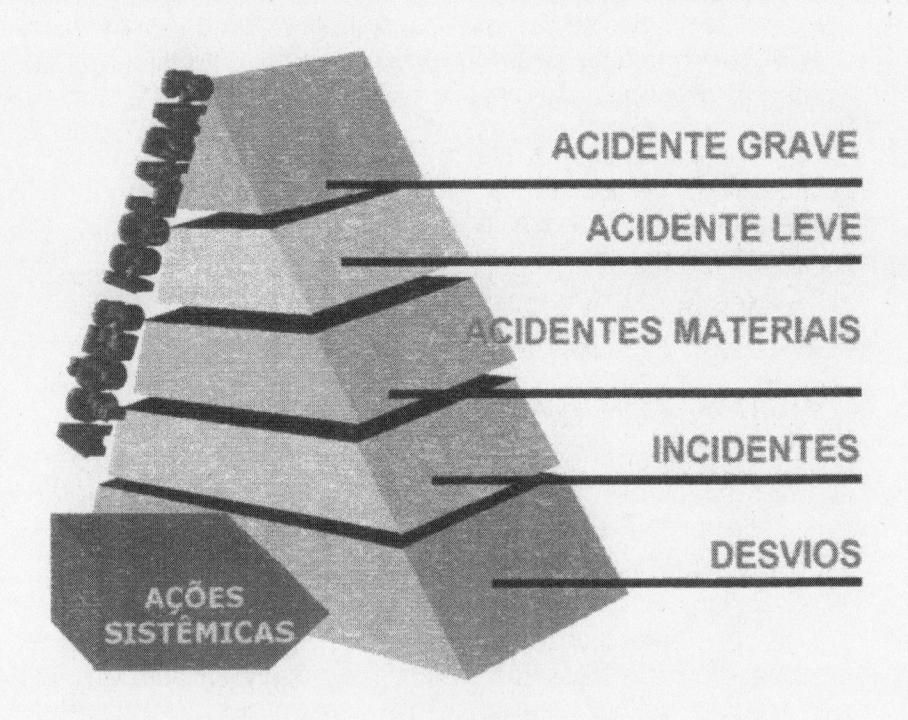

Figura 11.2 – Pirâmide de desvios x acidentes graves

Atuando na base da pirâmide, com ações sistêmicas evitando desvios, é que se evitam acidentes e incidentes.

Normalmente, classifica-se e agrupa-se o tipo de desvio, que no caso da Empresa em que trabalhei, era da seguinte forma:

- Uso de EPI's.
- Ordem, Arrumação e Limpeza.
- Procedimentos (existência e correta utilização).
- Posição das Pessoas (não apenas ergonômico).
- Equipamentos e Ferramentas.

Ao se implantar um programa de auditorias comportamentais, a tendência inicial é a observação quanto a não utilização de EPI's e a questão de Ordem, Limpeza e Arrumação. Afinal, são os mais fáceis de observar. Como teremos pouco tempo na Parada, deve-se chamar atenção para esse fato já no treinamento, enfatizando que a utilização dos EPI's é algo muito importante, da mesma forma que Ordem, Arrumação e Limpeza, até pela ação disciplinadora e pela comunicação implícita referente à importância da segurança naquilo que é visível.

De qualquer forma, o grande ganho acontece quando o observador experiente na(s) tarefa(s) executada(s) consegue perceber e bloquear desvios relacionados ao seguimento do procedimento correto. O item "Posição das Pessoas", que abrange os desvios descritos a seguir, todos com alto potencial para transformarem-se em acidentes, também é importante.

- Perigo de queda.
- Perigo de bater contra alguma coisa ou ser atingido por algum objeto.
- Perigo de se encostar em um ponto quente ou energizado.
- Posição ergonômica incorreta.

O ideal será alcançado quando todos aderirem ao programa: Gerentes, Técnicos, Supervisores e Executantes. Teremos, então, todos cuidando de todos, cuidando de si e deixando-se cuidar pelos outros.

"PIT STOPS"

Vindo da área de Siderurgia e adotada por algumas Petroquímicas, essa prática é complementar à anterior.

Consiste em uma "freada de arrumação". O serviço de determinada frente é parado por um período curto e todos dedicam esse tempo para verificar e corrigir condições inseguras e também atos inseguros que estavam sendo realizados no momento do "Pit Stop".

Os relatos do uso dessa prática são de alunos de meus Cursos de Parada; a maioria deles no sentido de que, na verdade, ganha-se tempo: pela organização alcançada e por evitar acidentes, que sempre causam transtornos ao andamento da Parada.

É digno de nota que os segmentos da Indústria citados executam Paradas de curta duração (tipicamente 10 a 20 dias) e, mesmo assim, relatam mais benefícios do que custos, parando uma vez por turno para verificar a situação de cada frente com respeito aos aspectos de segurança.

ANÁLISE E INVESTIGAÇÃO DE ACIDENTES

Na área de Refino da Petrobras são utilizadas as expressões "erro velho" e "erro novo" para designar, respectivamente, um efeito indesejado que ocorre mais de uma vez da mesma forma que anteriormente e um efeito indesejado resultado de uma falha nova, não anteriormente ocorrida. Essas expressões são ditas para reafirmar que, no mundo complexo da Indústria do Petróleo, não é possível conviver com problemas já vividos em circunstâncias anteriores e dos quais não se tirou o aprendizado necessário para evitar que ocorram de novo.

Mais recentemente, em um concorrido seminário sobre Paradas de Manutenção, um amigo disse, em sua palestra, que seu pai, aquelas pessoas sábias do interior, costumava dizer que "boi que pisa no mesmo buraco não é boi, é burro!"

Tudo isso remete à necessidade que temos de aprender com os erros. Melhor ainda se conseguirmos aprender com os erros alheios. Afinal, pessoas maduras (emocionalmente, não cronologicamente) não precisam "comer abelhas" para ter o mel. Pessoas imaturas é que dizem: "Deixem-me cometer os meus próprios erros".

Uma das formas que temos para aprender com erros dentro e fora da organização onde trabalhamos é através da análise e investigação de acidentes.

Então, é importante investigar para:

- Evitar recorrências.
- Identificar falhas no Gerenciamento da Segurança.
- Demonstrar o compromisso com a Segurança.

A análise do acidente ou incidente maior deve ser feita por equipe multifuncional, composta no mínimo por um Técnico de Segurança; um Supervisor de Manutenção, um representante da Operação e do próprio acidentado ou envolvido no incidente, quando possível.

A seguir, um exemplo de padrão para relato de acidente:

Data do evento: 16/05/2003.

Horário: 15 horas.

Local: Campo aberto com vegetação entre 0,5 e 1,0m, constituindo-se apenas de capim.

Tipo de acidente: Acidente típico com afastamento, lesão incapacitante.

Descrição do acidente: Durante a utilização de uma roçadeira manual com lâmina dupla, houve desprendimento da lâmina, sendo lançada para fora da proteção, tendo atingido a perna direita do empregado, abaixo da canela, decepando-lhe o pé.

Das entrevistas e reuniões da equipe de análise do acidente tirou-se a seguinte "árvore de causas", demonstrada nas Figuras 11.3A e 11.3B.

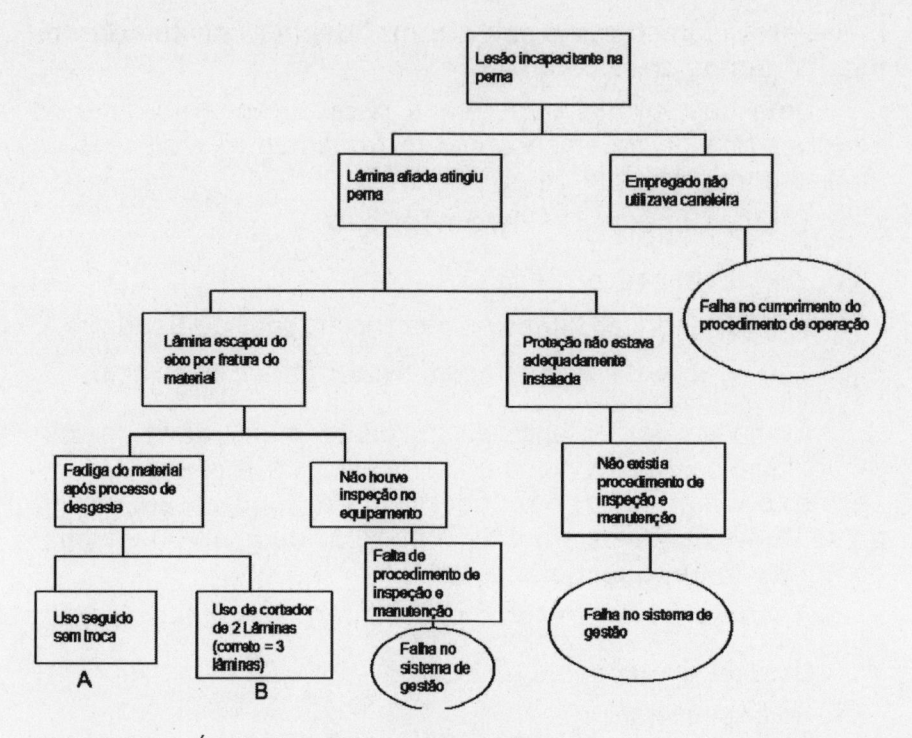

Figura 11.3A - Árvore de causas: primeira parte

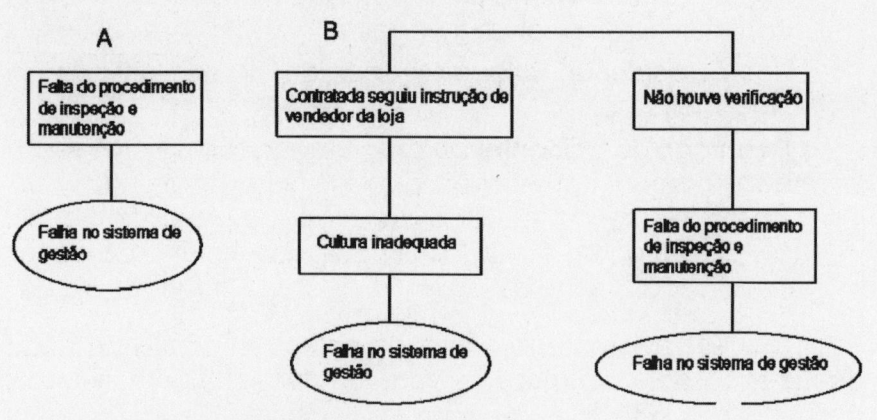

Figura11.3B- Árvore de causas: continuação

Analisando as figura11.3A e 11.3B,, fica evidente que o principal problema foi a falta de um procedimento de Manutenção e de Inspeção, que tem como causa básica ou raiz um sistema de gestão da Segurança ineficaz.

Gostaria de enfatizar dois pontos no que diz respeito à análise de causas básicas de acidentes e incidentes:

a) Neste caso não ocorreu, mas a tendência natural é minimizar as falhas humanas e de gestão e maximizar a adequação de medidas de mais equipamentos e sistemas de proteção. Se não houver muita atenção da gerência, manifestada quando da apresentação preliminar do resultado da análise, a planta ou empresa tende a ficar com um passivo enorme de pequenos projetos e obras e não vai atuar no que é mais importante, o comportamento das pessoas e os sistemas de gestão, que quase sempre estão na raiz dos acidentes e incidentes.

b) Efetuada a análise, é imprescindível realizar um plano de ações que conste: o Quê vai ser feito; Quem vai fazer e Quando será feito. Sem o plano, perde-se a análise efetuada e a oportunidade de evitar novos eventos. Deve-se, ainda, criar um sistema de cobranças que garanta que todas as ações sejam realizadas.

No exemplo em questão, o plano de ação seria conforme mostrado na Tabela 11.2

O Quê	Quem	Quando
Estabelecer um procedimento de inspeção e manutenção de ferramentas de corte de grama.	Gerente de Engenharia	Imediato
Fazer revisão de todos os equipamentos em uso antes de retornar à operação.	Supervisor + Fiscal	Imediato
Verificar, por abrangência, outras situações que eventualmente não tenham procedimento de inspeção e manutenção.	Gerente de Manutenção	Um mês
Conduzir reunião com todo o grupo de executantes visando mobilizá-los para o seguimento dos procedimentos operacionais.	Supervisor	Imediato

Tabela 11.2– Plano de ações resultante de análise de acidente

Termino esse tópico dizendo que é necessária uma forte atuação gerencial para valorizar cada acidente ou incidente. Não se deve aceitar a banalização dos acidentes, mesmo aqueles aparentemente pouco importantes.

ANÁLISE PRELIMINAR DE RISCO (APR)

Cada conjunto de tarefas que defina um serviço específico deve ser precedido de uma Análise Preliminar de Risco. As equipes que vão realizar as APR's devem ser compostas por:

- Fiscal do Contrato.
- Supervisor da Contratada (diretamente ligado ao serviço).
- Operador responsável pela liberação.
- Técnico de Segurança da Tomadora de Serviços.
- Técnico de Segurança da Contratada.

A responsabilidade por "fazer acontecer" a APR deve ser do fiscal do Contrato, secundado pelo Técnico de Segurança da Tomadora do serviço.

A APR é uma reflexão conjunta sobre quais são os principais riscos associados ao serviço e quais as maneiras de se bloquear esses riscos.

Na Tabela 11.3 vemos um exemplo de Análise Preliminar de Risco. Podemos observar:

- Para cada evento indesejado ou perigoso existe uma causa associada, de forma que fique clara a medida de controle (bloqueio) necessária.
- A categoria de risco pode variar de I a IV, sendo esta última a de maior risco (morte ou descontrole operacional).
- A área responsável pela medida de controle, de forma que não fiquem dúvidas quanto à responsabilidade.

No caso, "Seilet" era o Setor de Elétrica e Instrumentação.

APR – ANÁLISE PRELIMINAR DE RISCO	SETOR: SECRA	APR-85	Folha: 1/1
OBJETO DA ANÁLISE: Manutenção elétrica válvulas motorizadas		Unidade: COQUE/U980	Data: 12/06/2000
Participantes: Sérgio (Coque), Oliveira (ASEMA), Márcio Beraldo (Seilet)			

Evento Indesejado ou Perigoso	Causa	Consequência	C. Risco	Nº	Medidas de Controle	Ação Por
• Choque Elétrico	• Contato com circuito energizado	• Lesões pessoais • Morte	V		Desenergizar, etiquetar e testar quando for realizar o serviço de troca de cartão	Operação
	• Imperícia				Orientar o executante quanto a choque elétrico quando o serviço for energizado	SEILET
• Queda de pessoas	• Acesso inadequado	• Lesões pessoais com possibilidade de afastamento	II		Prever acesso adequado com andaimes, conforme Norma BR	SEILET
• Queimadura	• Descuido • Contato com linhas quentes	• Lesões pessoais	II		Utilizar camisa de manga comprida	SEILET

Tabela 11.3 – Exemplo de análise preliminar de risco

Tão ou mais importante do que fazer a APR é ter o cuidado de que os executantes a conheçam. Não é uma tarefa fácil. O que mais funciona, no meu entender, é que os DDS (Diálogo Diário de Segurança) sejam sempre constituídos de itens da APR. Em vez daquele papo sempre igual, sem criatividade, passa-se a abordar quais são os riscos dos trabalhos específicos nos dias em que estes são realizados. Dessa forma, estaremos realizando, efetivamente, a prevenção.

Uma boa prática, utilizada na última Refinaria em que trabalhei, é deixar a APR em local visível, protegida por um invólucro plástico, próximo ao local de trabalho. As pessoas que realizam auditorias comportamentais podem, então, ter acesso à APR e perguntar aos executantes aspectos dos riscos específicos dos serviços.

EQUIPAMENTOS E FERRAMENTAS

Historicamente, equipamentos e ferramentas em mau estado de conservação têm sido causas básicas de inúmeros acidentes, entre eles várias fatalidades. Isso porque são utilizados, nas Paradas, vários equipamentos e ferramentas, tais como máquinas de solda, tornos mecânicos, lixadeiras, furadeiras, geradores, carrinhos de mão, conjuntos de oxiacetileno, megohmetros, só para citar alguns deles.

Aterramentos e discos adequados, cumprindo totalmente a função para a qual foram projetados, são alguns dos pontos a serem verificados.

O ideal é o uso de um checklist ou lista de verificação para cada tipo de equipamento, utilizando-se o manual de instrução do fabricante, a ser feito em conjunto por engenheiros, supervisor e executante(s). A participação deste(s) último(s) é muito importante, pois além da sua contribuição, fica(m) comprometido(s) com a utilização dos equipamentos e atento(s) em relação a qualquer alteração indesejada.

Uma excelente forma de garantir que todos os equipamentos sejam vistoriados periodicamente é criar um sistema de "cor do trimestre": cada trimestre corresponde a uma fita adesiva ou pintura de uma determinada cor, a qual, após o equipamento ser vistoriado, é posta em local visível no equipamento. Assim, todos podem perceber, com um simples olhar, se o equipamento foi vistoriado recentemente ou não. Em caso negativo, deve-se providenciar a vistoria.

FERRAMENTAS

Da mesma forma que os equipamentos, as ferramentas em mau estado também são, muitas vezes, causas básicas de acidentes. Marretas e martelos que saem do cabo, lascas de marretas que são verdadeiros projéteis, alicates de eletricista sem isolamento, lixadeiras portáteis com disco fora de especificação que se rompe e chaves de boca em mau estado, que causam quedas ou lesões pelo esforço aplicado no sentido errado, são exemplos que todos os que trabalham em manutenção já devem ter visto, lido ou ouvido falar.

Também nesse caso, o que resolve é vistoriar periodicamente. Para ferramentas de maior porte deve-se utilizar o mesmo sistema de listas de verificação e "cor do trimestre" preconizado para os equipamentos.

Para ferramentas de pequeno porte, sugere-se fortemente que cada executante tenha sua própria caixa de ferramentas, e o sistema de "cor do trimestre" seja utilizado por caixa individual.

LIBERAÇÃO DE ENERGIA

Um importante conceito é que quase todo acidente está associado à liberação não controlada de energia. Assim, um acidente causado pelo impacto de uma peça que caia, ou pela própria força do trabalhador, está associado à liberação de energia mecânica; um choque elétrico, à liberação de energia elétrica; uma queimadura, à liberação de enérgica térmica ou química; uma lesão radioativa, à liberação de energia atômica.

É responsabilidade do dono do ativo garantir que as principais fontes de energia de seu sistema estejam bloqueadas e sinalizadas para evitar que os empregados do prestador de serviço fiquem expostos a diversos tipos de energia, sempre presentes em Plantas Industriais.

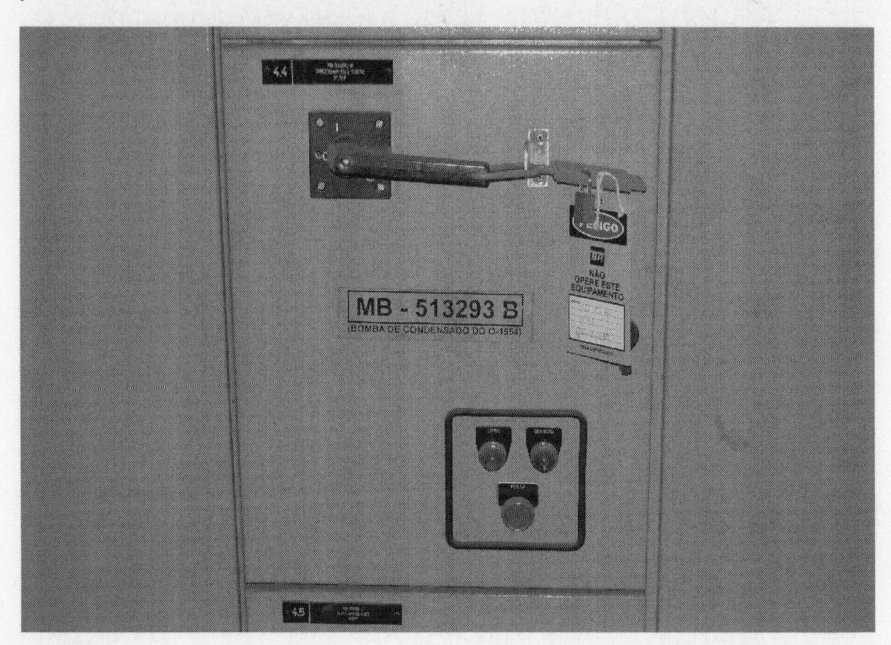

Figura 11.4 – Exemplo de bloqueio e sinalização de fonte de energia elétrica

Devem merecer especial atenção o bloqueio de sistemas elétricos (como o exemplo da figura 11.4) e o de sistemas de vapor e/ou outros sistemas de alta temperatura ou com produtos tóxicos ou inflamáveis. Estes últimos sistemas devem ser isolados da fonte de energia através de um bom plano de raqueteamento, que consiste na determinação dos pontos e na colocação, nos locais das "raquetes", de dispositivos que proporcionam flanges cegos (bloqueio mecânico). Estes últimos são colocados em juntas específicas de tubulação e na entrada da tubulação em equipamentos.

REUNIÕES DE SEGURANÇA

A primeira reunião sobre segurança deve ser feita antes das licitações. Em minha prática, exercitei a realização de um "Encontro de Segurança". Foram convidados todos os possíveis parceiros. A intenção era transmitir, antes da formação dos preços, o quanto as questões relacionadas à segurança seriam cobradas. A experiência mostrou que algumas empresas simplesmente não acreditam que a fiscalização será rigorosa a ponto de exigir tudo o que posteriormente escrevemos na minuta do contrato. Dessa forma, não colocam isso na sua composição de preço, prejudicando os aspectos de segurança. A nossa tarefa é convencê-las de que vamos exigir tudo, assim como cooptá-las para trabalhar junto, no mesmo sentido, com a mesma energia despendida nas questões de Segurança.

Posteriormente, o plano de Segurança deverá ser apresentado para cada empresa contratada, antes do início da Parada, para os empregados indiretos da empresa. Melhor ainda se recebermos sugestões deles, que, dessa forma, se sentirão comprometidos com o processo de realizar uma Parada segura.

Durante a Parada, como já descrevemos em tópico anterior, deverá haver, regularmente, reuniões que abordem apenas o tema Segurança, sempre envolvendo Gerentes e Supervisores além dos Técnicos de Segurança. Nessas reuniões devem ser apresentados e discutidos os seguintes aspectos de segurança:

>Apresentação do eventual número de acidentes por Contratada.
>
>Principais irregularidades observadas.
>
>Apresentação, pelos Coordenadores e Gerentes, das medidas adotadas em face dos acidentes e das irregularidades observadas.
>
>Acompanhamento das ações preventivas.
>
>Fechamento, pelo Coordenador Geral da Parada.

ITENS PRÁTICOS DE SEGURANÇA

A seguir mostramos, como exemplo, alguns itens práticos que utilizamos para aumentar a segurança nas Paradas.

LIVRETO DE ORIENTAÇÕES GERAIS

Deve ser algo bem simples, enxuto e repleto de figuras, a ser distribuídos para todos os integrantes da Parada. Devemos resistir à tentação de colocar todos os extensos procedimentos em "minibooks". Nesse caso, a experiência mostra que eles não serão lidos pelos executantes. Se quisermos fornecer tais procedimentos, podemos fazê-lo, porém temos que criar algum mecanismo que garanta a leitura deles.

Na Figura 11.5 apresentamos duas páginas de um livreto simples e direto.

Figura 11.5 – Exemplos de páginas de livreto de segurança para executantes

TENDA OU "PALANQUE" PARA DDS GERAL

Na Figura 11.6 vemos uma tenda com uma espécie de "palanque". É útil quando queremos dar uma mensagem geral ou realizar uma promoção, ou ainda, realizar uma atividade que envolva todos, como ginástica laboral, por exemplo.

Figura 11.6 – Tenda da Parada

Na Figura 11.7 vemos a mesma filosofia sendo utilizada a **céu aberto, com a visualização da força** de trabalho realizando ginástica laboral.

Figura 11.7– Ginástica Laboral em DDS

CONCURSO DE FRASES DE SEGURANÇA

Esta prática tem vários aspectos importantes: estimula as pessoas a pensarem em segurança através da elaboração de frases criativas. Estas, por sua vez, acabam ficando lúdicas e/ou repletas de rimas, o que causa uma aproximação entre as pessoas no que se refere às questões ligadas à segurança. Também pode ser promovida uma cerimônia simples de premiação de forma a fazer com que os trabalhadores sintam-se honrados e respeitados como seres humanos, melhorando as relações e, consequentemente, todos os aspectos ligados à Parada. Além disso, ao destacar o nome do autor na frase, ele vai sentir-se reconhecido perante os colegas, subindo na pirâmide das necessidades de Maslow.

Na figura 11.8 temos um exemplo de uma frase de segurança premiada, com o respectivo nome do autor.

Figura 11.8– Exemplo de frase de segurança premiada

DESENVOLVIMENTO DE MANTAS CONTRA FAGULHAS

Existem muitos serviços de Parada que geram fagulhas (lixamento, esmerilhamento etc). Essas fagulhas podem atingir e queimar diretamente os trabalhadores e/ou podem atingir material inflamável. A utilização de mantas contra fagulhas, desenvolvidas especialmente para extingui-los, minimiza bastante a probabilidade dos acidentes associados, como podemos ver na figura 11.9 a seguir.

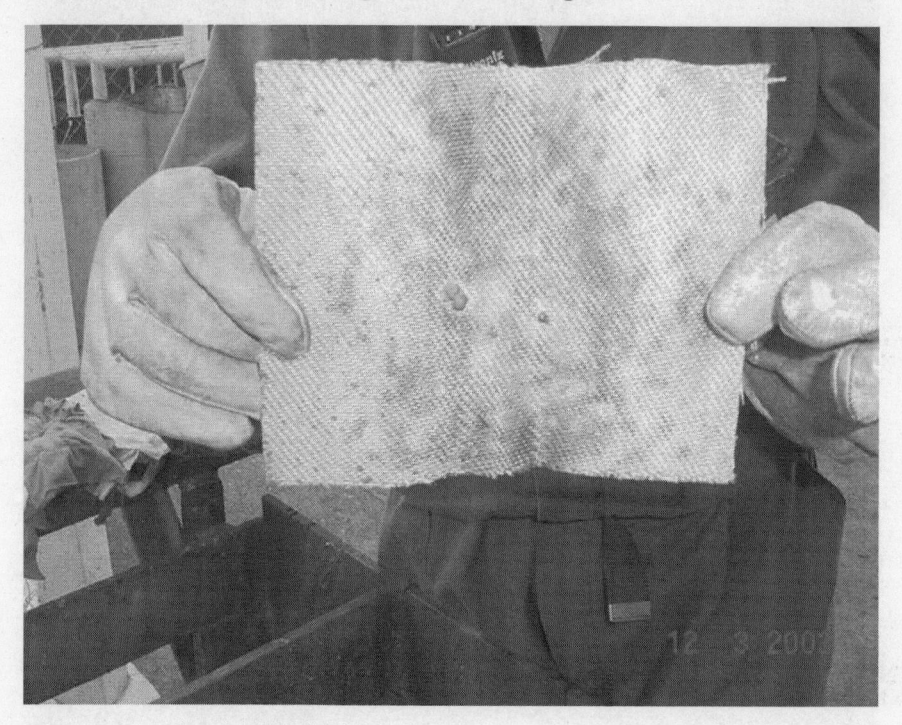

Figura 11.9- Manta antifagulhas

CABO GUARDA-VIDA E CINTO DE TALABARTE DUPLO

Infelizmente, é comum a exigência do uso do cinto de segurança sem que exista um "cabo guarda-vida" onde o trabalhador possa prender seu cinto de segurança tipo "paraquedista". A existência do cabo guarda-vida, entretanto, **não garante** o seu uso, mas é o mínimo necessário para que o trabalhador utilize corretamente o cinto de segurança, que deve ter talabarte duplo, como o da Figura 11.11. Tal equipamento permite que o trabalhador ultrapasse obstáculo sem ter que ficar, em algum momento, sem proteção.

Na Figura 11.10 mostramos um exemplo de cabo guarda-vida.

Figura 11.10 – Exemplo de cabo guarda-vida

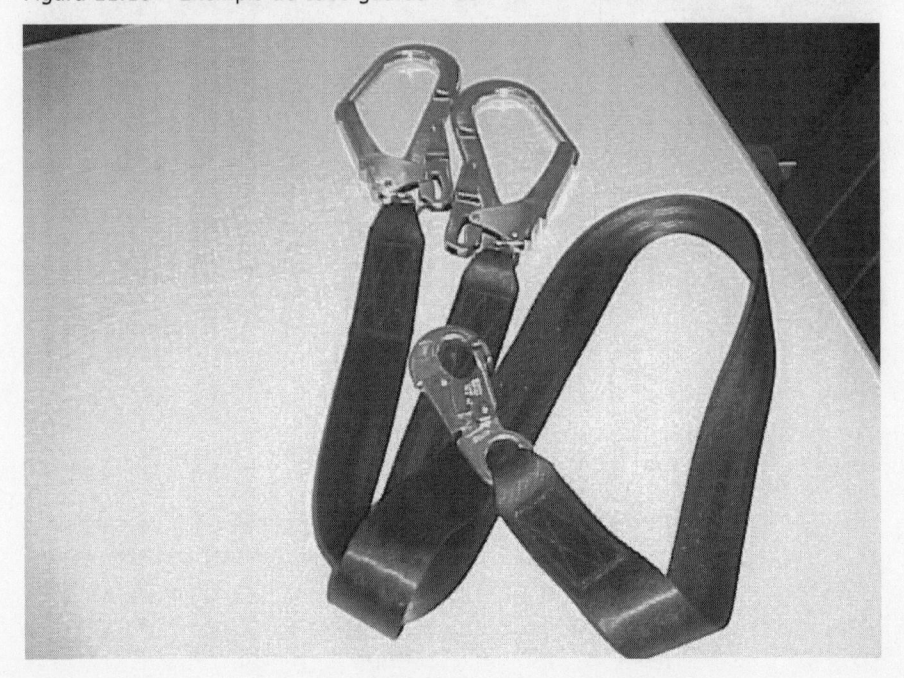

Figura 11.11 – Cinto de segurança com talabarte duplo

IDENTIFICAÇÃO DE VIAS DE ACESSO

Se não tomarmos nenhuma medida, a tendência é que toda a **área** da Unidade Fabril onde vai ocorrer a Parada de Manutenção fique congestionada de andaimes, máquinas, isolamento de área etc. Por iniciativa de uma das Refinarias da Petrobras (depois copiada pelas outras, inclusive a que eu dirigia), foi concebido o conceito de pintar uma faixa, como a da Figura 11.12, em cima da qual não é permitida a colocação de nenhum objeto ou obstáculo, de forma que as pessoas possam circular livremente, o que aumenta a segurança.

Figura 11.12 – Faixa pintada para assegurar livre passagem

TRABALHOS SOBREPOSTOS EM DOIS NÍVEIS DE ALTURA

A experiência mostra que a única forma de garantir a segurança das pessoas que trabalham ou transitam no nível inferior, no caso de trabalhos sobrepostos, é a construção de uma barreira mecânica, física, separando os dois níveis. No exemplo da Figura 11.13 essa barreira foi feita com a construção de um andaime inteiriço, com rodapés.

Figura 11.13 – Exemplo de barreira física para trabalhos sobrepostos

"LOJINHA" DE EPI'S

Até certo tempo atrás, um dos grandes problemas que tínhamos em Paradas relacionava-se ao fato de as contratadas não trazerem todos os EPI's necessários, o que contribuía para que ocorresse uma espécie de "chantagem", pois a única forma de se executar os serviços com os EPI's necessários era através de "empréstimos", nem sempre devolvidos.

Resolvemos a questão fazendo uma licitação entre vários fornecedores de EPI's. O de preço mais vantajoso era autorizado a colocar uma "lojinha" com diversos EPI's dentro da Parada, como mostra a Figura 11.14. A partir daí o problema fora sanado, pois se a contratada não apresentasse os EPI's necessários, existia um local onde, rapidamente, eles poderiam ser adquiridos.

Figura 11.14 – Lojinha de EPI's

PLANO DE SEGURANÇA E MEIO AMBIENTE

Até o momento, neste capítulo, falamos apenas em segurança por ser essa a parte de "SMS" que mais depende, diretamente, da Gestão da Parada.

O Plano de Segurança, entretanto, deve contemplar também a questão do Meio Ambiente.

A dois meses da Parada, temos que ter o plano detalhado de segurança para o inicio da implantação.

A seguir apresentam-se dois dados estatísticos colhidos junto ao IPA, com relação à segurança em Paradas, e especificamente com relação ao Plano de Segurança:

- **Em 96% das Paradas analisadas, com bons resultados de segurança, o Plano detalhado de Segurança foi implementado <u>pelo menos</u> seis semanas antes da Parada.**
- **Em 95% das Paradas analisadas, com bons resultados de segurança, o time de**

gerenciamento da Parada teve uma presença constante no campo. Houve uma forte participação do Gerente da Parada na elaboração do Plano de segurança.

PLANO "MACRO"

A 12 meses da Parada (campanha de 48 meses) ou a seis meses (campanha de 12 meses), já é hora de pensarmos na Segurança e no Meio Ambiente

O que proponho é uma reunião entre as principais áreas envolvidas (Operação, Manutenção, Segurança, Inspeção, sob coordenação do Planejamento da Manutenção) para que sejam fornecidas as diretrizes à área de SMS, que será responsável pela elaboração do plano. Alguns pontos podem ser tratados:

Situação geral da Unidade e cuidados adicionais identificados como necessários para a paralisação.

Situações particulares que devem merecer atenção especial no plano.

Marcar a data e discussão da pauta da reunião prévia com possíveis contratadas (ou já contratadas, nos caso de contratos de longo prazo).

Decisão de incluir ou não simulado de evacuação geral da área.

Medidas necessárias ainda cabíveis durante a campanha para aumentar a segurança da Parada.

Apenas o fato de estarmos discutindo sobre Segurança e Meio Ambiente com tanta antecedência é um grande vetor para sinalizar a importância desses itens para todos os envolvidos.

Após essa reunião, ou reuniões, deve ser gerado um Plano Macro de Segurança que contenha os aspectos mais importantes de atenção na Parada específica e os itens de ordem geral que deverão ser seguidos.

QUESTÕES AMBIENTAIS

O Plano definitivo deve contemplar, entre outros cabíveis, os seguintes pontos com relação ao Meio Ambiente:

- Emissões gasosas – prevenção e destinação para a tocha.
- Resíduos líquidos – minimizações e correta destinação.
- Resíduos sólidos – minimização e correta destinação.
- Neutralização de equipamentos.
- Colocação de recipientes de coleta de resíduos diferenciados – tipo e localização.
- Limpeza da área.
- Treinamentos e campanhas de Meio Ambiente.

QUESTÕES DE SEGURANÇA

Devem ser abordados, no Plano definitivo, entre outros, os seguintes pontos:

- Alocação dos Técnicos de Segurança.
- Exigências gerais: APR's, PT's, Cursos de Integração, DDS.
- Simulados.
- Boas práticas de trabalho.
- Programa de Auditoria.
- Campanhas motivacionais.
- Procedimento na Ocorrência de Acidentes (Investigação, inclusive).
- Condições mínimas de Segurança para:
  - Uso de Fumo.
  - Máquinas de Solda.
  - Andaimes.
  - Cilindros de Gases.
  - Ventilação de Equipamentos.
  - Equipamentos de combate a incêndio.
  - Isolamento de área.
  - Movimentação de carga.
  - Serviços sobrepostos (em dois níveis).

- Trabalho em altura.
- Proteção de eventuais canais de águas oleosas (inflamável).
- Queda de Materiais e Equipamentos.
- Uso de rádios.
- Espaços confinados.
- Proteção Respiratória.
- Poeira.
- Elevadores temporários.
- Fluxo de Pedestres.
- Embarque/desembarque de Trabalhadores.
- Bloqueio e Etiquetamento.

EXEMPLO DE PLANO DE SEGURANÇA

O plano, então, pode ser como o apresentado na Tabela, 11.4 a seguir.

O QUÊ?	QUEM?	QUANDO	COMO?
Manter a área limpa.	SMS	Parada	Orientando os empregados das contratadas no Curso Básico de Segurança.
Realizar treinamentos e campanhas de meio ambiente.	SMS	Pré-parada e Parada	Prevendo o treinamento no Curso Básico de Segurança; Promovendo campanhas conjuntas com a segurança.
Controlar o desperdício de água.	SMS	Parada	Limitando o uso de água de hidrante somente com uma autorização por escrito.
Realizar Análise Preliminar de Risco – APR – de acordo com o programa.	SMS MI/PM	15/09/2001	Cumprindo o cronograma de Análise Preliminar de Risco.
Estruturar o Curso Básico de Segurança para Contratada (CBS).	SMS MI/PM RH/IS	30/08/2001	Desenvolvendo um treinamento específico para a Parada, conforme estabelecido pelo programa.
Aplicar o Curso Básico de Segurança para a Contratada.	SMS MI/PM RH/IS	A partir da pré-parada	Aplicando o treinamento em conjunto.

O QUÊ?	QUEM?	QUANDO	COMO?
Divulgar as diretrizes de segurança para empresas contratadas e as responsabilidades de sua supervisão.	MI/PM e SMS	15/09/2001	Estabelecendo as diretrizes de segurança para empresas contratadas.
Desenvolver o conceito de responsabilidade da linha nas questões de segurança.	MI/PM e SMS	Pré-parada	Treinando todos os empregados Petrobras que estarão envolvidos na Parada.
Credenciar requisitantes de Permissão para Trabalho.	SMS	Conforme Programa	Promovendo os treinamentos em Permissão para Trabalho, conforme cronograma do programa ou por negociação com a fiscalização.
Promover treinamento de evacuação de área.	SMS	Parada	Estudando, em conjunto com o MI/PM, a realização de um simulado durante a Parada.
Coordenar estabelecimento de Auditorias Comportamentais	SMS e MI/PM	30/08/2001	Estabelecendo pessoas a serem treinadas e treinando-as
Divulgar Boas Práticas de Trabalho – BPT.	SMS MI/PM	30/08/2001	Confeccionando cartazes e faixas; distribuindo folhetos no Curso Básico de Segurança a todos os empregados (Petrobras e de Contratadas) contendo as principais BPT's.
Realizar concurso de frases de segurança, saúde e meio ambiente.	SMS e CIPA	15/09/2001	Estabelecendo os critérios do concurso
Estabelecer regras e área para a prática do fumo.	SMS	No C.B.S.	Divulgando, no Curso Básico de Segurança (CBS) e no Treinamento de Segurança para Empregados, as regras para a prática do fumo, segundo o programa.
Estabelecer regras para o isolamento de área.	MI/PM e SMS	Nos treinamentos de Segurança	Orientando os empregados quanto ao perigo de invasão de uma área isolada; orientando todos os empregados nos Treinamentos de Segurança.
Estabelecer regras para movimentação de carga.	SMS	20/08/2001	Confeccionando os modelos do Selo, do Certificado e da Etiqueta de Capacete para Executantes.

O QUÊ?	QUEM?	QUANDO	COMO?
Evitar acidentes na realização de trabalhos em espaços confinados.	SMS	Parada	Avaliando a presença de agentes agressivos e o teor de oxigênio: verificando as condições de isolamentos, limpeza e ventilação; indicando os EPI's e fazendo as recomendações necessárias; fornecendo placas de sinalização de Bocas de Visitas dos equipamentos; proibindo a entrada de pessoas até que o local seja considerado liberado pela segurança.
Realizar trabalhos de quebra e aplicação de refratário no conjunto conversor, dutos de CO, caldeira e forno, com a devida proteção respiratória.	SMS	Parada	Fornecendo as máscaras, mangueiras, reguladores de ar, cintos e unidade móvel de ar mandado.
Evitar acidentes na operação e deslocamento de elevadores.	SMS e MI/PM	Pré-parada e Parada	Divulgando, nos treinamentos de segurança, a proibição de transporte simultâneo de cargas e pessoas.
Diminuir o risco de acidentes com pedestres.	MI/PM e SMS	No CBS	Orientando os empregados envolvidos na Parada para não adentrarem as unidades vizinhas que estão em operação.
Inspecionar Equipamentos de Proteção Individual – EPI.	MI/PM e SMS	Pré-parada e Parada	Realizando uma inspeção prévia de todos os EPI's que serão utilizados na Parada por contratada.
Usar Equipamentos de Proteção Individual.	TODOS	Pré-Parada e Parada	Proibindo a entrada de pessoas na unidade da Parada que não estejam devidamente equipadas com: capacete, luva, óculos de segurança, protetor auricular, calçado de segurança e uniforme.
Estabelecer regras para uso de Equipamentos de Combate a Incêndio – ECI.	MI/EE	Pré-Parada	Disponibilizando, para as contratadas e PR/CCF, as mangueiras, esguichos e redutores necessários, devidamente identificados.

O QUÊ?	QUEM?	QUANDO	COMO?
Estabelecer regras de instalação e uso de máquinas de solda.	MI/EI	Pré-Parada e Parada	Fiscalizando a correta instalação de máquinas de solda.
Evitar acidentes com equipamentos e ferramentas.	FISCAL	Pré-Parada e Parada	Fiscalizando o correto uso de máquinas e ferramentas
Manter a área lima.	CONTR.	Parada	Realizando a limpeza do local de trabalho.
Realizar treinamentos diários de segurança.	CONTR.	Parada	Promovendo treinamentos intitulados de DDS, planejados pelo Técnico de Segurança da Contratada e ministrado por seu mais baixo nível de supervisão, conforme estabelecido no programa.
Comunicar acidentes.	CONTR.	No acidente	Comunicando os acidentes imediatamente ao órgão de segurança e à fiscalização da Petrobras
Controlar acidentados.	CONTR.	No acidente	Acompanhando os acidentados durante todo o atendimento, inclusive após a dispensa médica com retorno ao trabalho ou encaminhando à sua residência. Adotando um procedimento que possibilite o efetivo acompanhamento do acidentado.
Estabelecer regras de instalação e uso de andaimes.	CONTR.	Pré-Parada e Parada	Mantendo equipe especializada para montagem de andaime; não admitindo pranchões soltos nos andaimes.
Estabelecer regras para trabalho em altura.	CONTR.	Pré-Parada e Parada	Confeccionando andaimes e plataformas com guarda-corpo. Quando isso não for possível, adotar dispositivos de segurança individual, como: uso de cinto de segurança, e trava-quedas e/ou linha guarda-vida.
Evitar acidentes em trabalhos a quente próximo ao canal de águas oleosas.	CONTR.	Pré-Parada e Parada	Atendendo às recomendações da operação, fiscalização e segurança.

O QUÊ?	QUEM?	QUANDO	COMO?
Avaliar níveis de poeira e fazer as recomendações necessárias.	CONTR.	Parada	Realizando o confinamento do equipamento para evitar a dispersão de poeira; realizando os trabalhos de jateamento em horários especiais.
Manter limpos os sistemas de drenagens.	MI/PM	Paralisação E Parada	Prevendo equipe de limpeza coordenada por um técnico da Petrobras.
Evitar assoreamento dos sistemas de drenagens por acúmulo de catalisador.	MI/PM	Parada	Prevendo bacias de contenção e decantação na limpeza e lavagem de liberação do conjunto conversor, GV-22501, e vasos de selagem.
Realizar coleta seletiva para papelão e papéis, madeiras, sucatas ferrosas e não ferrosas, plásticos, PVC, borrachas e lixos domésticos.	MI/PM	Pré-Parada e Parada	Contratando caçambas para disposição de coleta seletiva na área; identificando as caçambas; coletando separadamente copos.
Controlar ruído do compressor adicional de ar comprimido.	MI/PM	Pré-Parada	Alugando um compressor que impacte o mínimo possível na questão de ruído; posicionando o compressor em local que facilite seu abastecimento e que segregue o ruído no espaço.
Discutir, semanalmente, os aspectos de segurança da Parada.	MI/PM	Parada	Promovendo reunião semanal de segurança, conforme o programa.
Evitar fumaceamento das tochas.	TE	Parada	Realizando monitoramento visual das tochas.
Dar encaminhamento adequado às emissões gasosas, descartes líquidos e sólidos.	PR/CCF	26/09/2001	Realizando um plano de descarte em conjunto com a SMS e TE.
Evitar "choques" ao sistema de tratamento de despejos industriais.	PR/CCF	Paralisação	Realizando um plano de descarte em conjunto com a SMS, MI/PM e TE.
Não realizar descartes diretamente nos pisos ou em canaletas pluviais.	PR/CCF	Paralisação. E Parada	Realizando levantamento dos pontos de drenagens; solicitando instalação de mangueiras até o esgoto oleoso; orientando os operadores.

O QUÊ?	QUEM?	QUANDO	COMO?
Controlar e auditar a segregação e disposição dos resíduos sólidos.	PR	Parada	Mantendo um técnico de Meio Ambiente na Parada.
Controlar o desperdício de água	PR/CCF	Parada	Controlando o uso de todos os tipos de água.

Figura 11.4 – Exemplo de Plano de Segurança

CONCLUSÃO DO LIVRO

Percorremos todas as "áreas de conhecimento" do PMI – nesta edição, com a nova "área de conhecimento", *Stakeholders* –, adaptando-as para o caso específico de Paradas, agregando frutos de experiências vividas, próprias e de colegas. Adicionamos a importante área da Segurança, com enfoque extremamente prático.

Obviamente, nem tudo de que se necessita para uma Parada de sucesso no futuro está coberto por este livro. Da mesma forma, nem tudo o que está escrito aqui pode ser aplicável a todos os casos de Paradas Aprendi que vivemos sempre aprendendo coisas novas e certamente, ainda as aprenderei.

Tenho, porém, a convicção de que o verdadeiro Sucesso só é alcançado se aplicarmos o que aprendemos.

Há uma "fórmula para o sucesso" atribuída ao filósofo brasileiro Mario Sergio Cortella, com a qual concordo. São apenas três itens:

- Ensinar o que sabe.
- Praticar o que ensina.
- Perguntar quando não sabe.

Por isso, meu recado final é: SAIAM FAZENDO! Estou à disposição para eventuais perguntas, no endereço eletrônico indicado na "orelha" deste livro.

Boa Sorte!

Bibliografia

- ANDRADE, Carlos C.B. e Mello, Marcelo de Oliveira: *A Aplicação no Brasil dos Métodos Alternativos de Resolução de Conflitos* - (Curso – Apostila). Teresópolis, RJ, 2000.

- BRYSON, Jhonny M.E.: *Metodologia General de Dirección de Proyectos de Parada de Planta para la Industria de Procesos* (Universidad FUNIBER): Tesis de Master en Gestión de Proyectos – Buenos Aires, abril de 2010.

- CAMPOS, José Eduardo Gorini Lobato: *PNQC – Os Desafios da Certificação – Resultados e Perspectivas. Revista Manutenção.* Edição novembro/dezembro 2007.

- CAMPOS, Vicente Falconi: *TQC – Controle da Qualidade Total* (no estilo japonês). Bloch, Rio de Janeiro, 1992.

- CORREA, Rodrigo Fernandes: *Gerenciamento de Paradas de Manutenção na Indústria Cerâmica (Porto Bello)*: Apresentação no XXVI Congresso anual da ABRAMAN – Curitiba, setembro de 2011.

- DEMING, W. Edwards: *Qualidade: A Revolução da Administração.* Marques – Saraiva - Rio de Janeiro, 1999.

- DINSMORE Associates: *Project Management Preparatory Course,* Rio de Janeiro, 2002.

- GOLDRATT, Eliyahan: Cadeia Crítica, Livraria Nobel. São Paulo, 2005.

- GOULART, Eduardo Antonio: *Sistema de Gestão de Grandes Paradas na Indústria do Cimento (Votorantim)* - Apresentação no Seminário "Reliability & Major Maintenance", Fleming Gulf – Rio de Janeiro, dezembro de 2013.

- GUERRA, Domingos: *Contratos de Performance ou Terceirização? Revista Manutenção Y Qualidade*, Edição out./nov./dez. 2007.

- HOCK, Dee: *O Nascimento da Era Caordica*. Cultriz, São Paulo – 1999.

- HULLET Associates: *Risk Management* - Treinamento, notas de aula, Rio de Janeiro, 2003.

- Independent Project Analysis: *Industry Benchmark Consortium* – notas pessoais - Mclean, Virginia, 2006.

- LANZ, Luciano Q. e LANZ, Renata: *Gerenciando os Stakeholders* - Consulta a www.pmkb.com.br em 19/09/2014.

- LARKIN, TJ e LARKIN, Sandar: *Ajustando a Comunicação em Refinarias de Petróleo* (apostila) – Curso, Rio de Janeiro, 2007.

- LARKINS, Richard T.: *Petrobras – Replan June 1997 UFCC Turnaround – Techinical & Management Report* – Raytheon – Ceman, Philadelphia – Agosto/1997

- LEVITT, Joel: *Managing Maintenance Shutdowns and Outages* Industrial Press Inc. New York, 2004.

- LOPES, Carla et al: *Paradas Programadas de Manutenção* – Apresentação no XXVI Congresso anual da ABRAMAN, setembro de 2011 – Curitiba.

- MASLOW, A.H.: *Motivators and Personality* – Harper & Row, New York, 1970.

- NOGUEIRA, Fernando: *Pesquisa Operacional – PERT CPM* – Notas de aula – (Internet).

- PINTO, Alan Kardec e XAVIER, Julio de Aquino: *Manutenção – Função Estratégica, Qualitymark*. Rio de Janeiro, 2001.

- Project Management Institute: *A Guide to the Project Management Body of Knowledge (PMBOK)* – Pensylvania, 2013.

- RUSSO, J.E. e SCHOEMAKER.J.H: *Decisões Vencedoras* – Campus – São Paulo, 2002.

- SALES, Renato Batista: *Paradas Planejadas de Manutenção* (Vale Fertilizantes) - Apresentação no Seminário "Reliability & Major Maintenance", Fleming Gulf – Rio de Janeiro, dezembro de 2013.

- SANTOS, Ismar Simões e OLIVEIRA, Ramiro Vander: *Aplicação do Conjunto de Conhecimentos em Gerenciamento de Paradas Programadas para Manutenção das Unidades de Processos de Refinarias de Petróleo (monografia).* Campinas, novembro/2007.

- STELUTE, Elvio Bugança: *Princípios de uma Parada de Sucesso* (Petrobras/Refino) – Apresentação no Seminário "Reliability & Major Maintenance", Fleming Gulf – Rio de Janeiro dezembro de 2013.

- STONNER, Rodolfo: *Ferramentas de Planejamento – Utilizando o MS Project para Gerenciar Empreendimentos.* E-Papers, Rio de Janeiro, 2001.

- TZU, Sun, adaptação CLAVEL, James: *A arte da Guerra.* Record – Rio de Janeiro, 2004.

- VERRI, Luiz Alberto: *Gerenciamento pela Qualidade Total na Manutenção Industrial – Aplicação Prática.* Qualitymark, Rio de Janeiro, 2007.

- VERRI, Luiz Alberto: *Planejamento e Controle de Paradas (apostila).* Abraman-SP/MS, São Paulo, 2000.

- VERRI, Luiz Alberto: *Sucesso em Paradas de Manutenção. Revista Manutenção Y Qualidade.* Edição Janeiro/2001.

- WEIL, Pierre e TOMPAKOW, Roland: *O corpo fala* – Vozes, Petrópolis, RJ, 1986.

- WHEATLEY, Margaret J: *Redes Auto-organizadas* – Executive Excellence – número 3/2008 – Qualitymark. Rio de Janeiro, 2008.

Currículo Resumido do Autor

FORMAÇÃO ACADÊMICA

- Mestre da Ciência da Qualidade pela Universidade Estadual de Campinas.
- Engenheiro de Equipamentos, pós-graduado pela Petrobras
- Engenheiro Eletricista pela Escola de Engenharia de Lins, em 1974.
- Certificado como PMP (Project Management Professional) pelo PMI – EUA.
- Cadeiras de Antropologia e Política em Ciências Sociais na Unicamp.

EXPERIÊNCIA PROFISSIONAL

- Diretor da Verri Veritatis Consultoria Ltda. Vide www.verriveritatis.com.br
- Gerente Geral da Refinaria Presidente Bernardes de Cubatão/Petrobras.
- Gerente de Empreendimentos de grande porte da Refinaria de Paulínia/Petrobras.
- Gerente de Manutenção da Refinaria de Paulínia/Petrobras.
- Gerente do Setor de Planejamento de Manutenção da Refinaria de Paulínia da Petrobras.

- Diretor Superintendente da SELET Engenharia, empresa de Engenharia e Manutenção Industrial.
- Admitido na Petrobras em 02/01/1975, Refinaria de Paulínia, onde permaneceu até junho/1977. Saiu da Empresa nessa data, atuando na iniciativa privada até novembro/1989, quando foi readmitido como Engenheiro de Equipamentos na mesma Refinaria.
- Professor de "Gestão da Produção" no curso de pós-graduação em administração do Instituto de Economia da UNICAMP, de 2001 a 2005.
- Professor do curso "Planejamento e Controle de Paradas de Manutenção", patrocinado anualmente pela Associação Brasileira de Manutenção – ABRAMAN.
- Professor de Planejamento Estratégico no MBA "Gerenciamento em Petróleo e Gás", da Universidade Católica de Santos – UNISANTOS.
- Professor de Qualidade em cursos de Gerenciamento de Projetos da Fundação Dom Cabral (em atividade em 2014)
- Diretor Regional da Filial São Paulo da Associação Brasileira de Manutenção – ABRAMAN, biênio 2005/2006 e Representante da mesma ABRAMAN, agora da região São Paulo/Centro-Oeste, biênio 2015/2016.

QUALITYMARK EDITORA

Entre em sintonia com o mundo

QUALITYPHONE:
0800-0263311

Ligação gratuita

Qualitymark Editora
Rua Teixeira Júnior, 441 - São Cristóvão
20921-405 - Rio de Janeiro - RJ
Tel.: (21) 3295-9800
Fax: (21) 3295-9824
www.qualitymark.com.br
E-mail: quality@qualitymark.com.br

Dados Técnicos:

• Formato:	16 x 23 cm
• Mancha:	12 x 19 cm
• Fonte:	Verdana
• Corpo:	11
• Entrelinha:	13
• Total de Páginas:	272
• 2ª Edição:	2015